novas buscas em psicoterapia

VOL. 37

Dados Internacionais de Catalogação na Publicação (CIP)
(Câmara Brasileira do Livro, SP, Brasil)

Penna, Lucy.
  Corpo sofrido e mal-amado ; as experiências da mulher com o
próprio corpo / Lucy Penna. – São Paulo : Summus, 1989. – (Novas
buscas em psicoterapia ; v. 37)

  Bibliografia.

  1. Beleza corporal 2. Imagem corporal 3. Mulheres – Psicologia
4. Sexo I. Título. II. Série.

```
                                        CDD-158.088042
                                            -152
                                            -306.7
          89-1969                           -646.75
```

Índices para catálogo sistemático:

1. Aparência física : Cuidados pessoais : Economia doméstica   646.74
2. Imagem corporal : Psicologia fisiológica   152
3. Mulheres : Psicologia aplicada   158.088042
4. Sexualidade : Sociologia   306.7

EDITORA AFILIADA

Compre em lugar de fotocopiar.
Cada real que você dá por um livro recompensa seus autores
e os convida a produzir mais sobre o tema;
incentiva seus editores a encomendar, traduzir e publicar
outras obras sobre o assunto;
e paga aos livreiros por estocar e levar até você livros
para a sua informação e o seu entretenimento.
Cada real que você dá pela fotocópia não-autorizada de um livro
financia um crime
e ajuda a matar a produção intelectual.

Corpo sofrido e mal-amado

As experiências da mulher com o próprio corpo

Lucy Penna

summus editorial

CORPO SOFRIDO E MAL-AMADO
As experiências da mulher com o próprio corpo
Copyright © 1989 by Lucy Penna
Direitos desta edição reservados por Summus Editorial.

Capa: **Odile M. Tresca**
Baseada em *Sorrow*, litografia de Van Gogh
Desenhos: **Sérgio Antonio Penna de Moraes**

Summus Editorial
Departamento editorial:
Rua Itapicuru, 613 – 7º andar
05006-000 – São Paulo – SP
Fone: (11) 3872-3322
Fax: (11) 3872-7476
http://www.summus.com.br
e-mail: summus@summus.com.br

Atendimento ao consumidor:
Summus Editorial
Fone: (11) 3865-9890

Vendas por atacado:
Fone: (11) 3873-8638
Fax: (11) 3873-7085
e-mail: vendas@summus.com.br

Impresso no Brasil

NOVAS BUSCAS EM PSICOTERAPIA

Esta coleção tem como intuito colocar ao alcance do público interessado as novas formas de psicoterapia que vêm se desenvolvendo mais recentemente em outros continentes.

Tais desenvolvimentos têm suas origens, por um lado, na grande fertilidade que caracteriza o trabalho no campo da psicoterapia nas últimas décadas, e, por outro, na ampliação das solicitações a que está sujeito o psicólogo, por parte dos clientes que o procuram.

É cada vez maior o número de pessoas interessadas em ampliar suas possibilidades de experiência, em desenvolver novos sentidos para suas vidas, em aumentar sua capacidade de contato consigo mesmas, com os outros e com os acontecimentos.

Estas novas solicitações, ao lado das frustrações impostas pelas limitações do trabalho clínico tradicional, inspiram a busca de novas formas de atuar junto ao cliente.

Embora seja dedicada às novas gerações de psicólogos e psiquiatras em formação, e represente enriquecimento e atualização para os profissionais filiados a outras orientações em psicoterapia, esta coleção vem suprir o interesse crescente do público em geral pelas contribuições que este ramo da Psicologia tem a oferecer à vida do homem atual.

NOVAS BUSCAS EM PSICOTERAPIA
SÉRIE B: NOSSAS BUSCAS

Nossas Buscas deseja se constituir num espaço aberto a ser preenchido por publicações de autores nacionais. Sem negar as dimensões universais dos problemas humanos, que independem de contingências históricas e culturais, Nossas Buscas quer deter-se sobre a maneira específica como está acontecendo entre nós a psicoterapia.

Sem se negar a autores mais antigos e mais publicados, aspira privilegiar as gerações de psicoterapeutas formados nestes últimos vinte anos. Tais gerações são oriundas das anteriores. Devem-lhes muito. É necessário que paguem esta dívida. Sobretudo, andando com as próprias pernas, pensando com a própria cabeça. Transformando em frutos o que receberam em gérmen.

Sem se tornar um veículo de modas, Nossas Buscas pretende fazer com que a atualidade em psicoterapia seja mais perceptível. Com seus erros e acertos. Facilitar a passagem do que vem para passar, possibilitar a fixação do que vier para ficar. Nossas Buscas é um desafio aos psicoterapetuas que estão em atuação.

Cresce o número de pessoas que procuram a psicoterapia. Para tentar resolver suas dificuldades e para ampliar suas possibilidades de viver. A estas pessoas se dedica, e se oferece como fonte de informação esta série B: Nossas Buscas em Psicoterapia.

"E então, a individuação só pode acontecer se você primeiro retorna ao corpo, à sua terra."
C. G. Jung — *Seminários das Visões*, Livro Primeiro

"Não fosse pela terra em nosso trabalho, o ar se perderia, o fogo não teria como alimentar-se e a água não teria o seu recipiente."
C. G. Jung — *Misterium Coniunctionis*

Para Yone Galeotti
(in memoriam)

SUMÁRIO

Prefácio 11

Introdução 15

PARTE I — A CORPORALIDADE

1. A Corporalidade 21
2. A Imagem do Corpo Feminino 29
3. A Identidade Feminina e a Profissão 45

PARTE II — AS EXPERIÊNCIAS

1. O Instrumento de Auto-avaliação 57
2. As Avaliações das Universitárias 59
   2.1 Características culturais e idade das estudantes 59
   2.2 Opiniões sobre os papéis femininos 69
   2.3 Condições orgânicas 72
   2.4 Reações neurovegetativas e hormoniais 78
   2.5 Expressões afetivas e sexuais 91
   2.6 Fantasias despertadas pelo olhar 100
   2.7 Satisfação com a própria imagem corporal 106
   2.8 Queixas e críticas 111
3. Quadro Sinóptico dos Resultados 119

PARTE III — O CORPO SOFRIDO E MAL-AMADO

1. A Imagem Corporal das Estudantes Universitárias 125
2. O Corpo Sofrido e Mal-Amado 137

PARTE IV — OS PONTOS DE APOIO DA INDIVIDUAÇÃO FEMININA

1. Os Arquétipos 157
2. A Expressividade 175
3. O Simbolismo do Vaso 185

PARTE V — A UNIÃO INTERIOR

1. O Encontro com o *Animus* 201
2. O Mito do Boto 213
3. Síntese 219
4. Roteiro paraAuto-avaliação da Imagem Corporal 221

Bibliografia 243

Fontes das Ilustrações 251

Agradecimentos 252

PREFÁCIO

Cada ser humano contém dentro de si, em potencial, as características da sua espécie em forma de determinadas possibilidades, capacidades e qualidades. O organismo psicofísico humano normalmente emerge na sua formação filogenética sobre bases ontológicas semelhantes, isto é, determinadas disposições genéticas e esquemas iguais chegaram e chegam a vir-a-ser e desenvolvem-se com continuidade incessante.

Por enquanto, nem considerando as diferenças anatômicas, fisiológicas e psíquicas entre mulheres e homens, parece que cada ser humano é igual a todos os outros. No entanto, ao mesmo tempo cada indivíduo de certo ponto de vista é também diferente e único.

Assim, o ente humano, como uma dimensão do *ser*, constitui uma espécie de unidade funcional, desenvolvida pela filogênese da matéria vivente e aviventada. Imutável e ilimitado prolonga-se sem interrupção e demonstra que é resistente, imortal, duradouro e que se repete ao desenvolver-se.

Ao mesmo tempo, porém, como singular unidade funcional, composta pela ontogênese, existe apenas uma vez, não se repete e aparenta ser mutável, limitado, frágil, mortal e transitório, desenvolvendo-se apenas sob específicas circunstâncias particularmente próprias e adequadas nos moldes de qualidades históricas circunscritas.

Desse modo, cada ser humano, no seu existir total é tanto um *todo* como também uma *parte*.

É *todo* já que como existente pertence ao *todo* da raça humana, convivendo de modo nunca destacável com o passado, com o presente e com o futuro desta e participa no inseparável destino comum da raça. Assim é *todo* na sua existência dentro do Todo-Existente, em prol do *todo*.

Mas constitui também uma *parte* individual e específica que emerge do total-humano, isto é, do *todo*. É apenas uma *parte* com sua organização somática e psíquica, isolado e separado em determinados momentos, relegado apenas aos seus recursos pessoais para escolher, selecionar, decidir e assumir responsabilidades em primeiro lugar em prol de si mesmo. É também *parte*, quando com a sua morte desliga-se da participação somática do existir que lhe propiciava manifestar-se com os mais diversos matizes e variações pessoais no decorrer da sua vida.

Essa duplicidade que se impõe em cada existência humana faz com que, embora cada indivíduo tenha acesso ao sentido, ao conteúdo ou à dádiva presente e atuante do *todo*, um indivíduo lide só com aquela proporção que souber perceber, assimilar e elaborar.

Desde os tempos mais remotos, nas mais diversas maneiras foram divididas e separadas as áreas e condições femininas e masculinas mas também no decorrer dos milênios e séculos não faltaram as mais variadas tentativas de coordenação e integração. E na seqüência das épocas não faltou a apreciação da índole feminina, como também não faltou, especialmente nas fases patriarcais, o relegar sua contribuição a condições subalternas, chegando ao ponto de se discutir se a mulher possui alma ou não.

Hoje em dia, na fase das grandes transições — sem dúvida estamos no meio de transformações progressivas — propõem-se novas visões e novas apreciações. Como reações inevitáveis experimentamos, ao mesmo tempo, diversas resistências, especialmente frente aos exageros e inadequações forçadas. Predominantemente, o ritmo acertado teria que ser observado ao passarmos por essas alterações, e tal ritmo seria bem diferente nos vários continentes e nos mais diversos grupos étnicos cuja cultura, ideologia, religião e condições sociais são ainda tão diferentes que nem podemos pensar em colocá-los sob um denominador comum e igual. E isto particularmente cabe também à situação atual da mulher nos anos dessa transição. São inevitáveis certos efeitos psicossociais para os quais ela terá que se preparar adequadamente, como por exemplo, sua participação em empreendimentos de vulto mais extenso, as dimensões mais amplas de auto-realização que se apresentam, levando em conta a força determinante do seu meio social, que tanto pode co-atuar, como coagir. As pressões do trabalho, com suas ressonâncias biossociais, as obrigações familiares ou, só por si mesma, a condição atual de urbanização, atingem sensivelmente o organismo feminino na sua disposição psicofisiológica. Aquilo que nas gerações anteriores manifestou-se na queixa das mulheres "incompreendidas", hoje em dia aparece com variações muito mais diversificadas, já que as condições acima enumeradas atingem também — com acentuações diferentes — o organismo físio-psíquico masculino, resultando na "falta de diálogo", no "corpo mal-amado", etc.

Por tudo isso, uma visão sinóptica torna-se necessária, para que se possa demonstrar, desse assunto, de modo claro e compreensível, alguns segmentos característicos.

A autora propõe uma *circum-ambulatio* em espiral — a forma mais condizente ao seu empenho — querendo apresentar uma intersecção em determinado trajeto, isto é, o corpo feminino na atualidade, tanto em termos históricos como físio-psíquicos, sociais e terapêuticos, tomando como modelo para sua pesquisa, diversos grupos de estudantes universitárias.

Sua longa atuação no magistério e como psicoterapeuta, e suas experiências no campo da integração da Psicologia Profunda de orientação junguiana com o trabalho corporal a estão capacitando para investigar e elaborar sua temática, mantendo-a dentro dos limites ajustados. Assim, mesmo em face da variedade de itens apresentados, obtemos uma impressão nítida quanto às suas proposições e conclusões, ao segui-la através das diversas estações do seu caminho, trilhado ao longo de inúmeras voltas. E tal trajeto reflete com clareza os anos de experiências cinesiológicas e ainda faz transparecer o resultado de seu trabalho prolongado com Yone Galeotti que — embora não mais entre nós — cunha e colore com sua alma generosa, firme e esclarecida, o conteúdo desse empreendimento.

Pethö Sándor
fevereiro, 1989

INTRODUÇÃO

Nós não sabemos muitas coisas a respeito do corpo próprio em sua transmutação evolutiva porque nos ativemos ao superficial, até pouco tempo. A humanidade evoluiu do concreto para o abstrato, da percepção sensorial para o pensamento. A intuição, faculdade de apreender o invisível real, não está ainda no seu apogeu, mas houve um tempo em que a intuição e a percepção foram as funções psicológicas mais atuantes no processo adaptativo, precedendo o desenvolvimento do raciocínio e do sentimento. Os arquétipos eram, então, os únicos motores do desenvolvimento, e a instintividade predominou nos comportamentos. Considerável soma de libido foi necessariamente sendo retirada do instinto para que o ser humano criasse novas formas de adaptação. O desenvolvimento do pensamento e do sentimento implica o exercício de um juízo sobre os acontecimentos, a elaboração sobre a natureza afetiva e a verdade factual. Tais experiências demandam uma transformação da libido anteriormente sob o domínio inconsciente, trazendo o aumento da dimensão psicológica consciente.

É neste sentido que consideramos agora a evolução feminina como estando em uma fase de intensa e rápida transformação libidinal. Até muito recentemente sob o predomínio de um arquétipo familiar, grande parte das energias de uma mulher esteve aplicada na geração dos filhos e no seu cuidado. Mesmo as suas relações profissionais ou conjugais foram muitas vezes encaminhadas através de uma atitude semimaternal, sem que ficassem realmente conscientizados os condicionamentos projetivos responsáveis pela forma destes relacionamentos interpessoais. No plano psicológico, essas relações tiveram a vantagem de dar à mulher mais segurança e conforto, até mesmo comodidades materiais, pois havia a facilidade de estar trilhando caminhos muito bem traçados desde incontáveis gerações. Essas eram atitudes mais próximas dos movimentos instintivos e freqüentemente apartadas do nível consciente.

Atualmente, os comportamentos femininos estão apresentando uma extensa diversificação, de tal modo que parece a muitos ser impossível (ou até inútil) conjecturar acerca da unicidade da psique feminina. A natureza feminina tem sido abordada, confirmada ou contestada sob os mais diferentes ângulos.

Neste trabalho, sob a inspiração da teoria de C. G. Jung, tal como pude apreendê-la, apresentarei certos fatos e algumas idéias sobre a relação entre a corporalidade e a psique feminina. Devem ser apresentados os suportes para compreender-se a ligação entre o pensamento junguiano e a corporalidade, especialmente no tocante ao processo de individuação da mulher.

Jung[87] realizou uma profunda reflexão sobre o autêntico desenvolvimento psicológico, propondo que este seja tomado como sendo aquele processo pelo qual uma pessoa torna-se aquilo que ela já o é. Este processo de *individuação*, como foi designado, constitui o principal obetivo do homem e da mulher contemporâneos. De maneira breve, podemos compreendê-lo como sendo aquele esforço, conscientemente realizado, para que o intercâmbio entre os níveis naturais e espirituais do ser humano se desenvolva. Tal esforço pela verdadeira *união interior* é visto na teoria junguiana como sendo fruto do equilíbrio psicológico entre os opostos, cuja lei básica — a *enantiodromia* —, regula as manifestações da vida, tal como a conhecemos. Os elementos físicos e densos da existência humana estão, por essa lei, em oposição aos elementos mais abstratos e sutis. O corpo pode ser visto como estando em uma das extremidades do arco da vida. No lado oposto estaria o pensamento, a consciência humana, a capacidade de refletir e de operar sobre o determinismo biológico.

As fases iniciais da individuação levam a pessoa à tarefa de assenhorear-se dos recursos de que o corpo dispõe. Posteriormente, se dará a dissolução dos *compósitos*, que são estados nos quais a reatividade somática tem efeito perturbador sobre a razão e os sentimentos. Isto é levado a efeito através do contato com as experiências emocionais, de modo a tornar o inconsciente pessoal relativamente limpo das condições de bloqueio. Os sinais de obscuridade na relação da pessoa consigo mesma, uma vez trabalhados através do esforço atual e consciente, vão se transformando em recursos, em vez de conflitos. Por isso, o esclarecimento daqueles mecanismos somatizados, adquiridos no curso da vida de cada um, assim como dos hábitos incorporados e vividos através das reações psicofisiológicas, correspondem, no plano da individuação, aos recursos intermediários para que as energias dormentes na personalidade despertem e sejam utilizadas pelo si-mesmo, na medida das suas necessidades.

Os capítulos estão organizados a partir dessas considerações em uma seqüência circular, mais do que linear, exceto talvez na apresentação dos resultados da parte experimental. Visto em conjunto, o texto leva o leitor a percorrer um caminho circular pelas idéias principais já esboçadas desde o início, ampliando-as em espiral até chegarmos a uma visão sintética dos conteúdos simbólicos dos fatos observados.

PARTE I
A CORPORALIDADE

1
A CORPORALIDADE

A relação que constituímos com o próprio corpo é importante, nós o sabemos. Entretanto, não é igualmente claro o grau de envolvimento entre as nossas presenças física, emocional e mental no mundo. Quando abordamos as complexas ligações entre o eu e o ambiente, passamos inevitavelmente pelo corpo, porque ele é o meio através do qual e pelo qual tais relacionamentos podem ocorrer.

Experimentamos a vida como um fluir no tempo, ocorrendo em um espaço que nos é conhecido. O tempo significa uma sucessão de ciclos, e nós os vivemos em cada batida do pulso ou do coração. Assim como o percurso da Terra ao redor do Sol cria as noções de dia e noite, também a nossa existência recebe condicionamentos dos dinamismos físicos. A consciência que temos de ser é criada a partir das condições trazidas pela inserção da mente numa corporeidade. Existo, logo penso; pois o homem e mulher pensam, criam e sentem elaborando as experiências pessoais e estas são formadas desde muito cedo em um corpo sexuado.

Entretanto, as experiências masculinas e femininas não são completamente semelhantes. A maneira feminina de sentir e pensar está profundamente relacionada com os seus ciclos internos, porém estes não devem ser mais confundidos com a parte fisiológica, simplesmente. Diferentemente do homem, a psique feminina manifesta seus ciclos em ritmos sucessivos, trazendo à vida da mulher algumas condições que merecem cuidado, se quisermos atingir um ponto mais profundo na compreensão do seu comportamento.

Dentro de uma posição junguiana, a experiência masculina do mundo externo e de si mesmo parece menos oscilante e mais estável no tempo. Isto deve ser computado ao princípio que rege a psicologia do homem, o *logos*, cuja manifestação mais abrangente é a busca de ordem e de sistematização que denotam um esforço para descobrir as leis imutáveis, reguladoras dos eventos do Universo. Para Jung[87,97] o princípio masculino é, por excelência, o regulador, embora também seja sem medida e sem limites. Na prática, a mente masculina pode operar como se os fatores internos não importassem e seguir o seu objetivo até alcançá-lo. Uma mulher esperaria o tempo certo para agir, segundo aquilo que as suas condições internas ditassem, ainda mesmo quando pouco consciente delas. Pois o princípio feminino é o Eros, cuja manifestação básica traz o envolvimento bipessoal, a dinâmica dos relacionamentos em todas as suas nuanças de sutileza e fugacidade, mas também de profundidade. Pela ação do princípio feminino inconsciente, o comportamento da mulher parece muitas vezes leviano, pois algo que era certo há pouco tempo pode ser "mau" ou "errado" em outro momento, quando o seu ponto de apoio nas condições afetivas internas também mudou. No entanto, a psicologia masculina, adotando a posição lógica, avalia o mesmo fato pelo prisma dos seus elementos invariantes, podendo alcançar julgamento idêntico nas duas ocasiões. Por isto, podemos perceber que o *logos* se manifesta nas instituições, como o casamento, a Igreja, o Estado, a Universidade, entre outros, enquanto o princípio de Eros se manifesta nos relacionamentos. O casamento para o homem é antes uma instituição, algo sólido e regulado por convenções. A mulher vivencia o mesmo como um conjunto de relações, daí o sofrer tanto por causa das sutilezas desse envolvimento e o dar tanta importância para os detalhes expressivos dos encontros bipessoais.

    A complexidade destas premissas no pensamento junguiano é aumentada pelo seu modo de ver o inconsciente. Tanto o homem quanto a mulher possuem, no nível do inconsciente, a contrapartida à sexualidade fenotipicamente manifesta. Ou seja, o homem tem dentro de si, porém em estágio menos evoluído e diferenciado, uma mulher interior ou, como a denominou Jung, a *anima*. Inversamente, a mulher possuiria o seu homem interior ou *animus*, cujas características, se desenvolvidas, permitem-lhe assumir uma identidade feminina mais amadurecida e equilibrada, contrabalançando aquelas condições unilaterais, naturalmente colocadas pela parte consciente da sua psique de mulher.

    A humanidade é tanto masculina quanto feminina. A primeira condição para uma investigação imparcial das relações humanas é descartar-se os velhos conceitos de superioridade entre o homem e a mulher.

Mas, então, qual é a particular condição feminina na experiência do mundo? Inúmeros autores têm feito comentários e escrito muito sobre isto. Beauvoir[12], uma das primeiras mulheres a publicar uma síntese do pensamento contemporâneo sobre o tema, procura definir como seria o outro, a mulher, posto que a categoria masculina, sendo sujeito, já se definiria naturalmente. Numa perspectiva junguiana, o homem está buscando conhecer a sua própria vida interior quando estuda a mulher, embora por vezes a pesquise fora de si, projetando-se. As afirmativas masculinas sobre a mulher precisam ser compensadas e comparadas com as proposições emitidas pelas próprias mulheres, se quisermos ultrapassar o relativismo que a psicologia diferencial nos impôs. Para isto é necessária a voz da personalidade feminina expressando os próprios valores, os seus motivos, os tantos *para ques* e *porquês* da sua maneira de viver.

Harding[69,70] usou os princípios da teoria de Jung para descrever os processos subjacentes ao comportamento feminino. Esta sua contribuição para o entendimento da psicologia da mulher tem o gosto das coisas terríveis e saborosas ao mesmo tempo. Sem complacência, mas também com imensa ternura, ela vai tecendo uma rede de fatos e de interpretações que descrevem o mundo feminino, não só no plano individual, mas também no coletivo e cultural. Embora sem jamais falar diretamente sobre a corporalidade, tal como este conceito é colocado aqui, as suas investigações sobre o inconsciente completam o quadro de referências para compreender melhor os fenômenos observados na vida rotineira de uma mulher dos nossos dias.

A compreensão do enfoque dado ao corpo na visão junguiana fundamenta-se no papel conferido por ela ao arquétipo Terra, ou arquétipo da grande Mãe. Este possui os conteúdos inconscientes que mobilizam as reações humanas vitalmente necessárias para criar e manter o intercâmbio do ser com toda a biosfera circundante.

Como ressaltou Dieckman[29] pelo nosso corpo o ser humano é entregue do mesmo modo ao lado positivo, nutritivo, protetor e benevolente do maternal arquético Terra, quanto ao seu pólo negativo, devorador, desmembrador e exterminador. Para a consciência patriarcal, que se sente coligada com o espírito, céu, Deus, o alto e o superior, tal fato se torna uma mágoa. Por outro lado, bem podemos encarar como fez o historiador inglês Toynbee[174], o desenvolvimento da civilização nos últimos cinco mil anos sob o aspecto da luta travada para dominar a mãe Terra, tendo o ser humano neste longo tempo se apropriado das técnicas que o levaram a obter vitórias sempre crescentes sobre a natureza exterior e sobre a sua corporalidade.

Já Freud[50], com intuição correta, afirmava ser o mito de Édipo aquele que melhor exprimia o complexo central da nossa civilização. Tanto Édipo quanto todos os heróis decifradores de esfinge ou matadores dos dragões acabaram vítimas de ciladas mortais de elementos associados à mãe Natureza. Diel[30] apontou com clareza, como os heróis que lutaram contra os dragões e monstros, inclusive Édipo, estavam expressando o conflito da alma humana na luta entre a banalização ou a elevação dos instintos. A esfinge e os monstros são símbolos adequados da mãe Terra, pois confrontando o homem com seus próprios dragões interiores, desafiam-no a adquirir o controle dos seus próprios impulsos primários ou a sucumbir.

A mulher, tanto quanto o homem, trava uma batalha árdua para o domínio das forças primárias, simbolicamente representadas no arquétipo materno da mãe Terra. Mais ainda, tornada semelhante à própria Terra pelo seu poder de gerar, a fêmea da espécie humana ficaria mais próxima dos inumeráveis perigos que a defrontação com o poder do arquétipo encerra para a consciência individual. Pois o poder da tendência arquetípica, de qualquer proveniência, age de maneira a levar o indivíduo a comportar-se segundo as regras coletivas que agem no inconsciente. Sob o efeito de uma mobilização do arquétipo, uma pessoa agirá de acordo com as normas mais primitivas da espécie, regras consagradas pelo dificílimo processo evolutivo de incontáveis gerações. Então, embora o contato com esse tipo de energia inconsciente seja natural durante o desenvolvimento da personalidade, ele contém, em cada momento, a chance de subjugação do indivíduo pelo coletivo, equivalente ao aniquilamento do eu individual pelas tenazes monstruosas do dragão que habita no mais profundo do inconsciente humano.

No desenvolvimento da sua personalidade, uma mulher se encontra, várias vezes, frente ao desafio colocado pela oposição das suas tendências instintivas e espirituais. Assistimos, neste momento, a uma forte tentativa de transposição deste conflito básico, através do esforço individual de muitas mulheres que se colocam frente às suas dificuldades, buscando mais luz consciente. Nesta linha de atuação, a Universidade é uma conquista recente que trouxe à mulher a possibilidade de colocar-se nas profissões liberais, chegando a postos de liderança na sociedade.

Entretanto, a ida das mulheres no caminho do aprimoramento das suas capacidades intelectuais e no desenvolvimento da sua força de trabalho criativo contrapõe-se com as suas metas mais primitivas, no plano instintivo. Ir à Universidade parece constituir um afastamento da ligação primeira com o pólo maternal, do passado, em vista de uma aproximação com o pólo espiritual, masculino e paternal. Este último é considerado o campo de atuação consciente no mundo, aquele em que podem ser testadas as transformações sociais e políticas necessárias às comunidades. Em resumo, dir-se-ia que a Universidade representa, para a mulher de hoje, uma assimilação do princípio masculino, através do simbolismo do arquétipo do *animus*, em suas mais diferentes manifestações e figurações.

Podemos assim, a partir dessa idéia, procurar os sinais da crise que estaria vivendo a jovem universitária no confronto entre os dois conjuntos de valores, os mais tradicionalmente associados ao sexo feminino, e os outros, novos, incorporados durante a sua experiência universitária. Tudo o que poderá ser dito merece a consideração que deve merecer uma hipótese de trabalho. Apoiaremos os nossos argumentos nas auto-avaliações da imagem do corpo de jovens universitárias, sem entretanto fazer destes dados uma comprovação, mas antes um apoio para as nossas reflexões.

Antes de mais nada, importa compreender o dinamismo coletivo que impulsiona as jovens ao estudo e ao trabalho. Depois dos anos de repressão neste sentido, as gerações femininas vêm se desbloqueando e o seu movimento na sociedade lembra aquele das ondas batendo sobre a praia.

Para considerar apenas o que se pode observar neste século, temos uma primeira onda com aquelas nascidas entre 1900 e 1910. Estas mulheres hoje estão (ou estariam) com cerca de 80 anos. Poucas estudaram, algumas raras trabalharam profissionalmente. As suas filhas, hoje com idade em torno de 60 a 65 anos, fizeram cursos regulares em algumas das profissões aceitas para a mulher. Temos assim, as atuais professoras universitárias, as médicas e psicólogas de mais idade, algumas escritoras, e outras que permaneceram em carreiras mais solitárias. As netas daquela primeira onda, entretanto, abriram o leque das profissões aceitas para a mulher, inclusive os próprios campos de muitas novas atuações como as fonoaudiólogas, as assistentes sociais, as terapeutas ocupacionais, as funcionárias e as trabalhadoras de fábric e de empresas. São ainda jornalistas, pesquisadoras, sociólogas, geógrafas, estatísticas, secretárias, tradutoras, bioquímicas, manequins, artistas e assim por diante. Esta geração tem, provavelmente, entre 35 a 45 anos hoje, e ocupa várias posições que jamais foram alcançadas pelas gerações femininas que as precederam. Os seus filhos estão ingressando na Universidade ou são já estudantes de 3.º grau.

As jovens desta pesquisa representam, então, uma quarta geração de mulheres neste século. Mais liberadas? Inquietas ou inseguras? O corpo é a vertente destas transformações das quais só podemos acompanhar as linhas mais óbvias. O universo interior é que está se modificando, mas transparece no corpo.

As transformações que estão acontecendo se revelam no modo como a mulher encara a própria sexualidade, assim como as suas outras funções corporais. Para aprofundar neste caminho, usaremos o conceito de libido e de catexe libidinal.

Na abordagem junguiana, libido é tomada como o *quantum* de energia vital que se manifesta em diversos planos do existir. Ela está em parte investida, ou seja, empregada, no plano somático onde oferece uma diferenciação a cada momento, através das reações fisiológicas predominantes. Assim, órgãos e funções somáticas são investidos de libido conforme as necessidades do indivíduo, em seu momento existencial. Pulmões e área torácica podem representar um núcleo de experiências importantes em determinada fase, sendo que dinamicamente dizemos: a libido está investida nesse órgão e na função respiratória. A este respeito, afirma Jung em sua obra *Símbolos de Transformação*: "Então, quando falarmos de libido, é mais prudente entender por tal um valor de energia que pode comunicar-se a qualquer setor: poder, fome, ódio, sexualidade, religião etc., sem que seja nunca um instinto específico" (p. 144 da edição em castelhano, 1962).

E também, acerca da origem deste conceito, admite que: "Como já havia formulado Galileu, a origem do conceito da libido deve buscar-se na percepção subjetiva da própria força muscular" (p. 148).

É possível encontrar uma seqüência ontogenética nos investimentos libidinais. Em certa medida, a descrição das fases oral, anal e genital na teoria freudiana corresponde a essa idéia, visto que a libido é dinamicamente aplicada em funções somáticas segundo as emergências ditadas pelo processo geral da personalidade em sua adaptação ao mundo.

Ao dinamismo libidinal observável em certo tempo no espaço do corpo chama-se "catexe". Este termo representa a economia da energia em um indivíduo ou como ela está distribuída e organizada.

Nos investimentos da libido não atuam somente as disposições voluntárias, mas, pelo contrário, são os motivos inconscientes que predominam. Neste princípio, do qual a consciência poucas vezes participa, a razão dos investimentos deriva-se dos impulsos instintivos.

A vida instintiva do ser humano é, em qualquer tempo da sua vida, o móvel principal da organização da sua libido. No entanto, não encaramos as realizações intelectuais e mesmo os anseios mais espirituais do ser humano como sublimação da libido sexual. Pelo contrário, consideramos que a própria espiritualidade é manifestação de um instinto fundamental, com o instinto de sobrevivência e o sexual.

Podemos ver nas formas de representação dos objetos de amor o modo como está organizada a libido. Uma personalidade voltada para o concreto e imediato perceber das coisas demonstra o modelo interno de uma catexe orientada pelo sensorial. Suas funções de perceber e agir serão também bastante desenvolvidas, sendo através delas que toda a personalidade busca a auto-afirmação.

Alguém mobilizado pela função do sentir terá organizado os seus valores de acordo com esta tendência. Espontaneamente, a personalidade se volta para o desenvolvimento dos sentimentos e dos contatos interpessoais, pois a libido flui com facilidade nessa direção.

Para outros, cuja função psicológica predominante é o pensamento, as idéias e as relações entre elas são motivo de emprego da energia, configurando toda uma outra organização de vida. Para alguém cuja intuição funciona como mola propulsora principal no processo adaptativo, as imagens e visões de toda espécie ficarão em evidência. Pessoas com este tipo de personalidade usualmente parecem flutuar fora do tempo e do espaço sensorial. Em cada um dos tipos mencionados as reações somáticas servem ao propósito maior da integração da personalidade, diferenciando-se conforme os valores predominantes para para indivíduo.

Para aglutinar a complexa rede de variáveis sociais, psicológicas e fisiológicas abordadas, vamos deixar mais clara a visão do que chamaremos, daqui em diante, a imagem corporal.

Para Schilder[159] a imagem corporal é a representação que um indivíduo faz do seu corpo, em sua mente (tradução inglesa) ou em seu espírito (tradução francesa). Naturalmente, a escolha do termo é enviesada pela perspectiva cultural desses países. Considerando tratar-se de uma representação psicológica, a imagem corporal integra os níveis físico, emocional e mental em cada ser humano, com respeito à percepção da sua corporalidade.

A imagem corporal é colocada por Schilder como o conceito moderno capaz de operar com as três estruturas constituintes da complexa relação que criamos com o nosso próprio corpo:

- *estrutura fisiológica*: responsável pelas organizações anatomofisiológicas que dispõem o arcabouço ósseo, muscular, nervoso e hormonal em suas inter-relações particulares a cada indivíduo. Incluem-se nesta estrutura as contribuições geneticamente herdadas e as modificações sofridas pelas funções somáticas durante as fases anteriores da vida do sujeito.

- *estrutura libidinal*: considerada como o conjunto das experiências emocionais, vividas nos relacionamentos, desde a gestação. Aqui o conceito de libido refere-se ao *quantum* de energia investida em determinado órgão ou função e liga-se indiretamente com o grau de satisfação que o indivíduo tem consigo mesmo.

- *estrutura sociológica*: derivando-se parcialmente dos intercâmbios pessoais, a imagem corporal está formada também à base da aprendizagem dos valores culturais e sociais. Esta estrutura aborda especialmente os motivos pelos quais as pessoas de um grupo tendem a valorizar certas áreas ou funções, o papel das vestes e dos adornos na comunicação social, assim como do olhar e dos gestos.

A seguir, veremos como estas três estruturas interagem para compor a imagem do corpo feminino.

2

A IMAGEM DO CORPO FEMININO

As variáveis fisiológicas, libidinais e sociológicas interatuam na composição da imagem do próprio corpo. Diversos estudos de origem experimental e clínica e outros de natureza vivencial e jornalística são aqui usados para favorecer a compreensão deste complexo quadro de experiências femininas. Os trabalhos experimentais sobre a noção do corpo feminino datam, predominantemente, de 30 anos para cá. Enquanto os de natureza clínica são bem mais antigos, a metodologia experimental desenvolveu a pesquisa neste assunto desde a década de 50, principalmente. Abordarei inicialmente as pesquisas que se tornaram relevantes para compor o conteúdo do questionário usado neste trabalho, que, conseqüentemente, têm interesse para a discussão dos resultados.

O ponto de partida para grande parte dos estudos experimentais realizados sobre o corpo feminino é a obra de Schilder[159], uma ampla exposição de dados fisiológicos, psicológicos e sociológicos sobre a questão de imagem do corpo. Schilder tem trabalhos sobre diversos aspectos neurológicos e psiquiátricos divulgados em língua alemã desde 1919. Esteve ativo naquele país até durante a II Grande Guerra, quando emigrou para os Estados Unidos, indo trabalhar na Escola de Medicina da Universidade de Nova Yorque. Em 1935, a sua obra capital foi editada em língua inglesa, ampliando-se imediatamente a utilização das suas idéias em pesquisas, especialmente nos Estados Unidos.

Incluem-se na orientação de Schilder as pesquisas sobre a catexe corporal desenvolvidas por Jourard e Secord[81,82,83,84] e Jourard[85]. No primeiro trabalho, estes autores propuseram uma operacionalização do conceito de catexe, originalmente um constructo psicodinâmico relativo à distribuição da libido. Admitem que a *catexe corporal* pode ser medida pelo grau de satisfação que a pessoa tem com as várias partes e funções corporais. Trabalhando com o princípio de que as atitudes de um indivíduo para com os processos corporais são de importância central em qualquer teoria da personalidade, Jourard e Secord procuraram estabelecer um método para avaliar tais atitudes. Suas primeiras experiências relacionavam a catexe corporal com outras variáveis da personalidade. Testaram três hipóteses: primeiro, os sentimentos para com o corpo são comparáveis aos sentimentos sobre o *eu*; segundo, os sentimentos negativos sobre o corpo estão associados com a ansiedade na forma de uma preocupação autista, envolvendo o excessivo medo de dor, de doença e de qualquer tipo de injúria corporal. E, terceiro, os sentimentos negativos sobre o próprio corpo estão positivamente correlacionados com sentimentos de insegurança envolvendo toda a personalidade. Os resultados, para sujeitos de ambos os sexos, corroboraram essas três hipóteses, indicando que a baixa catexe corporal está associada com certo grau de insegurança.

As mulheres estudadas, entretanto, valorizaram mais intensamente os seus corpos, *independentemente da direção desta catexe*. Assim, elas obtiveram índices mais altos, tanto na direção positiva quanto na negativa, respondendo em menor proporção aos pontos neutros do que os homens. Uma resposta tipicamente neutra é: *não tenho sentimentos específicos com relação a tal parte*. Podemos nos perguntar se as mulheres têm uma presença mais consciente dos seus corpos do que os homens. Veremos que outros autores tocaram neste ponto, trazendo fatos interessantes.

Os trabalhos seguintes de Jourard e Secord buscaram elucidar as diferentes organizações libidinais que poderiam constituir os ideais dos corpos feminino e masculino. Verificaram que, com exceção do peso corporal, a catexe característica da *masculinidade* está ligada ao tamanho das suas partes mais relevantes. O tamanho grande é, aparentemente, uma qualidade desejada entre os homens, e a sua presença ou ausência leva a sentimentos contrastantes, respectivamente ao corpo.

Nas amostras femininas, esses autores modificaram o seu procedimento, para obter comparações sobre o tamanho do corpo segundo três fatores: a auto-avaliação, a medida objetiva e o tamanho idealizado das áreas corporais. Um primeiro ponto importante nessa pesquisa mostra que, para as estudantes universitárias, a catexe positiva está unida com o tamanho relativamente pequeno das dimensões corporais, exceto para o busto. Neste, a insatisfação se apresenta apenas quando o seu tamanho é menor do que o idealizado. Por outro lado, os dados indicaram uma concordância entre os tamanhos estimados e os reais para cinco dimensões: altura, peso, busto, cintura e quadris. Percebe-se, então, que as jovens conhecem melhor e estão conscientes das proporções reais destas cinco partes. Aliás, estas dimensões são as que, habitualmente, conferem ao corpo feminino o seu *grau de beleza*, porque se referem às áreas visadas pelo modelo cultural. Não se deve esquecer que, na década de 50, certas estrelas de Hollywood notabilizaram-se pelo volume de seus seios, embora a cintura fina e os pés pequenos estivessem na moda.

É relativamente fácil demonstrar que as mulheres têm um ideal subjetivo para o conjunto de suas partes corporais — tudo o que se tem a fazer é perguntar a uma jovem sobre isso. Mais interessante para os propósitos teóricos é a estreita variabilidade do ideal autoestimado em um grupo de mulheres. A pequena variação nas dimensões idealisticamente projetadas do corpo feminino fixa os limites da autoaceitação. Este parece constituir um fator psicológico tão ou mais significativo para entender a relação da mulher com seu corpo, quanto as diferenças individuais e os hábitos de alimentação. A satisfação de uma mulher com o seu corpo varia com a magnitude do desvio entre as suas proporções reais e aquilo que ela considera o modelo ideal feminino.

Mas, qual a importância que o corpo tem para o ajustamento total de uma mulher? As imposições do estereótipo social parecem dizer que *é bom ser pequena em todas as dimensões, exceto no busto*. Das pessoas estudadas por Jourard e Secord, ninguém se considerava completamente satisfeito quando se comparava aos padrões de beleza internalizados. O *status* e a segurança de uma mulher estão, em muitos casos, condicionados pelo grau em que ela exerce atração nos homens, independente das suas habilidades, interesses ou outros valores pessoais: portanto, para estas mulheres, não estar *bem* ou *bonita* pode constituir-se em grave fracasso, levando à perda da auto-estima e à insegurança.

Uma vez que as proporções ideais parecem ser tão difíceis de atingir, para muitas mulheres, hoje, é provável que o ideal do corpo feminino, na medida em que é internalizado, torne-se indiretamente responsável por sentimentos de culpa, frustração e pelo aumento da ansiedade. As armas usadas para lutar contra uma tal tirania autoimposta têm sido, freqüentemente, as dietas, os exercícios e os cosméticos. Atualmente, um autêntico arsenal foi montado para as mulheres com alto poder aquisitivo. São os institutos de emagrecimento, cujos métodos — para quem neles se aventura — são tão tirânicos quanto os do próprio ideal de beleza interno.

A questão da acessibilidade do corpo foi explorada por Jourard[85,86], demonstrando-se que há uma correlação entre o grau de atração e a abertura pessoal ao contato direto. As pessoas que se avaliaram como pouco atraentes ou não atraentes eram muito menos tocadas pelos outros do que aquelas cuja autopercepção era satisfatória e, portanto, sentiam-se bonitas e atraentes.

O nível de abertura ao contato direto feito na superfície do corpo é maior nas mulheres do que nos homens. Entretanto, as jovens protestantes e católicas relataram mais contatos do que as de religião judaica. Por outro lado, as moças também costumam trocar mais contatos físicos com os seus pais e mães do que os rapazes. Jourard verificou, em sua amostra de universitários, na Flórida (EUA), que os padrões de contatos familiares são muito complexos. Os rapazes relataram serem tocados pelas suas mães em tantas regiões quanto as moças, mas eles não tocam o corpo de suas mães nas mesmas áreas em que recebem toques. Entretanto, as mulheres tocam mais livremente o corpo de suas mães, têm acesso a mais áreas do físico de seus pais do que os homens e são tocadas em maior número de regiões por pais do que os rapazes. Assim, quando se trata de contato físico dentro de uma família, as filhas são mais favorecidas.

O contato corporal funciona como uma confirmação do ser humano, da sua presença real neste mundo e da aceitação desta presença pelos outros. A aceitação do outro se manifesta através do contato, que pode ser visual, tátil ou ambos, incluindo também o nível da palavra. A atitude das pessoas com relação ao próprio corpo está relacionada com as atitudes de seus pais em relação aos corpos deles próprios e ao corpo do sujeito. Isto é, espera-se que uma pessoa tenda a apreciar a sua aparência se ela acredita ou sente que os seus pais a apreciam. Estas afirmações, bem conhecidas em clínica, têm certa correspondência com as informações trazidas pelas pesquisas de Jourard. A hipótese é que, se os pais manifestam a aceitação do corpo de seus filhos através do contato físico, então as crianças podem chegar a experimentar a si mesmas como agradáveis, tornando-se satisfeitas com a sua aparência pessoal.

As diferenças no tratamento dos contatos familiares determinam, aparentemente, uma vantagem em favor das meninas. Entretanto, é fato conhecido que há extensas regiões corporais proibidas, mesmo para elas. Podemos considerar, afinal, que certas regiões do corpo das jovens permanecem inacessíveis para os outros e, em certo sentido, para si próprias, até que venha o primeiro envolvimento amoroso. A experiência do toque traz a própria corporalidade à consciência, de maneira clara e concreta. Vivemos, em geral, tão afastados da nossa realidade física que, exceto pelas sensações mais dolorosas, lembramo-nos raramente de extensas áreas do próprio corpo. Vivemos *desencarnados*. Laing[106] desenvolveu uma concepção muito interessante a este respeito, mostrando que a insanidade é um reflexo de alienação da própria encarnação, um estar-fora-de-si mesmo, ao mesmo tempo que fora da realidade. Na base dos pressupostos de Laing, podemos interpretar os dados de Jourard e Secord, de modo a pereceber que somente uma pessoa que tem relações, as quais incluam contatos e carícias, terá um corpo plenamente experienciado e um *self* totalmente encarnado.

Entretanto, essas pesquisas não nos permitem responder se as pessoas percebem-se como atraentes porque são tocadas e acariciadas ou, inversamente, se, sendo atraentes, recebem maior contato visual e tátil em situações de envolvimento afetivo ou mesmo neutras. Tocamos mais, e com carinho, aquilo que nos parece belo, atraente.

ANSIEDADE E BELEZA

A ansiedade despertada pela visão de um corpo defeituoso ou doente é algo comum e aceito sem problemas. Inversamente, a excitação sexual deriva-se da beleza e deve ser relacionada com as variáveis culturais e sociológicas da imagem padronizada do corpo humano. Às vezes é impossível apreciar o padrão de beleza de povos primitivos, mas, mesmo que comparemos o nosso padrão brasileiro com os padrões orientais, africanos ou europeus, é difícil integrá-los numa lei geral. A esse respeito, é ainda complexo definir qual seria o *padrão brasileiro*, já que, parafraseando Mário de Andrade, há *"muitos brasis"*.

Certamente, a beleza e a feiúra não são fenômenos do indivíduo isolado, mas fenômenos sociais de maior importância. Eles regulam as atividades sexuais nas relações humanas, não somente as heterossexuais, como também as homossexuais. Schilder[159] afirma que o ideal de beleza será a expressão da estrutura libidinal aceita socialmente. Entretanto, as imagens corporais e a sua beleza não são entidades rígidas, constroem-se e destroem-se continuamente, acompanhando o fluxo da organização libidinal — a catexe corporal. Eventualmente, tais alterações produzem grande ansiedade e, por isso, tendem a ser reprimidas, negadas.

As inter-relações entre os estados emocionais e a visão do corpo levaram alguns psicólogos a delinear experimentos para lidar com essas variáveis. Desenvolveram uma técnica que modifica artificialmente as imagens visuais através de lentes aniseicônicas e testaram a resistência das pessoas a admitir estas alterações. Tais lentes levam os olhos a receber imagens de tamanhos diferentes e, conseqüentemente, produzem várias distorções, como estreitamento e inclinação dos objetos, entre outras.

Wittreich e Radcliffe[182] descreveram o uso dessas lentes para avaliar a resistência a aceitar as distorções induzidas por elas. Demonstraram que, quanto maior a ansiedade ligada com a área do corpo a ser percebida, maior será a resistência a percebê-la como estando alterada através das lentes aniseicônicas. Esses autores sugerem que a ansiedade motiva a pessoa a manter as coisas como elas são imaginariamente, evitando a percepção de mudanças potencialmente ameaçadoras.

É um fato que o corpo da mulher altera-se de modo sutil nos ciclos mensais e, mais evidentemente, durante a gravidez. Seriam as percepções do corpo alteradas pela ansiedade diante destas mudanças? Fischer e Richter[47] mostraram, nesse sentido, que quando o fluxo menstrual da mulher se aproxima, ela tende a negar o efeito das lentes aniseicônicas sobre a região pélvica, percebendo-a de maneira inalterada. Estes achados ficaram ainda muito vagos principalmente porque não foram pesquisadas certas variáveis subjetivas. Posteriormente, Uddenberg e Hakanson[176] investigaram os conflitos sobre as funções reprodutivas em mulheres gestantes e puderam observar que a resistência em perceber as modificações vistas no espelho através do uso de lentes aniseicônicas era maior quando as gestantes tinham conflitos em relação com as suas funções reprodutoras. Deduz-se, portanto, que haveria um certo acréscimo de ansiedade nas mulheres em período pré-menstrual, impedindo-as de reconhecer as mudanças visuais artificialmente produzidas. Entretanto, nem todas se comportam desta maneira. Os dados com gestantes indicam que a satisfação pessoal com a própria feminilidade determina quanto a ansiedade será aumentada. As mulheres insatisfeitas com a própria imagem feminina terão mais ansiedade e tenderão a negar o efeito óbvio das lentes.

Buscando determinar os fatores mais importantes nesse processo, Fisher[44] indagou a 42 mulheres casadas, de nível secundário, quais as mudanças produzidas em cinco áreas corporais, na presença de lentes aniseicônicas. Supôs que as mulheres cujos seios fossem menores demonstrariam maior ansiedade e efeito negativo nas lentes com relação à área do busto. Como foi previsto, quanto maior o tamanho dos seios, mais as mulheres perceberam as alterações visuais na área do peito. Então, observa-se que, após quase vinte anos de pesquisa de Jourard e Sécord[82,83], as mulheres americanas compartilhavam, ainda, o mesmo modelo quanto ao tamanho ideal do seu busto, sendo este fator capaz de alterar o seu nível de ansiedade diante dessa área corporal.

Assim, o processo de socialização ocorrido nas mulheres reflete-se nas atitudes desenvolvidas em relação às áreas corporais. Estudando as diferenças sexuais na percepção do corpo, Fisher e Cleveland[42] encontraram que a mulher mostra relativamente menos ansiedade do que o homem na percepção das *regiões faciais,* sugerindo ser esta resposta um resultado do seu maior treinamento na expressão das emoções (considerando-se a face como a região privilegiada para as comunicações emocionais). Por outro lado, em outra pesquisa, descrita na mesma obra, a mulher se revelou muito mais ansiosa do que o homem na percepção das *pernas,* enquanto se confirmou a dificuldade masculina em aceitar as modificações, artificialmente produzidas pelas lentes, na visão da *cabeça.* Exceto *pernas e cabeça,* nenhuma outra região corporal mostrou diferenças significantes entre os sexos. Admitem esses autores que os homens aprendem a movimentar-se mais livremente, usando o espaço com liberdade, o que não ocorre na socialização da mulher; por isso ela tende a acumular ansiedade nos órgãos corporais inferiores.

Novamente fica-nos a impressão de superficialidade no tratamento de variáveis tão complexas. O *design* metodológico é responsável, neste caso, pela precisão dos resultados, mas, também, pelo seu alcance limitado.

Uma mulher se torna consciente, bem cedo, do valor atrativo das suas pernas e aprende a manipular isto em prol dos seus objetivos. As experiências com as próprias pernas não se reduzem à questão do movimento ou do domínio espacial, embora este fator seja igualmente importante e revelador.

Porém, estas coisas íntimas não se expressam tão bem nas técnicas controladas dos laboratórios, mas sim na linguagem da experiência das próprias mulheres. Virginia Woolf[188], escrevendo em 1928, o romance *Orlando*, não leva mais que uma dúzia de linhas para comunicar a surpreendente descoberta de sua personagem masculina, depois feita mulher, sobre a responsabilidade de seu novo corpo:

"Recordava como tinha insistido, nos seus tempos de rapaz, em que as mulheres devem ser obedientes, castas, perfumadas e caprichosamente enfeitadas. Agora tenho de pagar com meu corpo por aquelas exigências, refletiu; pois as mulheres não são (a julgar pela minha própria curta experiência do sexo) obedientes, castas, perfumadas e caprichosamente enfeitadas já por natureza... Aqui sacudiu impacientemente o pé e mostrou uma ou duas polegadas da perna. Um marinheiro que estava trepado no mastro, tendo por acaso olhado para baixo nesse momento, recebeu um choque tão violento que perdeu o equilíbrio e escapou por um triz. Se o espetáculo dos meus tornozelos pode causar a morte a um homem honesto, que decerto tem mulher e filhos para sustentar, por humanidade devo cobri-los, pensou Orlando" (p. 87).

Naturalmente, a mulher deste nosso final de século, já mostra todo o seu corpo sem tais pudores, mas isto não quer dizer que não haja repercussões. Muito pelo contrário, é possível que hoje a mulher esteja mais consciente do que nunca de todos os seus atrativos e use-os com muito menos inibições. Entretanto, a questão da ansiedade gerada por causa dos modelos sociais sobre as proporções de beleza feminina nos traz ao caráter utilitário do corpo da mulher. Trata-se, sem dúvida, de um ponto de vista econômico e social, além de ter valor ético e estético.

A questão de adaptar-se ao padrão ideal do corpo feminino é, freqüentemente, um caso em que a mulher trai a si própria para submeter-se ao *outro*. Sendo este um *outro* abstrato, coletivo e socialmente imposto.

É importante ressaltar nisso um aspecto que gera muitas controvérsias, pois as mulheres comumente atribuem somente aos homens a responsabilidade pela moda dos seios grandes, dos espartilhos ou das saias curtas, dos cabelos pintados ou das tangas etc. Entretanto, sabemos hoje que as imagens internalizadas sobre os valores do físico sempre foram transmitidas de mãe para filha, de avó para netas, permitindo uma continuidade dessas idéias através da variedade dos comportamentos admitidos como convenientes para uma certa época.

Nesta linha de considerações, importa ainda analisar o antigo costume chinês de enfaixar os pés das mulheres, produzindo a sua deformação. Este procedimento era realizado pelas mulheres mais velhas nas crianças do próprio sexo, sem que essas inocentes pudessem ao menos questioná-lo. Teve início no período dos chamados "reis libertinos" e consagrou-se como um fator importante para o padrão de beleza feminino, sendo, ainda hoje, motivo para as orientais se orgulharem de terem os pés pequeninos (v. pág. seguinte).

Entretanto, a mutilação dos pés representa, simbolicamente, a submissão da mulher frente ao desejo masculino, o ser considerada como objeto em troca do poder de seduzir. Além da beleza dos pés, para os padrões da época, a mulher adquiria um tipo de andar bamboleante, considerado sexualmente mais atraente. Podemos conjecturar como se sentiriam essas mulheres, privadas do seu apoio natural, a andarem cambaleantes, fragilmente *femininas*. Como já tive ocasião de referir-me (Penna[143]), os pés estão para o corpo como as raízes para as árvores. Aquelas eram mulheres desenraizadas, desequilibradas. Obtinham a beleza a um alto custo.

O uso de sapatos altos, das famosas plataformas ou dos *saltos-agulha* também confere um tipo de andar desequilibrado e deixa a postura completamente inadequada, em nome da beleza. Não vamos declarar os efeitos desses saltos sobre as vértebras da coluna e as funções dos órgãos internos, porque outros já o fizeram com muita propriedade. Falemos, porém, do sentido desse hábito. Ao usar sapatos de saltos altos, a mulher sai do chão, eleva-se. Passa a andar acima do solo e isto lhe confere uma altura artificial. Comumente, estar acima dos outros é um destaque conferido às autoridades de qualquer espécie. O professor, antigamente, tinha uma plataforma para subir. O padre falava do púlpito; na França, os nobres usaram sapatos altos etc. Com isto, obtém-se uma visão superior, vê-se os outros de cima. Até recentemente, a mulher não galgava tão facilmente posições de comando, avaramente protegidas pelos homens do desejo feminino de ascensão social. Ora, ela se elevava através dos sapatos altos. Compensava a sua inferioridade, talvez melhorasse a sua catexe, satisfazendo-se com tal sacrifício. Veja-se que, hoje, a moda é usar sapatos baixos, e quase sem diferenciação sexual, muitas vezes. Provavelmente, ao realizar-se mais completamente, a mulher deixe de usar muitos artifícios para modificar a sua imagem corporal.

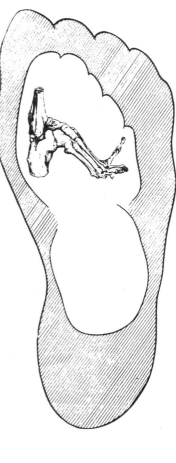
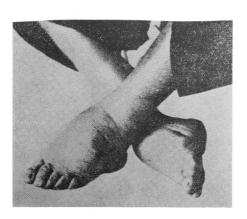

a) Aspecto dos pés deformados pelo uso precoce de bandagens. Esta prática produzia a diminuição do tamanho do pé, que chegava a ficar com 14 x 16 cm na mulher adulta. Na China, este costume durou aproximadamente até 1912, havendo ainda hoje mulheres cujos pés estão deformados.
b) Neste desenho vê-se a pegada de um pé normal (tracejado) e a de um pé que recebeu bandagens desde os 4 anos de idade (em branco). Ao centro, o esqueleto deste pé, cujo estado corresponde a uma verdadeira amputação da articulação tíbio-tarsal.

Outro costume que violenta a integridade feminina é a ablação parcial ou total dos órgãos sexuais, realizada pelas mulheres mais velhas sobre as meninas africanas.

Segundo o relato recente de Benoist[14], chegam a 26 os Estados africanos e árabes que praticam atualmente o ato pudicamente denominado de *circuncisão feminina*. Do Senegal ao Iêmen do Sul, passando por Mali, o Chade ou Quênia, *mais de 30 milhões* de meninas, adolescentes, mulheres casadas ou idosas são, hoje, mutiladas. A autora nos dá conta de que as ablações são de, pelo menos, quatro tipos, variando entre a excisão do prepúcio clitoridiano à ablação total do clitóris, ou ainda dos pequenos lábios. A forma mais completa é a *circuncisão faraônica*, que consiste na retirada total dos órgãos genitais e na posterior sutura do que resta dos grandes lábios, deixando apenas pequeno orifício por onde deve escoar a urina e o sangue menstrual. Neste caso, por ocasião das primeiras relações, cabe ao marido descosturar a sua mulher e, não raro, pede que a cosam novamente ao ter de ausentar-se em viagens longas. O recurso da nova operação também é necessário quando do nascimento do primeiro filho.

Todas essas práticas têm lugar, geralmente, sem anestesia e sem higiene. Elas se iniciam desde a infância e são executadas pela *matrona* da aldeia, a qual se utiliza de facas, giletes, ou até cacos de vidro para fazer os cortes. Todas as mulheres devem ser operadas, para não serem muito excitáveis sexualmente e, assim, garantirem a sua posse e submissão ao homem. Em alguns locais, o ato se reveste de certos ritos, como uma iniciação, ao qual estão presentes a própria mãe da criança, suas tias e velhas mulheres da aldeia, além da *matrona* que realiza a excisão. O costume data de 2000 a 2500 anos, e sua origem é obscura. A sua justificativa propalada é livrar a mulher de órgãos (clitóris), que a torna parecida com o homem e, também, limitar seu apetite sexual. No entanto, as conseqüências psicológicas desse ato são tão maléficas quanto as infecções que, freqüentemente, são contraídas pelas mulheres e pelos seus filhos, não raro também pelos homens. Ficam todos privados do prazer natural nos atos mais simples da vida; o próprio encontro sexual e a procriação se tornam dolorosos sofrimentos, aos quais estas jovens se resignam, inconscientes da própria condição humana.

A matrona da aldeia, recebendo da comunidade um poder quase mágico, determina a continuidade do hábito tribal, com suas próprias mãos castrando as jovens e concretizando aquilo que o inconsciente grupal alimenta: a inferioridade da mulher diante do homem. As mulheres mais velhas acompanham e referendam essa prática, o que demonstra o caráter iniciatório desse rito de circuncisão, como significando uma entrada nos mistérios femininos. É, porém, uma iniciação maléfica, pela violência do sacrifício imposto. O seu traço predominante é o sacrifício da dignidade da mulher, para completa submissão ao poder masculino. Dir-se-ia que, amedrontadas diante da própria força sexual, vista como diabólica e destruidora dos laços tribais mais estabilizadores, os costumes castigam a mulher na sua carne, considerando-a culpada da tentação.

Fruto de uma mentalidade onde o inconsciente se manifesta atribuindo poderes mágicos às plantas, aos seres inanimados, essa manifestação incontrolável, que é a atração exercida pelo sexo, precisaria de uma contramedida eficiente, tão violenta quanto o impulso primário. Podemos ver que o esforço de suplantar o domínio dos instintos e a impossibilidade de conscientizar-se da própria condição leva todo o grupo a caracterizar o *pecado* da mulher, objeto desse desejo instintivo. O controle sobre os impulsos sexuais vem, assim, de uma interdição externa, através de uma cruel mutilação física e psicológica que alivia o impacto da sexualidade, permitindo que as leis islâmicas e os costumes religiosos se desenvolvam. Entre estes, a noção de propriedade tem papel fundamental porque, através da posse da mulher, nessas seitas africanas e árabes, ainda hoje, são comercializadas imensas propriedades, rebanhos, terras, valores materiais essenciais para a sobrevida daqueles povos subalimentados.

A heterogeneidade dos costumes nos revela que não podemos falar do corpo da mulher sem delinearmos o cenário social e cultural correspondente. Através do seu impulso adaptativo ao meio externo, as mulheres tanto foram levadas a vestir os espartilhos, que comprimiam e deformavam o seu tórax, quanto as reduzidas tangas de hoje, que o Brasil se orgulha de ter exportado para o mundo.

O espartilho provocava uma compressão torácica, impedindo o desenvolvimento natural dos órgãos internos. Conseqüentemente, as mulheres não respiravam normalmente, sua pressão cardiovascular encontrava-se geralmente baixa e ela resistia aos sustos (descargas intensas de adrenalina), desmaiando fragilmente. A mulher perdia em saúde por causa do valor dado à sua beleza. O fígado, o estômago, a região do epigástrio ficavam comprimidos brutalmente, o seu diafragma, levantado, e o coração, deslocado anormalmente. Toda a função respiratória estava diminuída. Assim convinha a uma senhora da sociedade, há pouco menos de 150 anos. Os sais, sempre à mão dos seus galantes cavalheiros, continham substâncias que estimulavam as mucosas nasais e provocavam uma parada respiratória, sinal de alerta para que todo o organismo se recuperasse rapidamente.

A mulher pagava o preço da sua cotação no mercado da beleza com a saúde das suas funções fisiológicas. E, ainda, com o sério comprometimento das suas capacidades de auto-realização e independência. Sobre a respiração sabe-se hoje, cientificamente, o que os iogues antigos já praticavam, há milênios, ou seja, que dela depende o estado geral de outras funções corporais. O envolvimento da respiração com a saúde não se limita, porém, ao físico, mas atinge as condições psicológicas e mesmo espirituais do ser. O tórax é a morada do espírito, nos diz Gaiarsa[54], baseado na ciência acadêmica e também esotérica. A troca de ar com o ambiente nos alimenta ininterruptamente e não podemos passar sem ela mais do que poucos e rápidos segundos. Entretanto, há certo tempo, as mulheres sacrificavam-se nessa troca tão essencial, para ficarem mais bonitas, visando exercer maior poder de atração sobre o macho da espécie humana.

Hoje a mulher não aperta o corpo, e está eliminando, até mesmo, os saltos altos. Está descendo da plataforma onde subia, talvez para compensar tantos conflitos e inseguranças. Será que há ainda algum sacrifício hoje? Estaria ela renunciando totalmente a algo fundamental, em troca de maior poder?

Por outro lado, não creio que possamos avaliar sempre a busca de poder através do apelo sexual. A mulher de hoje busca ser inteligente, capaz, esperta e livre. Ela se expõe. A tanga é uma plena exposição. É certo que seja um hábito desinibido, mas também pode ser agressivamente provocante. A mulher ainda joga com o próprio corpo, e nisto ela se assemelha às fêmeas de qualquer espécie. Mas está sendo treinada para subir na profissão, engajar-se em alta política, e, naturalmente, a sedução obedece a outras regras. A disputa do poder com o homem é um fato social de maior importância, que traz conseqüências para a imagem corporal da mulher.

Levada a ser diferente das gerações precedentes pela necessidade de adaptação aos valores atuais, a jovem adulta está transformando a própria imagem e, conseqüentemente, também as estruturas sociais. A catexe libidinal se organiza segundo as variantes sociais comumente partilhadas. Por isto, os pressupostos da Psicologia Social precisariam levar em maior conta esses dinamismos instintivos que produzem os investimentos da libido em determinadas regiões do corpo. Por outro lado, as variantes sociológicas nos mostram apenas a dimensão mais superficial na questão da imagem do corpo. A inter-relação entre os dinamismos físicos, libidinais e sociais deve ser buscada numa abordagem mais abrangente. Tal abordagem busca compreender o *significado* da aparência feminina.

Parecer mais feminina é, sem dúvida, um valor de alto prestígio social. O *modo de parecer* feminino se exprime através de sua voz, do seu rosto, da sua aparência, da sua postura. São os fenômenos observáveis no corpo que dão ao modo de parecer uma característica feminina ou não.

Nos estudos experimentais, este modo de parecer está geralmente, bem enfatizado. Entretanto, pouca elaboração é desenvolvida acerca da interioridade feminina. Ora, é justamente esta *interioridade* exteriorizada que pode dar o significado das atitudes e dos movimentos femininos.

Buytendijk[19,20] apontou com clareza a necessidade de compreendermos integradamente as manifestações corporais como exteriorizações corporais de um modo de ser feminina. Este diz respeito à natureza feminina, que ele vê como o conjunto das propriedade ontológicas da mulher. Por outro lado, essas propriedades inalienáveis do ser feminino se revelam fenomenologicamente e são percebidas, tanto pela própria pessoa, quanto pelos outros, através dos seus movimentos e das suas atitudes. Chegamos então a uma dimensão existencial, na qual a mulher se revela como tal pela sua maneira de estar no mundo. A maneira pela qual a mulher está consciente da sua natureza, da sua aparência e também do mundo constitui o modo de existir feminino. Esta consciência de si, do mundo e da intencionalidade dos seus comportamentos se desenvolve. Através do nível de consciência atingido em determinada circunstância, uma mulher observa tudo em si e à sua volta. Como afirma o autor à p. 8: *"Ela adota uma perspectiva, percebe, enfatiza, sente, pensa, julga, ama ou odeia as coisas em si e no mundo"*.

A perspectiva que a mulher escolhe dá sentido à sua vida. Merleau-Ponty[127] disse, certa vez, que a perspectiva adotada na observação de um fenômeno já determina, facilmente, este fenômeno. Este é o modo de existir no mundo; logo, há necessidade de a mulher expressar o seu próprio modo de perceber e de agir, pois ninguém poderá fazê-lo em seu lugar.

A mulher dispõe de uma perspectiva própria e o seu corpo é uma condição fundamental na maneira de ser feminina. No entanto, enquanto procura definir-se pelo externo, pelo social, ela se afasta dos motivos internos. Haveria um motivo interno que caracterizasse a perspectiva feminina frente a si mesma e ao mundo? Tal motivo agindo como antecedente dos seus comportamentos nos faria transpor o limite das aparências e ir ao fundo, para entender a intencionalidade da maneira de ser feminina.

Como já foi mencionado, para Jung a perspectiva feminina é regida por Eros, segundo o qual a mulher busca os relacionamentos, as associações. Buytendijk crê poder definir o mundo feminino como sendo aquele dos cuidados. A perspectiva feminina abordaria o mundo pelo ângulo do envolvimento com o cuidado, o tratamento sensível, a proteção, à semelhança das funções maternas. Não se pode deixar de perceber alguma semelhança entre os dois autores. Jung, entretanto, pela profundidade psicológica da sua proposta, expõe uma hipótese mais ampla, onde inclusive as funções procriadoras encontram sentido, tanto quanto as outras funções criadoras femininas. Adiante nos deteremos na relação entre o princípio de Eros e a corporalidade. Ficamos aqui com estas idéias, acrescentando algo mais, vindo de Miller[128,129], uma psicanalista americana contemporânea.

Miller dedicou os seus anos de prática clínica às questões da psicanálise e da mulher, tendo descrito suas experiências com observações claras e de vivo interesse prático. Expõe as razões pelas quais uma verdadeira psicologia da mulher deve levar em conta as condições inerentes ao modo de ser feminino, em vez de prejulgá-lo como primariamente mutilado ou castrado. O desenvolvimento da mulher procede de uma base própria, diferente daquela enfatizada pelo modelo masculino da sociedade. O traço central neste desenvolvimento é que a mulher se constrói e se mantém em um contexto psicológico de *ligações e de associações* com outros. Naturalmente, o sentido de própria identidade se organiza ao redor do eixo que representa esta sua capacidade de criar e desenvolver os relacionamentos. A importância deste fator central é tanto que, para muitas mulheres, a ameaça de rompimento de uma ligação é percebida não somente com a perda de um relacionamento, mas como uma perda total da própria identidade.

Esse modo de perceber e de estruturar as experiências dá margem para inúmeros conflitos. A depressão, por exemplo, que é associada com a perda de uma ligação afetiva com uma certa pessoa, é muito mais comum em mulheres, embora também ocorra em homens (Miller[128]).

43

O que não se conhece habitualmente é como esta maneira de estar presente é um ponto de partida psicológico para novas possibilidades de atuação e de criação em sociedade. Possibilidades estas muito diferentes daquelas adotadas pela cultura vigente, modulada segundo o princípio masculino, que institucionaliza e compartimentaliza as coisas internas e externas.

Considerando o ponto de partida do impulso feminino para a unificação e para a criação de laços, podemos ter um horizonte aberto para compreender os comportamentos femininos. O seu modo de ser e de parecer, a sua maneira de relacionar-se com o próprio corpo dependem do seu grau de consciência desse impulso. Ele é um motivo básico na psicologia feminina. Orienta-a de dentro, como se fora o tema central de uma sinfonia, sensivelmente presente, apesar de todas as variações.

3
A IDENTIDADE FEMININA E A PROFISSÃO

Na maior parte das vezes em que uma mulher procura o consultório psicológico, ouvimos queixas de saúde e de insatisfação com a sua aparência. Ser feminina é um ideal muito falado em termos culturais, mas obscuro em termos práticos. Quando a mulher questiona a sua inteligência, o seu tino para os negócios ou a sua capacidade profissional, nem sempre está consciente de como encontra igualmente dificuldade em preencher os modelos de feminilidade. Este é, porém, um núcleo gerador de tensões e de expectativas que provocam duras angústias e freqüentemente levam a mulher a duvidar de si mesma.

No mundo do trabalho criado pela sociedade moderna não parece haver espaço para as condições físicas e psicológicas da mulher. Somente a duras penas, os sindicatos obtiveram para a trabalhadora gestante os direitos que lhe asseguram permanência no emprego e licença para o período de amamentação. Em muitos locais, entretanto, ainda vigora o costume de só empregar mulheres solteiras e de despedi-las quando ficam grávidas. Seja qual for o tipo de trabalho a que se dedique, quando ele é realizado fora do lar há um esforço de adaptação da mulher, no sentido de preencher os requisitos exigidos pelo empregador e também preservar os valores de sua identidade como mulher, mãe e esposa ou companheira. Como os padrões de feminilidade tradicionalmente vigentes reconheceram como tipicamente adequadas as funções de mãe e de amante, fica muito difícil para a mulher reorganizar-se internamente, e, não poucas, sofrem duras crises de identidade.

Os papéis assumidos pela mulher na realização das suas funções biológicas estão claros. Ela deve ser capaz de relacionar-se afetivamente com o homem, de ter filhos e de educá-los. Estas regras dirigem inconscientemente a vida feminina desde tempos imemoriais. Compõem, mesmo, um conjunto de tendências para pensar e agir, que a levam a perceber a si própria e ao mundo, de acordo com os objetivos estabelecidos biologicamente pela evolução natural da humanidade. Tais objetivos não são primariamente ditados à consciência da mulher pelo seu ser individual, mas pertencem ao quadro de aquisições que ela deve buscar como fêmea da raça humana. São, portanto, coletivos em sua origem e dirigidos pelas necessidades coletivas de perpetuação da espécie.

Entretanto, o relacionamento afetivo entre a mulher e o homem, assim como entre a mãe e o filho, excede em muito o nível coletivo e biológico. É propriamente no âmbito das ligações psicológicas que se constata hoje o cerne das dificuldades enfrentadas pela mulher e pelo homem, quando pretendem expandir a sua consciência individual. Neste domínio há poucas certezas e verdades já claramente reconhecidas. Os caminhos da individualização consciente começaram a ser percorridos há tempo demasiado curto para que haja regras, sinais inequívocos, norteando as experiências neste campo. As tentativas de viver em novos contextos, integrando, por exemplo, o estudo de uma ciência com a necessidade de manutenção financeira da família e própria não oferecem respostas válidas para todas as mulheres. Na realidade, o campo científico somente nos anos mais recentes ficou presente como objetivo possível às ambições de auto-realização feminina. De um modo geral, mesmo nas profissões mais simples, como domésticas, vendedoras ou costureiras, a mulher que deseja conjugar as suas tendências femininas tradicionais com outras, inovadoras, terá de fazer um esforço psicológico considerável para transpor os conflitos que estes dinamismos distintos trazem à sua personalidade.

O risco de dissociação psíquica está presente para qualquer pessoa que se aventure em caminhos antes proibidos no seu mundo inconsciente. No caso da profissionalização da mulher, as atitudes importantes para a sua adaptação ao trabalho conflitam com quase tudo o que ela precisou aprender. Assim, a meiguice, a modéstia, o espírito de submissão e de serviço que são altamente desejáveis nas funções familiares, de acordo com os velhos ensinamentos femininos, deixam de ser úteis no mundo do trabalho. São até mesmo atitudes prejudiciais e que têm de ser reavaliadas. Por outro lado, não raramente a mulher obtém vantagens no emprego justamente por causa do seu espírito de dedicação e submissão, conformando-se com menores salários e desempenhando funções que os homens rejeitam.

AS PROFISSIONAIS DE NÍVEL UNIVERSITÁRIO

Para aquelas mulheres cujo treinamento inclui a escolaridade de nível universitário, o contraste entre os papéis tradicionalmente atribuídos ao sexo e as novas atitudes necessárias para vencer oferece dificuldades consideráveis. Talvez não maiores do que aquelas dificuldades enfrentadas pelas jovens operárias realizando hoje serviços antes deixados para o braço musculoso dos homens.

Mas, na Universidade está ocorrendo um fenômeno social interessante, qual seja o distanciamento cultural entre as estudantes e as gerações femininas de onde elas são provenientes.

Sabemos hoje que em várias nações a população feminina está atingindo níveis antes inéditos de aculturamento, isto em rápido processo de ascensão a partir de uma, ou, no máximo, duas gerações anteriores. Assim, o interesse psicológico pelas estudantes universitárias em geral cresceu nos últimos anos, pois esta classe tem destacado valor nas mudanças sociais e políticas.

No Líbano, por exemplo, o nível educacional tem sido associado à mudança nos interesses femininos. As mulheres que tiveram apenas escolaridade primária e secundária dão primazia aos papéis de esposa e mãe; aquelas com educação universitária, entretanto, pensam que a mulher deve poder ocupar os mesmos empregos que os homens, defendem a criação de creches e a não diferenciação entre meninos e meninas. O inquérito feito entre as estudantes revelou que o ensino vem em primeiro lugar na lista das profissões escolhidas, seguido de Medicina e Enfermagem. Esta ordem reflete ainda o conceito tradicional do *trabalho de mulher* ainda vigente em certos países. Em Sri Lanka, a maioria das pessoas que trabalha em enfermagem são mulheres, e a ascensão rápida do nível de estudo promove o ingresso das jovens em campos da medicina, antes restritos aos homens. Na Argentina, até recentemente, havia duas vezes mais homens do que mulheres nas Universidades, mas agora a proporção de mulheres cresce rapidamente.

No Japão, as mulheres não foram admitidas nas universidades estatais até depois da II Guerra Mundial, mas as particulares estavam abertas para elas desde o início do século. Apesar dessa discriminação, Inukai[76] dá conta que antes do século XI as diferenças entre os sexos não eram tão flagrantes, havendo mulheres das classes abastadas que possuíam propriedades e gozavam os direitos de cidadãs tal como os homens. Também na vida literária as mulheres japonesas sempre tiveram presença destacada, além das criações na música e na pintura. A sociedade teria se transformado com o advento dos samurais (classe de guerreiros), cuja luta pelo poder trouxe a hegemonia dos valores do princípio masculino. Guerrear é uma atividade masculina; e, assim, os conceitos parecem ter mudado, favorecendo as habilidades físicas e mentais que só os homens poderiam desenvolver.

Isto é, entretanto, bastante questionável. A participação da mulher nas revoluções políticas acontecidas em outros países tem dado exemplos recentes de que, pelo menos, algumas sabem lutar. Em Cuba, as razões físicas da inaptidão feminina foram questionadas durante as reformas de governo socialista de Fidel Castro. Inúmeras mulheres que antes provaram o peso das armas, depois trabalharam como policiais, pára-quedistas, estivadoras e tratoristas.

A INTEGRAÇÃO DA AGRESSIVIDADE

Por que tem sido a guerra uma forma de atuação tipicamente varonil? Os gregos criaram uma representação dos conteúdos psicológicos associados com a agressividade na figura do deus Áries, chamado Marte pelos romanos. Áries simboliza um dos aspectos do princípio masculino, a expressão agressiva e impetuosa da libido. É igualmente interessante a simbologia da união de Marte com Vênus, representante do dinamismo amoroso da psique e também da sensibilidade. Deste encontro nasceu Eros, cujo valor é exaltado na mitologia como sendo aquele elemento capaz de permitir a união entre os conteúdos opostos.

O ingresso das mulheres nas carreiras militares pode ser visto como uma necessidade interna de integração do princípio masculino em seu aspecto mais impetuoso e varonil, propiciando que ocorram várias reorganizações psicológicas e corporais.

Em Israel, país onde as mulheres fazem o serviço militar, muitas optam pela continuidade nas Forças Armadas. Entretanto, certos relatos sugerem que, mesmo nestes casos, permanece havendo alguma discriminação entre as tarefas masculinas e femininas. Recentemente, uma capitã israelense declarou aos jornais que as mulheres podem fazer tudo no Exército, menos lutar. Só lutaram na guerra da Independência, em 1948. Quando aprovadas nos cursos de treinamento, tornam-se instrutoras, mas não operadoras. O Exército seria, indiscutivelmente, masculino. Acrescenta outra comandante: *"As recrutas com 18 anos defrontam-se com duas possibilidades de ajustamento. Ou são realmente femininas, atuando na base das manipulações que sempre serviram às mulheres, ou competem superficialmente com os homens, até engrossando a voz"* (fonte: O Estado de S. Paulo de 22-12-84).

Naturalmente, uma observação mais profunda fará ressaltar outros pontos que por certo estão agindo na convivência homem-mulher dentro dos campos de treinamento e, mesmo, nos combates às guerrilhas, hoje tão freqüentes em diversas partes do mundo. Desta interação podem ser esperados novos hábitos de relacionamento, alguns muito positivos. Entre estes, a oportunidade de lidar com a própria energia agressiva, freqüentemente projetada na figura masculina.

As carreiras militares enfatizam a autodisciplina, a coragem, a capacidade de suportar privações, a obediência, o cumprimento da lei, o idealismo, o serviço desinteressado à pátria. Estes valores psicológicos podem ter certo efeito positivo sobre a organização da personalidade feminina. Entretanto, os seus opostos, como a submissão à autoridade, a rigidez e a inflexibilidade, a ênfase no poder através das armas e da força são atitudes indesejáveis, tanto para a personalidade masculina quanto para a feminina.

Em termos simbólicos, a conjunção de Marte com Vênus está, atualmente, se propondo no campo psicológico, trazendo certas inclinações na escolha das profissões onde há algum toque marcial. Completando esta tendência, vemos a forte presença da mulher nas academias de judô, caratê, *tae-won-don* e outras artes marciais, assim como a procura das jovens pela prática da capoeira, do tiro ao alvo e da defesa pessoal.

Do sucesso obtido na união dos conteúdos freqüentemente simbolizados em Marte (deus da guerra) e Vênus (deusa do amor) depende o nascimento de um novo dinamismo psicológico capaz de elaborar, harmoniosamente, as atitudes opostas representadas pelos dois deuses.

A participação ativa da mulher na sociedade cresce através dos sindicatos, dos partidos políticos, aparece nas entidades de classe e nas sociedades comunitárias. Nesses papéis, ela geralmente se dispõe a reivindicar os direitos dos cidadãos perante o Estado, mais ainda, de empregados diante do chefe da empresa, e, assim, abre-se o campo para a luta política. Certamente, toda atuação profissional possui um aspecto político, inerente, quer a mulher esteja consciente disto ou não. A consciência política, porém, torna a personalidade mais responsável. Quando um profissional obedece a um regulamento ineficiente, injusto, ou submete-se a uma ordem imoral, está avaliando-se como incapaz e contribuindo para a continuação de tal injustiça.

Habitualmente, o feminino é associado à preservação da vida e não à sua destruição. Mas a mulher destrói. Na verdade, qualquer atuação pode ser vivida com violência, causando a destruição de conteúdos internos e atingindo outras pessoas.

Na disputa para conseguir um espaço que lhe seja próprio, uma mulher percebe que a integração das energias agressivas é um ponto de real importância. É delicado também, pois, como já foi dito, simbolicamente as tendências agressivas estão sob o domínio dos dinamismos masculinos da psique. Assim, para destruir velhas estruturas e criar melhores formas de convivência humana — ideal partilhado por todas as personalidades conscientes da nossa época — há que combinar, adequadamente, as forças agressivas e eróticas. Presenciamos muitos atos de violência atualmente que não são originários de personalidades equilibradas, mas sim de homens e mulheres dominados pelo desejo de poder, pelo ódio separatista e discriminador.

Muitas mulheres estão lutando como guerrilheiras por causas políticas ou religiosas. Embora isto não seja uma profissão, algumas desempenham os seus atos *profissionalmente*, com idealismo e disciplina. Estas atuações devem ser tomadas como experimentos, não só pessoais, como também coletivos, que visam a integração de dinâmicas antes separadas, no inconsciente coletivo da humanidade.

Não é mais possível afirmar-se hoje, como a sociedade já fez anteriormente, quais são as profissões mais adequadas à mulher. Tenho observado que a atividade mais indicada para uma determinada mulher é aquela para a qual ela própria sente e pensa que tem aptidões, sem violentar-se física e psicologicamente. A decisão está, portanto, no âmbito da sua consciência. É preciso, porém, conhecer as principais motivações da personalidade e procurar desenvolver as habilidades naturais.

Em falta de sintonia consigo mesma, uma mulher experimenta qualquer atividade de maneira negativa ou destrutiva, inclusive a maternidade.

ANSIEDADE E BELEZA

Hutchinson[73], em análise da nossa realidade, mostrou que o ensino foi a primeira atividade profissional aberta à mulher brasileira. Vimos que também ocorreu um fenômeno análogo em outros países.

Entendendo o ensino como uma atividade que promove o desenvolvimento dos mais carentes, pode-se perceber como *ser professora* era um ideal *feminino*, característico de uma época em que poucas vezes uma mulher se profissionalizava. No entanto, dentro da perspectiva junguiana, tanto o homem como a mulher são possuidores dos recursos de acolhida e de cuidado com o outro. Digamos, por exemplo, que certa jovem opte por uma área de ensino. Ela pode estar mais propensa para desenvolver os relacionamentos (típicos do princípio de Eros), mas também terá de resolver as suas tendências para comandar os outros, dizendo-lhes o que devem fazer e aprender. O risco de atuar com autoritarismo, frieza e dogmatismo será elevado, representando uma forma de confrontamento com as próprias tendências agressivas e com o desejo de poder. Estas últimas tendências normalmente ficam ocultas e são menos conscientes quando alguém deseja ser professora. Estando inconscientes, elas operam uma redução, revelando uma outra face, nada construtiva, do papel de professora. Por isto é tão fácil encontrar-se professoras, de qualquer nível, mais rígidas e severas do que os seus colegas homens. Para estes, o fato de terem escolhido a profissão de educadores indica uma certa integração da sua *anima*, levando-os a ter atitudes compreensivas para com os menos desenvolvidos. Quando, porém, tais atitudes não se apresentam, o homem chega a ser rígido e severo, voltando-se para a lógica e não para as pessoas, por razão de um conflito com o lado feminino da sua personalidade. Grandes expoentes masculinos na ciência costumam manifestar uma especial dificuldade com os relacionamentos, por exemplo, embora sejam brilhantes teóricos e pesquisadores. Análoga situação enfrenta uma mulher, quando se dedica ao desenvolvimento das suas capacidades mentais e intelectuais, deixando ao acaso as próprias necessidades afetivas e emocionais.

Os fatores que aumentam a preferência feminina pela carreira do magistério têm, ainda, conotações sociológicas. Lewin[110] observou que o maior campo de atuação da mulher universitária é o magistério. Os seus dados sugerem que a opção pelo professorado representa uma atitude conciliatória que não rompe com os limites já permitidos para a mulher em nossa sociedade. Também para os homens, parece mais aceitável ter uma mulher como professora do que como profissional liberal.

É bem provável que tais conveniências estejam contribuindo para a aceitação do ensino como forma prioritária para ganhar a vida, entre as universitárias, fato este que não questionaria tanto a própria identidade feminina quanto o exercício de uma profissão no difícil mercado de trabalho. Porém a função de educadora fora do lar já é uma aquisição socialmente falando, pois é bastante recente a preocupação pública com o menor, o mais carente e os marginais.

Nesta linha de pensamento compreende-se por que as áreas de Enfermagem, Psicologia, Serviço Social, Fonoaudiologia, Secretariado, Nutrição e Reabilitação sejam de maior preferência entre as mulheres. A dimensão psicológica que lida com o cuidado e a nutrição fisiológica e afetiva pertence ao princípio feminino, apoiando-se também na sensibilidade e na capacidade de empatia, ou seja, de sofrer com os outros e de interessar-se por eles. Quando, além da prestação de serviços objetiva-se desenvolver uma pesquisa, estruturar planos de atendimento em instituições ou organizar um plano de ação em qualquer nível, todas estas profissões requerem uma melhor integração com o princípio masculino. Assim, o *animus*, profissionalmente falando, contribui para a organização do conhecimento, para a sua expressão em discursos lógicos compreensíveis pelos demais, além de proporcionar à mulher a força e o vigor necessários para enfrentar as muitas lutas do próprio desenvolvimento.

O contingente feminino nas universidades está em rápida expansão. Esta dinâmica é, segundo Tosi[173] ainda mais surpreendente nas carreiras antes tidas como *masculinas*. As áreas mais resistentes à verdadeira invasão feminina nas universidades brasileiras analisadas por Tosi são Engenharia e Geologia. Estes dados confirmam aqueles coletados por Lewin no Grande Rio onde Engenharia e Geologia tiveram mais de 80% da preferência masculina em quatro anos de observações, indicando, ainda, que o quadro de ocupações femininas havia-se ampliado consideravelmente no final dos anos 70.

Diante dessas informações, a questão da imagem corporal das nossas estudantes e da sua identidade feminina ganha uma importância especial. Precisamos, porém, de um critério mais estável do que a simples preferência, para escolher a nossa amostragem.

A análise de diversos currículos universitários mostrou que há cursos voltados para os contatos e para a prestação de serviços, sendo que nestes as disciplinas de estudo do homem e do corpo são mais freqüentes. A falta ou pobre presença de temas relativos ao corpo humano ocorre nos cursos dedicados às ciências físicas e matemáticas. A grande questão é como as jovens que escolhem estes cursos se relacionam com a própria imagem feminina, a qual, no plano mais inconsciente, precisa do *animus-logos* para desenvolver-se a contento.

A UNIVERSIDADE COMO UMA SITUAÇÃO ARQUETÍPICA

Emma Jung[96], expressando-se acerca da integração do *animus*, afirma que o principal conflito da mulher contemporânea intelectualizada é encontrar uma posição harmoniosa frente ao seu elemento masculino inconsciente. O interesse entre as energias femininas e masculinas na psique da mulher revela-se, de maneira bem significante, nas suas experiências emocionais, as quais são percebidas e manifestas corporalmente. É provável que uma etapa da vida em que são conscientizados os valores do *animus* relativo à aquisição de conceitos científicos e técnicos proporcione algumas dificuldades particulares para a mulher. Tais dificuldades devem estar aparentes no modo como ela expressa a própria feminilidade e aceita as condições do seu corpo.

É comum atualmente que as mulheres pensem que a sua elevação social e psicológica depende do aumento dos seus conhecimentos formalmente adquiridos. Como estes são codificados em graus de escolaridade, tal ascensão é procurada nas universidades e faculdades, as quais se tornam depositárias de um valor humano considerável. Pelo poder que lhes é atribuído, os cursos de terceiro grau são representativos de uma verdadeira iniciação nos mistérios do mundo, das ciências, das artes e dos negócios.

Como instituição, a Universidade simboliza o ápice do dinamismo cultural que condensou e cristalizou alguns séculos de conhecimento humano. O próprio nome (Universidade) aponta para a busca da síntese de todos os conhecimentos, simbolizando a eterna necessidade que o ser humano demonstra de alcançar a unidade que existe por trás da multiplicidade. A consciência do Universo é um fator do movimento lógico na psique, que procura abranger as leis gerais e os princípios fundamentais.

Entretanto, a Universidade possui tanto aspectos masculinos quanto femininos. Ela é também chamada *alma-mater*, talvez porque, como a *anima* do homem, ela nutre, alimenta-o com os conhecimentos da vida. Historicamente, a sistematização dos cursos e dos seus objetivos, assim como a hierarquização dos docentes através de provas, onde devem atestar o seu valor, indica uma forma de organização típica da mentalidade masculina. Os regulamentos e as normas fazem desenvolver uma autodisciplina de estudo e de atitudes gerais que enfatiza o controle das observações e do raciocínio, geralmente com desprestígio de outras formas de percepção da realidade. O próprio método chamado científico, desde as tábuas de Bacon até os complexos cálculos de probabilidades e às leis da lógica moderna atestam a predominância de um dinamismo logóico. Inversamente, aquela que seria a resultante do dinamismo de Eros levaria em consideração as características mais pessoais, tenderia a desenvolver diretamente as experiências emocionais e internas dos funcionários, dos corpos docente e discente.

Mas, à forma cristalizada nos estatutos contrapõe-se uma prática, e no seu modo de funcionar freqüentemente as experiências subjetivas têm voz alta e modificam as regras previstas. Julgo ver na aparente desorganização atual das instituições universitárias um sinal da fraqueza do *logos*, até pouco tempo predominante. E uma abertura para que atuem outras dinâmicas, nas quais os valores do relacionamento interpessoal podem ser melhor vistos e conscientizados.

PARTE II

AS EXPERIÊNCIAS

1
O INSTRUMENTO DE AUTO-AVALIAÇÃO

Considerando a *imagem corporal* como sendo a representação psicológica do próprio corpo, elaborou-se um questionário composto de itens de múltipla escolha e de questões abertas, para operacionalizar este conceito. Cerca de mil itens foram analisados, e mais tarde, por necessidade da computação de dados, cada alternativa recebeu um código. Através de uma testagem inicial com estudantes voluntárias de diferentes cursos, e também de uma amostra piloto com 30 graduandas em Medicina Veterinária, analisou-se o questionário, modificando-o, até chegar à forma que foi empregada nesta pesquisa.

O cuidado inicial na elaboração do instrumento deveu-se principalmente às dificuldades em precisar o tema de modo que o questionário pudesse servir à auto-avaliação dos sujeitos, em uma aplicação coletiva. Em recente revisão acerca da metodologia de investigação da imagem corporal, McCrea et alii[125] chamam a atenção para o fato de que as diferentes técnicas ora em uso podem estar medindo aspectos não comparáveis da auto-imagem. Sugerem, ainda, que a escolha da metodologia adequada é um problema inicial que deve ser resolvido seguindo os objetivos de cada pesquisa. Encontram-se na literatura diversos tipos de questionários, mas cujos alcances não nos pareceram de todo satisfatórios para os objetivos atuais. O questionário para auto-avaliação de desconfortos e de sintomatologia específicas está bastante generalizado, mas cada nova pesquisa oferece a sua versão, como fazem Fisher e Greenberg[46], atualizando os métodos já empregados, anteriormente (Fischer & Cleveland[42]). Mesmo no caso de sujeitos esquizofrênicos a auto-avaliação é um dos procedimentos classicamente utilizados, Koide[104], por exemplo, dis-

57

cute a imagem corporal de mulheres adultas normais e esquizofrênicas sem uso de testes, partindo dos relatos de autopercepção, complementados pelas observações clínicas dos terapeutas. O seu questionário aborda vários tópicos, como os que foram utilizados na nossa pesquisa, mostrando que estes são temas de alcance amplo, exatamente porque levantam a rotina diária da vida feminina.

Nesta mesma linha de tendências Mednick[126], revendo os temas geralmente abordados na psicologia feminina, sugere que um dos campos menos cobertos pelas investigações atuais, refere-se às várias circunstâncias da vida íntima da mulher. Pesquisas nesta faixa trariam maior conhecimento das relações femininas intra-subjetivas e, também, interpessoais.

Assim, o questionário que foi empregado na pesquisa e depois reorganizado é apresentado de modo mais simples e conciso neste livro, como um *Roteiro*.

SOBRE A NECESSIDADE DE RESPONDER AO ROTEIRO

Uma pesquisa tem, normalmente, que expressar-se através de comparações quantitativas que podem ser cansativas. Porém, quando *sabemos* do que se trata, não apenas entendemos os dados estatísticos, como também começamos a formular novas perguntas sobre o assunto em questão.

Portanto, para que os leitores possam compreender o sentido maior dos fatos apresentados daqui por diante, incluí neste livro o *Roteiro para auto-avaliação da imagem corporal*. Proponho que a sua leitura seja *participante,* e assim, criativa e dinamicamente orientada pelas auto-avaliações que fizerem, respondendo calmamente ao Roteiro que está nas páginas finais.

Os leitores irão notar que alguns itens desse Roteiro referir-se-ão às experiências sensoriais e cognitivas próprias da corporalidade feminina. No entanto, tais itens não devem ser obstáculo para que os leitores do sexo masculino respondam ao Roteiro. Primeiro, porque a maior parte das questões refere-se às condições corporais comuns a ambos os sexos; e, em segundo lugar, porque também é muito importante que os homens se aprofundem nas vivências corporais femininas e saibam conversar com mulheres a respeito disto.

2

AS AVALIAÇÕES DAS UNIVERSITÁRIAS

Em seguida serão descritas e comentadas as avaliações que foram realizadas pelas universitárias dos cursos de Matemática, Psicologia, Educação Física e Geografia. Os dados estão agrupados em conjuntos significativos para compor a imagem corporal feminina. Assim, serão abordados os seguintes aspectos:
— características culturais e idade
— opiniões sobre conceitos feministas
— hábitos de relacionamentos
— saúde geral
— satisfação com o próprio corpo.

2.1 CARACTERÍSTICAS CULTURAIS E IDADE DAS ESTUDANTES*

Por tipo de cultura da família compreendemos um conjunto de fatores que determina parcialmente o produto final da imagem do corpo. Estes fatores são fontes de estímulo para a constituição do modelo feminino e podem ser mais ou menos conscientes. Normalmente, tais fontes de influência se tornam parte da educação familiar, dos hábitos e dos conceitos, dando à mulher um padrão externo sobre como ela deve ser, para ser *feminina*.

---

* Para simplificação da leitura, os grupos estudados poderão daqui por diante ser referidos pelas suas iniciais: M = Matemática; P = Psicologia; EF = Educação Física e G = Geografia.

Em São Paulo, uma cidade onde convivem etnias variadas, os fatores culturais dão oportunidade para misturas bastante originais, no modelo do corpo feminino. Somente pode-se apontar os diversos modelos hoje em vigor, pois dada a complexidade do assunto, dificilmente poderíamos falar de um único padrão feminino. Esta variedade é, provavelmente, responsável por inúmeros conflitos psicológicos entre as filhas de imigrantes. Por outro lado, também oferece a chance para enriquecer a idéia do feminino, justamente porque a comparação natural entre os diferentes modelos pode produzir uma imagem corporal mais apurada.

Pesquisou-se a *origem das estudantes* a partir da nacionalidade dos seus parentes e do local onde a estudante residiu por mais tempo nos últimos anos.

As alunas dos quatro cursos estudados (Matemática, Psicologia, Educação Física e Geografia) descendem de famílias emigradas, na proporção de duas para uma. A presença de avós e pais estrangeiros é maior nas alunas de Psicologia e relativamente menor nas de Geografia.

Vê-se nos gráficos que há também uma tendência para que as moças que fazem o curso de Geografia serem provenientes do interior de São Paulo ou de outros estados.

O grau de escolaridade das famílias das estudantes revela que o curso de Psicologia concentra as alunas cujas *mães* alcançaram o nível de 2.º grau ou universitário. Diversamente, o grupo de Geografia mostra tendência a receber as filhas de mulheres que alcançaram só até o 1.º grau. Conforme se vê na tabela, estes dados são significantes para $p < 0.001$. Isto indica uma probabilidade de que uma pessoa em cem seja diferente do quadro observado.

Os pais das moças pesquisadas receberam uma educação formal relativamente mais longa do que as suas mães. Neste ponto, os grupos apresentaram uma diferença muito significante — ($p < 0.005$), revelando uma informação a mais que distingue o curso de Psicologia como aquele que tende a receber as filhas das famílias com grau mais alto de escolaridade. Embora limitados, os dados sugerem que quanto mais elevado o grau de escolaridade alcançado por ambos os genitores, a filha escolherá os cursos de Psicologia, Matemática e Educação Física, nesta ordem. O curso de Geografia parece, dentro do contexto da USP, representar uma opção profissional menos ambiciosa culturalmente, em comparação com os demais grupos estudados.

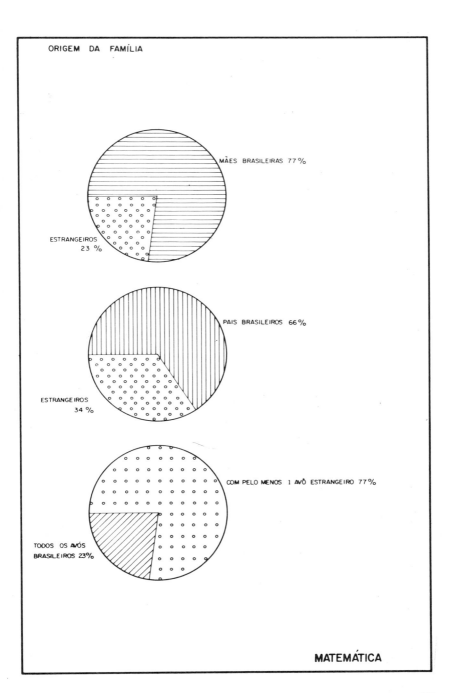

A *ocupação dos pais* foi classificada em termos do prestígio da profissão, de acordo com a escala proposta por Hutchinson, modificada por Gouveia.

Constatou-se que elevado número de famílias depende economicamente apenas do pai, porque 56% das mães não contribuem com nenhum tipo de ganho para o sustento da casa. Estes resultados mostram-se estatisticamente significantes para $p < 0.05$. As categorias superiores da escala de prestígio ocupacional são predominantes nos grupos de Matemática, Psicologia e Educação Física, enquanto as inferiores são mais freqüentes em Geografia. Entretanto, não se deve interpretar estes dados com rigor, uma vez que o verdadeiro motivo da inclusão dos pais das alunas de Geografia nos pontos baixos se deve ao fato de que quase metade já é falecida ou aposentada. Considerando-se a desvalorização financeira da pensão por morte e das aposentadorias, pode-se compreender por que essas famílias aparecem no quadro geral como tendo menor prestígio do que as outras. Não foram incluídos neste nível aqueles pais que, embora já aposentados, ainda realizam qualquer atividade remunerada.

Tem-se a impressão de que as estudantes de Geografia, de modo geral, não procuraram este curso voltadas para a sua realização profissional, mas sim para um melhor aculturamento. Sabe-se que a competição para o ingresso neste curso é a menor, dentre os quatro abordados. Havendo menor número de pontos para ingressar no curso G, é mais fácil que as jovens tentem outros cursos antes deste, ou ainda, que optem por ele como uma alternativa de vida universitária menos pesada do que seria no caso de dedicarem-se aos outros três.

Comparativamente à Geografia, os cursos de Psicologia, Matemática e Educação Física mostram certo grau de abertura no mercado de trabalho. Excetuando a licenciatura, comum a todos, Psicologia, Educação Física e Matemática estão abrindo oportunidades que, poderíamos dizer, são relativamente mais novas para a mulher. A psicóloga é uma profissional liberal, autônoma, cujo grau de prestígio vem ascendendo. O mesmo se diria da treinadora esportiva, que já encontra certo espaço nas equipes femininas, além da professora de Educação Física que vem trabalhando nas escolas e nos clubes. As estatísticas estão nos grupos de pesquisa e nos cursos de pós-graduação de diversas áreas, assim como no ensino de 2.º e 3.º graus. As técnicas em computação geralmente têm graduação em Ciências Matemáticas e também recebem um influxo ascendente, trazido pela valorização atual da informática.

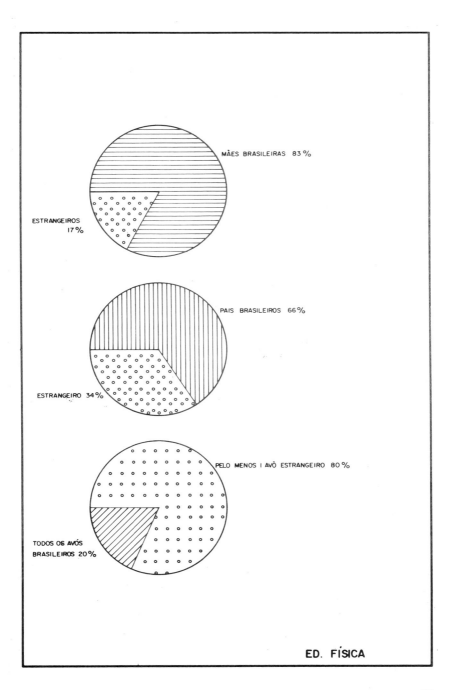

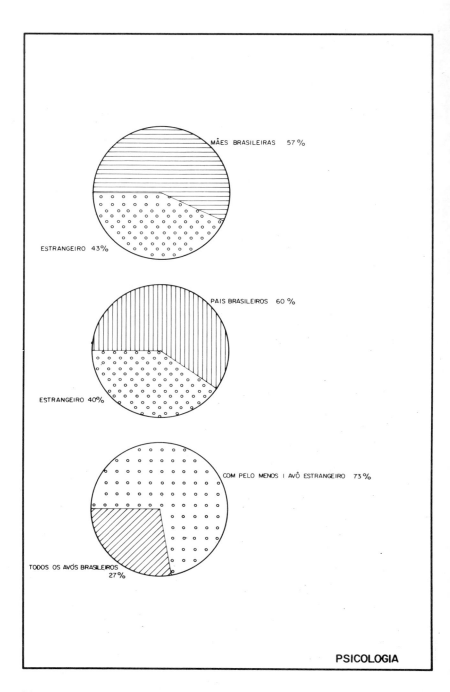

PSICOLOGIA

Naturalmente, os fatores determinantes de uma escolha profissional são complexos demais, e não simples questão de estimulação da imagem materna e paterna. Mas, o meio proporcionado pelos pais, cujo nível cultural é mais diferenciado, pode estimular a ambição. Além disso, a segurança de que gozam as filhas de famílias mais privilegiadas deixa-as confiantes para se arriscarem em cursos que talvez sejam mais difíceis e mesmo inovadores.

Continuando na análise do conjunto formado pelas 120 jovens universitárias, vemos a forte ascensão que representa para elas a obtenção do grau superior. Se compararmos com as próprias mães, temos que estas mulheres excederam em muito o teto de escolaridade da maioria delas, que se situa no primeiro grau.

Perguntei a várias amigas qual o grau de escolaridade das suas avós e quase todas me responderam que eram apenas alfabetizadas. Tendo nascido no começo do século, aquelas mulheres não tiveram acesso à escola, que era inclusive tida como prejudicial à sua feminilidade. *"Mulher que sabe muito pode não casar."* Havia mesmo toda uma pressão para a mulher nem saber ler, a fim de não poder receber bilhetinhos do namorado. Ora, em duas ou três gerações o nível de formação aumentou a ponto de atingir a Universidade. Embora esta tenha se tornado mais aberta a todos, ainda parece que o maior avanço foi realizado pelas mulheres.

Assim, em termos médios, a jovem bacharela terá se equiparado ao nível de escolaridade que só foi atingido antes pelo seu pai, quando muito. Sem pretender enfatizar demais este aspecto, trouxemos tais comparações para que se veja com mais luz aquilo que podem significar psicologicamente em uma jovem de 20 anos. Podemos admitir que as experiências da formação universitária criam um certo distanciamento psicológico entre as estudantes e a sua família. Os núcleos dos conflitos que daí podem surgir derivam da transformação muito rápida dos valores psicológicos.

Um dado que complementa este tema refere-se ao ponto de vista religioso. Sabemos que a tradição italiana, portuguesa, espanhola e brasileira trazem a religião católica como um valor de prestígio na formação da família. Entre as jovens pesquisadas, 37% admitiam ser praticante de alguma religião e 8% admitiam fazer parte de algum tipo de seita espiritualista.

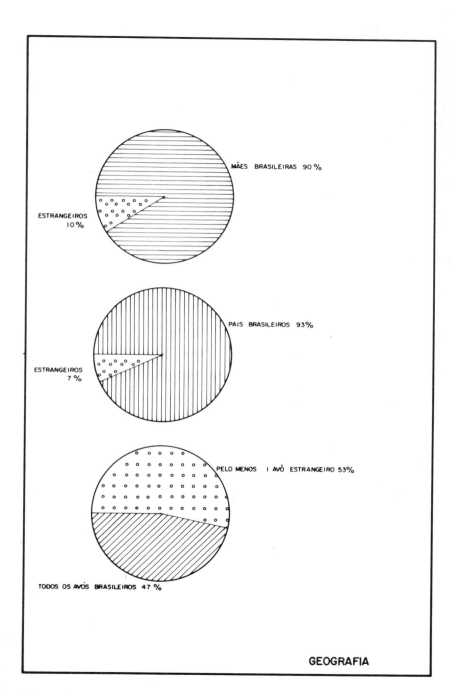

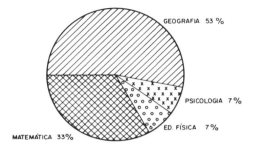

PROJEÇÃO DOS INDICES SOBRE A ORIGEM URBANA

TOMANDO-SE UMA AMOSTRA DE 100 ALUNAS DE CADA CURSO ESTUDADO, ESPERA-SE ENCONTRAR NA GEOGRAFIA 53% DE ESTUDANTES QUE TENHAM VINDO DO INTERIOR P/ ESTUDAR EM SÃO PAULO. NA MATEMÁTICA, 33% ; NA EDUCAÇÃO FÍSICA E NA PSICOLOGIA, 7% ESTARIAM NAS MESMAS CONDIÇÕES.

▲ TABELA: *Idade*

	M	P	EF	G
$\bar{x}$	21.63	23.27	21.90	24.00
s	1.38	2.02	1.47	4.18

N = 120   F = 3,116 para p < 0.001

Caracterizando melhor os grupos estudados quanto ao fator *idade*, apresentamos a tabela acima. A análise de variância demonstrou que as amostras são bem diferentes quanto à idade média (p < 0.001). As tendências básicas dos grupos mostram que as mais novas são as estudantes de Matemática, com 21 anos e meio. Seguem-se as de Educação Física, com quase 22 anos, as de Psicologia com 23 e as de Geografia com 24 anos, em média.

É interessante ainda notar a dispersão apresentada pelos grupos. A amostra de Geografia foi aquela que mostrou maior dispersão, po-

IDADE

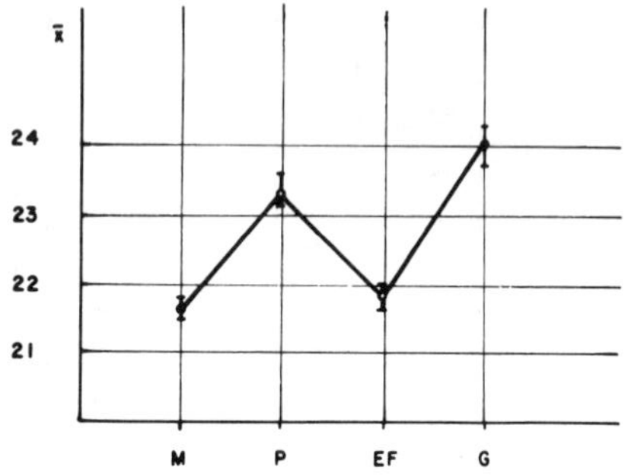

$\bar{x}$

24
23
22
21

M　P　EF　G

N = 120

OS PONTOS ASSINALADOS CORRESPONDEM ÀS MÉDIAS OBTIDAS.
AS BARRAS VERTICAIS REPRESENTAM OS DESVIOS PADRÕES.

MENOR DIFERENÇA SIGNIFICANTE:

EF e P, M e P.　1,29　($p < 0.05$)
EF e G　　　　 1,71　($p < 0.01$)
M e G　　　　　2,14　($p < 0.001$)
GF e, M; G e R　não significante

dendo nela encontrar-se tanto pessoas jovens como mais velhas. É possível que várias dessas alunas tenham tentado outros cursos, antes de ingressarem no de Geografia, em conseqüência disto chegando ao fim do 3.º grau com mais idade.

Embora sendo mais jovens, as estudantes de Matemática são aquelas mais predispostas a ganharem uma renda própria. Estão fazendo estágios e recebem, assim, uma ajuda financeira. No cômputo geral, 66% das jovens de todos os grupos já ganham algum salário como fruto ora de estágios ora de ensino, particular ou não. Ainda assim, 72% precisam de ajuda financeira dos seus pais. Só há quatro bolsistas entre todas as pessoas pesquisadas.

2.2 OPINIÕES SOBRE OS PAPÉIS FEMININOS

A atitude de conformidade com as noções e as regras sobre os papéis femininos tradicionais caracteriza uma imagem do próprio corpo mais voltada para corresponder às expectativas sociais. Por isto, foi perguntado quais são as expectativas mais comuns entre as estudantes. As universitárias identificaram algumas opiniões ou normas sociais, negando-as ou defendendo-as. A pesquisa visou preferencialmente as opiniões pertinentes à família, ao campo de trabalho, às relações conjugais e à atividade física permitida à mulher.

Para compor os itens desta parte utilizei-me de algumas sugestões feitas por Barroso e col.[11], depois do seu estudo sobre a percepção e a inovação de papéis sexuais.

As respostas sobre a atitude conformista com os papéis geralmente atribuídos às mulheres não diferenciaram os grupos ($p < 0.05$) revelando um extrato psicológico comumente partilhado entre as universitárias, com respeito aos temas abordados. O grau de conformismo se revelou baixo em todas as estudantes.

No questionário apresentado constam somente os itens cujos índices foram reveladores de conteúdos psicológicos interessantes para a imagem corporal. Esta seleção foi realizada com base nos dados coletados na pesquisa.

No quadro seguinte, vemos os 21 itens originais com as porcentagens de respostas recebidas. Elas revelaram em geral uma atitude mais inovadora, rejeitando todas as afirmativas que limitavam a atuação da mulher em qualquer campo.

Conformidade com idéias gerais sobre os papéis femininos   %

1. Em matéria de fidelidade, as regras deveriam ser as mesmas para o homem e a mulher	SIM 93
2. O cuidado com as crianças deveria ser igualmente dividido	SIM 90
3. A masturbação é natural	SIM 90
4. A mulher solteira deve trabalhar	SIM 86
5. A mulher casada deve trabalhar	SIM 82
6. A mulher com filhos crescidos geralmente deve trabalhar	SIM 80
7. Os filhos tiram um pouco a liberdade da mulher	SIM 57
8. Há profissões que a mulher não deve ou não pode exercer	SIM 34
9. O corpo da mulher não foi feito para trabalhos pesados	SIM 25
10. A inexperiência sexual da mulher é desastrosa para o casamento	SIM 24
11. Com filhos pequenos, a mulher não deve trabalhar	SIM 22
12. A profissão da mulher não deve interferir na educação dos filhos	SIM 17
13. A amamentação torna os seios flácidos	SIM 13
14. O homem tem, naturalmente, necessidades sexuais mais urgentes	NÃO 88
15. É natural que o homem tome a iniciativa sexual	NÃO 88
16. A experiência sexual com vários homens contribui para a emancipação	NÃO 91
17. O que torna a vida da mulher mais difícil é a sua condição biológica	NÃO 95
18. As mulheres sofrem porque suportam a gravidez e o parto	NÃO 96
19. Está certo que as mulheres fiquem com a maior parte das tarefas domésticas	NÃO 96
20. O homem é mais feliz porque não menstrua	NÃO 98
21. A profissionalização satisfaz a mulher	SIM 98

Estes resultados mostram que a população universitária feminina está em processo de mudança das idéias que regulavam o comportamento da mulher até uma geração atrás. Imagine-se, por exemplo, o que as mães — mais ainda as avós dessas jovens — pensariam sobre dividir igualmente o cuidado dos filhos com os maridos. Igualmente, muito poucas mulheres há uma ou duas gerações aceitariam a masturbação como um ato natural. E, ainda, que as regras de fidelidade fossem as mesmas para ambos os sexos.

Considero, porém, que a maior parte dessas respostas reflete o estado idealizado das relações da mulher consigo e com os outros. Devem ser olhadas mais como metas desejáveis do que como atitudes já assumidas pelas estudantes. Note-se que algumas afirmativas oferecem situações que escapam à experiência pessoal da média dos grupos, como as relativas aos filhos. Entretanto, esses fatores não retiram o lado significativo desses dados, pois deixam no ar uma promessa de igualdade e de liberdade para a mulher, cujas conseqüências seriam importantes para a sociedade.

ESPORTES, DANÇA E GINÁSTICA

A resposta sobre a conveniência de *praticar esportes,* dança ou ginástica põe em destaque o modelo de atividade física esperado para a mulher. Informam, ainda, se as jovens realizam uma atividade corporal constante e de que tipo.

Cerca de metade do grupo está, atualmente, praticando esportes, ginástica ou outra forma de exercício físico. Naturalmente as estudantes de Educação Física são obrigadas a fazê-lo. Dentre os outros grupos, o de Matemática é o menos representado nessa faixa de jovens que realizam um tipo de movimentação física constante.

Pergunta-se, então, qual a razão dessa prática, e as respostas correspondem a uma série de opiniões favoráveis (Quadro "Motivação para a Atividade Física Habitual"). Dentre estas, destacam-se duas porque mostraram uma variação significante entre os grupos. A possibilidade de expandir os relacionamentos através do esporte e da dança foi percebida principalmente pelas estudantes de Geografia e de Educação Física. Isto indica a flexibilidade interna desses grupos, pois o exercício não teria apenas o objetivo de melhorar esteticamente o corpo, mas, também, ser ocasião de encontro e de desenvolvimento interpessoal.

A frase *mens sana in corpore sano* formula a relação corpo-psique de um modo velho, mecânico. Ainda é aceita, talvez sem reflexão, pela maioria das entrevistadas e, quem sabe, pela população em geral. Trata-se mesmo de um aforismo tão batido que os condicionadores do físico e do caráter ensinam nas academias de musculação, nas escolas, nas igrejas, nas Forças Armadas... Talvez o princípio que subjaz implícito na frase represente o mais sofisticado ideal a que chegamos, quando pensamos na massa humana. No nível de população média, é um ideal que pode elevar, disciplinar, desenvolver o corpo e as faculdades mentais. Porém, não resiste a uma análise mais apurada. Logo se vê o lado repressivo do controle, a educação do corpo pela mente, aqui antes o cérebro do que a consciência. Hoje este modelo já velho tende a ser substituído por uma autopercepção mais consciente das necessidades e das possibilidades corporais.

▲ QUADRO: *Motivação para a Atividade Física Habitual*

ITENS	M	P	EF	G	T
• É uma condição para o equilíbrio biopsíquico.	67.0	80.0	80.0	70.0	75.0
• "Mens sana in corpore sano".*	77.0	47.0	87.0	80.0	72.5
• Movimentar-se melhor é uma forma de autoconhecimento.	47.0	60.0	73.0	67.0	62.0
• É uma maneira de fazer amizade.**	23.0	17.0	60.0	47.0	37.0
• A sociedade valoriza a mulher que tem o corpo bem feito.	13.0	33.0	23.0	20.0	22.5
• O *ballet*, a expressão corporal e a dança são femininos.	17.0	10.0	13.0	3.0	11.0
• A mulher tem de saber ser agressiva e competir.	7.0	3.0	13.0	13.0	9.0
• É boa quando for ginástica modeladora.	13.0	10.0	3.0	—	7.0

* O cálculo de X^2, com 3 graus de liberdade, indica um valor igual a 14.17, significante para $p < 0.05$.
** Valor do X^2, com 3 g.1., $= 15.79$, significante para $p < 0.05$.

A motivação principal do grupo que faz esporte, dança ou ginástica é o equilíbrio biopsíquico. Juntando as três primeiras alternativas, notamos que elas guardam uma semelhança entre si, apontam para a necessidade de integrar os dinamismos corporais à personalidade, como meio de atingir o seu desenvolvimento.

2.3 CONDIÇÕES ORGÂNICAS

Considera-se, nesta parte, as relações psicofisiológicas sob distúrbios funcionais já diagnosticados clinicamente ou apenas detectados pelas estudantes. Todas estas informações são provenientes das próprias alunas.

As atitudes psicológicas com relação ao próprio corpo refletem-se nos sinais de desequilíbrio funcional. Estes sinais podem ser percebidos pelo sujeito como uma indisciplina de seu corpo, um tipo de rebeldia ao seu controle. Em geral é assim que as pessoas explicam os seus achaques habituais. Não deviam acontecer, não são desejados, mas acontecem. Se pudermos escutar os sinais provindos dos sistemas do corpo compreenderemos muito acerca das atitudes de alguém consigo mesmo e com os outros também. Neste sentido, as respostas seguintes são consideradas como partes do todo, integrado pelas dimensões físicas, emocional e mental, assim como no âmbito dos relacionamentos interpessoais e sociais.

Para se ter um quadro geral da seriedade dos distúrbios porventura experimentados pelas estudantes, caracterizamos cada grupo de acordo com a freqüência de tratamentos médicos e psicológicos atualmente em curso.

Verificou-se que as futuras psicólogas mostram discreta tendências a ser mais críticas com respeito ao estado geral da sua saúde. No entanto, a maior freqüência de tratamentos médicos ora em andamento encontra-se no grupo de Geografia.

▲ TABELA: *Terapias Atuais*

ITENS	M	P	EF	G
• Está satisfeita com a saúde.	63.0	37.0	50.0	53.0
• Faz tratamento médico.	17.0	23.0	23.0	33.0
• Toma medicação sem receita.	20.0	23.0	20.0	20.0
• Fez ou faz psicoterapia.	13.0	67.0	13.0	13.0

A procura de tratamento psicoterápico por parte das pessoas do grupo P é explicada pela ênfase dada no curso para que todas as futuras psicólogas passem pelo processo de análise.

PROBLEMAS GERAIS DE SAÚDE

A. CORPO

Anéis	Áreas mais apontadas
1. Ocular	• olhos, testa
2. Oral	• boca, dentes
3. Cervical	• nariz, ouvidos, garganta
4. Peitoral	• tórax (frente e costas); braços e mãos
5. Diafragmático/	• estômago, fígado, rins, intestinos
6. Abdominal	
7. Pélvica	• ovários, útero, bexiga, pernas e pés

	M	P	EF	G
1.	43.0	20.0	10.0	20.0
2.	27.0	27.0	43.0	40.0
3.	17.0	20.0	37.0	20.0
4.	20.0	7.0	16.0	23.0
5-6	26.0	26.0	16.0	30.0
7.	10.0	26.0	33.0	61.0

FREQUÊNCIA DE CASOS COM DISFUNÇÕES ORGÂNICAS (%)

II PELE DO ROSTO E CABELOS

MATEMÁTICA

PSICOLOGIA

ED. FÍSICA

GEOGRAFIA

%
0-10
11-20
21-30

B. PELE DO ROSTO E CABELOS

	M	P	EF	G
• Pele do Rosto	30.0	20.0	10.0	17.0
• Cabelo	13.0	3.0	7.0	13.0

Os problemas de saúde já diagnosticados clinicamente, tal como foram revelados pelas mulheres pesquisadas, estão nos gráficos adiante. Todas as respostas foram classificadas segundo o *anel muscular* a que pertence a área do corpo apontada. Baseando-se no proposto por Reich, em seu trabalho sobre a Couraça Muscular do Caráter[150], foram usadas seis classes ou anéis, considerando os anéis diafragmático e abdominal como uma única classe. As respostas de distúrbios localizados nas costas e na pele do corpo, quando inespecíficas, foram sorteadas entre as zonas corporais correspondentes.

As áreas corporais mais afetadas por problemas de saúde já conhecidos estão assim:

— Matemática: a vista (índice mais elevado das 120 jovens: 43%).

— Psicologia: cerca de 20 a 30% apresentam problemas em todos os sete anéis, com menos intensidade no peitoral.

— Educação Física: em torno de 40% apresentam distúrbios na boca, nariz e garganta.

— Geografia: como grupo é o que mais distúrbios atuais apresenta, destacando-se as áreas do anel oral (40%) e do anel pélvico (61%).

Quanto à pele do rosto e dos cabelos, optou-se por uma classificação à parte, na qual fica demonstrado que a região cefálica (vista 43%, pêlo do rosto 30% e cabelos 13%) constitui uma área corporal destacada na imagem das moças de Matemática.

CONSUMO DE MEDICAMENTOS E DE DROGAS

O interesse pelas experiências com as drogas que alteram os estados de consciência é, geralmente, um sinal de enfado com a rotina. Por vezes, parece constituir uma rebeldia, ou ainda de assimilar aquilo que a sociedade valoriza negativamente. Em muitos casos, também é possível que o desejo de explorar novas percepções leve alguém às drogas, de uma maneira mais consciente e autocentrada.

Impossível falar sobre qual a motivação subjacente ao uso de drogas nas jovens estudadas. Seja qual for a razão individual, elas se configuram em respeito a um pano de fundo, de natureza coletiva, onde alguns pontos sobressaem.

O universitário cansa logo do verdadeiro enxame de informações que recebe. Ele está, quase sempre, intoxicado por citações livrescas que lhe dizem como deveria ser a ciência ou a sociedade humana, as quais ele se sente impotente para transformar. Como consegue sair disso? Digerir a enxurrada de conceitos (e preconceitos) ouvidos na faculdade não é fácil. Fala-se muito, mas há realmente muito poucas chances de atuar. O universitário está alijado do sistema econômico, tem pouquíssimas chances de estágio e prevê uma luta ferrenha pelo emprego depois de formado. Fumar bastante, beber caipirinha e puxar um baseado de vez em quando ajuda a passar o tempo. E, aliás, está na moda puxar um fuminho.

Até recentemente, talvez o contingente feminino na Universidade se mantivesse menos atingido pelos modismos acadêmicos. Não parece mais que isto ocorra hoje. A mulher também precisa trabalhar e começa a sofrer inquietações. Tenho conversado com muitas alunas que comentam sobre o seu desânimo frente aos recursos do atual mercado de trabalho. Não se sabe quem conseguirá penetrar no sistema. Criticado, mas também desejado, o sistema econômico vigente dispensa os universitários, e um título já não vale o que valia, simplesmente porque não há empregos suficientes para a crescente população emergente do 3.º grau. Enquanto alunas, as jovens ficam desligadas do trabalho, numa espécie de nimbo brilhante, onde se imaginam capazes de atuar, mas estão com as mãos e pés atados. Há um vazio existencial em crescimento na Universidade. Muitas jovens sofrem pensando que conquistaram um título para depois ficarem presas a um trabalho específico ou em casa — como estiveram as suas avós e cerca de metade das suas mães.

Não sabemos quando essas variantes psicológicas e sociais levaram às experiências com drogas, em vez de ao amadurecimento. A consciência das dificuldades reais pode conduzir ao desencanto, tanto como ao aumento do esforço de luta. Aqui as condições psicológicas individuais têm um peso realmente decisivo.

▲ TABELA

		M	P	EF	G	T	X_3^2
1. Consome eventualmente bebidas fortes. (§)	NÃO	25	25	17	22		
	SIM	4	4	13	7	28	9.48*
2. Fuma até um maço de cigarros por dia. (§)	NÃO	25	18	19	24		
	SIM	4	12	10	6	32	6.73
3. Já usou pelo menos uma vez os anticoncepcionais.	NÃO	26	17	20	17		
	SIM	4	13	10	13	40	8.10*
4. Drogas: maconha.	NÃO	28	19	17	37		
	SIM	2	11	13	11	37	11.77**

(§) N = 118   * $p < 0.05$ ** $p < 0.01$

Em termos grupais, chama atenção o fato de que as jovens alunas de Matemática apresentem os mais baixos níveis de consumo de fumo, bebidas fortes e de drogas em geral. São também as que menos usam os medicamentos anticoncepcionais, fato que decorre das suas atitudes frente à sexualidade, como se verá adiante.

Em sentido inverso, um terço das estudantes do grupo de Educação Física apresenta as tendências mais uniformes para usar bebidas fortes, maconha, cigarros e anticoncepcionais. Em proporção levemente inferior, as alunas de Psicologia consomem cigarros, maconha e anticoncepcionais. Neste grupo, 13% já usou, pelo menos uma vez, as *hard drugs*,[1] o que é uma proporção superior às das outras amostras. Os dados contribuem para dar a imagem de que os grupos EF e P são mais abertos às experiências novas e se afastam das demais, na tendência a mudar os hábitos tradicionalmente femininos. Beber não era admissível no comportamento da mulher até uma geração atrás. Em certos casos, também o fumo significava desligamento dos modelos sociais femininos de uma certa classe. Quem fumava era prostituta ou a mulher de alta classe, sofisticada e liberal. Era chique fumar de piteira no tempo das nossas avós. Os tranqüilizantes já foram usados por 30 a 40% das jovens de cada grupo estudado.

Naturalmente estes hábitos hoje se popularizaram. Mas o que significam para a imagem do corpo? Em primeiro lugar, uma desinibição, uma abertura para sensações novas. São ainda a aceitação dos costumes masculinos, significando, portanto, um sinal externo da atitude de busca da igualdade social e psicológica.

---

1. São consideradas *hard drugs* a cocaína, a morfina e o LSD.

Os remédios para diminuir o peso já foram, ou ainda são, usados por 27% das moças de EF e por 14% das de G, estando os outros grupos em porcentagens intermediárias.

2.4 REAÇÕES NEUROVEGETATIVAS E HORMONAIS

As respostas neurovegetativas correspondem aos estados emocionais e se realizam através de uma série de eventos que são mediados pelo sistema nervoso autônomo, costumeiramente dividido em dois ramos: simpático e parassimpático. A característica fundamental do sistema nervoso autônomo é, como o nome indica, a sua relatividade alta independência dos fatores volitivos.

A participação do sistema nervoso autônomo no processo adaptativo tem sido muito estudada, pela importância das suas respostas no bem-estar e no sucesso dos comportamentos de uma pessoa frente ao seu ambiente. Através dele são reguladas a temperatura, a pressão cardíaca, a respiração, as funções digestivas e renais, a excreção, a sudorese, as respostas imunológicas. Em conjunto com o sistema nervoso central, as vias autonômicas realizam a tarefa de ajustar as respostas vasculares, as contrações musculares, as reações da pele e ainda contribuem para a liberação de secreções pelas glândulas de secreção interna e externa.

No processo de adaptação, as respostas humanas se constroem visando o equilíbrio entre o indivíduo e o seu ambiente. É neste sentido, que vamos compreender as reações neurovegetativas apresentadas pelas jovens. No período em que participaram desta pesquisa, elas estavam terminando o seu curso universitário. As condições psicológicas desse momento de transição estão representadas corporalmente nas respostas mais freqüentes do sistema nervoso autônomo, pois é através dele, em ligação com os núcleos hipotalâmicos e a hipófise, que se coordenam as reações emocionais.

Para conhecer as respostas condicionadas dessas amostras, usamos o índice de labilidade neurovegetativa de Farhrenberg[36], já conhecido nos meios clínicos pela tradução realizada por Sándor com o nome de Questionário VELA (ainda não publicado).[1]

---
1. O Questionário VELA consiste de 56 itens no total. Para a finalidade desta escala, foram selecionados 31. Algumas das queixas abordadas nos itens restantes constam como questões em outras partes do questionário.

Tomando a escala para medir a labilidade neurovegetativa de Fahrenberg, relacionamos cada alternativa como se fora uma queixa, obtendo, desta forma, um parâmetro de fácil comparação para que cada pessoa possa avaliar-se em relação com o seu grupo. Sabemos, também, qual o tipo de reação neurovegetativa que é mais característico em cada amostra e no conjunto geral.

Os dados resultantes constam das tabelas seguintes. Na primeira, o cálculo da Análise da Variância oferece um parâmetro revelador da extensão das diferenças entre as amostras. Embora se verificasse um índice sutilmente mais alto em Geografia e menor em Psicologia, as médias não diferem significativamente entre si (F = 1,202 p < 1.0). Tal homogeneidade neste conjunto de estudantes demonstra que as disposições neurovegetativas capazes de caracterizá-las provavelmente decorrem de fatores comuns a todas. O tipo de condicionamento psicológico e social — nesta fase de suas vidas, assim como a idade — pode estar entre as causas desse modo de reagir ao ambiente, que dá um índice de labilidade neurovegetativa comum a todas as mulheres pesquisadas. Este índice é representado numericamente pela média de queixa dos grupos (7) e o seu desvio padrão (4).

Com as porcentagens dos totais de queixas construiu-se um gráfico, no qual se pode apreciar melhor as variações entre os grupos com relação a cada item da escala.

▲ TABELA: *Índice de Labilidade Neurovegetativa*

	M	P	EF	G	
$\bar{x}$	6.93	6.07	7.40	7.93	Índice Médio =
s	3.28	3.32	4.26	4.74	7 ± 4
N	30	30	30	30	

▲ TABELA: *Análise de Variância*

Fonte	S.Q.	M.G.	g.l.	F	
• Entre grupos	56.367	18.789	3	1.202	p < 1.0
• Resíduo	1812.800	15.628	116		(não significante)

▲ TABELA: *Labilidade Neurovegetativa*

ITENS		M	P	EF	G	T	X_3^2
• Tem dormência nos pés e/ou nas mãos.	NÃO	25	28	23	18	94	
	SIM	5	2	7	12	26	10.409**
• Cora com facilidade.	NÃO	15	23	12	15	65	
	SIM	15	7	18	15	55	8.962*
• Ataques de riso ou de choro sem motivo.	NÃO	24	30	22	25	101	
	SIM	6	—	8	5	19	8.690*
• Tem reações alérgicas a picadas.	NÃO	21	21	26	17	85	
	SIM	9	9	4	13	35	6.570
• Mãos e/ou pés estão habitualmente frios.	NÃO	17	18	18	9	62	
	SIM	13	12	12	21	58	7.608
• Gagueja quando está nervosa.	NÃO	24	29	24	21	98	
	SIM	6	1	6	9	22	7.316

* $p < 0.05$ ** $p < 0.01$

A seguir comentamos as respostas que caracterizam esses grupos.

Sentir-se angustiada foi a reação mais comum (69%). Interessante, a sua freqüência é mais que o dobro da segunda colocada — *estar tensa*. A angústia é uma reação neurovegetativa complexa que envolve várias categorias de eventos, como excitação, aumento dos batimentos cardíacos, pressão alta e sensação de sufocamento e no plano existencial, confusão ou indecisão. "Angústia" e "ansiedade" derivam da mesma raiz latina "ANG", que pode corromper-se em "ANX", dando ânsia e anseio. Então, esta mesma origem significa apertar, arrochar e estreitar. Na expressão de Gaiarsa[54], anseio é como um desejo *que aperta*, um desejo sofrido. Angústia e ansiedade são, portanto, os sinais das tensões e do aprisionamento das vozes interiores. Entretanto, é comum chamar-se de ansiedade ao estado biopsíquico de excitação, a pessoa fica agitada e está, por assim dizer, mais voltada para fora de si. Já na angústia, os impulsos foram reprimidos e a pessoa manifesta o bloqueio interior com posturas quase sempre rígidas e fechadas.

A área diretamente envolvida com a angústia é o tórax. Reich[150] afirmou diversas vezes que na angústia é o nosso tórax que se fecha sobre e contra os pulmões. As vísceras do tronco representam o nosso íntimo, contraído, comprimido pelos músculos do tórax que *não consegue*, ou *não quer* respirar. Pulmões e coração ficam limitados em sua potencialidade, impedidos de expansão pelas próprias paredes do corpo — os músculos. Sabe-se que através dos pulmões se realiza o maior contato entre a pessoa e o seu ambiente. O interior do pulmão é a mais extensa área do corpo em contato com o meio externo; essa área é, no adulto, comparável ao tamanho de uma quadra de tênis. A angústia, portanto, representa a diminuição do relacionamento entre o indivíduo e seu ambiente. Quando não se respira bem, não há no corpo a energia necessária para movimentar as idéias, os sentimentos e os músculos. Faltando o espírito, a força do *pneuma*, não há verdadeiramente inspiração, nem pode surgir a originalidade. A ansiedade é um estado de tensão onde, em geral, vê-se grande expectativa em termos do que o futuro trará. Contrariamente à angústia que comprime, costuma-se ver a ansiedade como sendo uma *saída* do eixo central do eu. Ela parece corresponder a um estado de consciência alterado, com aumento da movimentação e das reações aos diversos estímulos.

A deficiência nos processos cardiorrespiratórios pode causar diversos transtornos. Em nossas universitárias isto está presente como frieza nas extremidades, necessidade de comer mais (encher o vazio interior!) e subida rápida do sangue às faces, entre os mais citados. A frieza nas extremidades corresponde ao refluxo da circulação para as porções centrais do corpo, sentido nas ocasiões de medo (extrema palidez), retraimento ou introspecção. Pensar demoradamente ou demasiadamente *pré-ocupar-se* também sobrecarrega os pulmões, a respiração se torna mais superficial, a cabeça recebe maior afluxo de sangue. Porém isto não torna rosadas e coradas as pessoas que estudam muito e nem aquelas que se preocupam demais. Ao contrário, o seu tom de pele tende a ficar pálido e descolorido.

Segundo Selye[160], na resposta de alarme, uma pessoa percebe, de modo mais ou menos inconsciente, o perigo (real ou imaginário) frente ao qual pode ter duas reações: *lutar ou fugir*. O centro mediador dessas respostas é o hipotálamo, que manda impulsos para os centros vasomotor e cardíaco, provocando mudanças cardiovasculares que incluem constrição das arteríolas da pele, um aumento no ritmo cardíaco e da sua força de contração. Com o aumento da liberação de noradrenalina pela medula das glândulas supra-renais, esses ajustes circulatórios se confirmam, visando dar maior potência aos músculos, através do maior fluxo de substâncias nutrientes trazidas pelo sangue. Mas, se a pessoa não consegue fugir, nem lutar, o estado da musculatura tende à rigidez, mantendo um tono muscular mais elevado do que o normal. E, principalmente, como resultado da cronificação do alarme, nem mais se percebe porque está *sempre alerta*. A pessoa só consegue sentir a própria angústia.

Corar facilmente indica uma compensação autonômica à palidez (vasoconstrição), sugerindo que algo escapa ao controle. Este algo, naturalmente, foi uma idéia, um pensamento, uma fantasia, que chega à superfície da consciência, como o sangue às faces, rompendo a retenção dos controles.

O rubor nas faces é um sinal de comunicação humana muito evidente. Ele diz *"você fez algo ou disse algo que tocou em mim"*. Mais, ainda, *"eu me envergonho do que esse toque provocou em mim"*. Não era para aparecer, escapou...

Além das reações já citadas, outras quatro se destacaram. A *dormência nos pés ou nas mãos* é um efeito de má circulação. *Sofrer de ataques de riso ou de choro* sem um motivo aparente e apresentar *gagueira* quando nervosas mostram as conseqüências que o desequilíbrio emocional mais intenso provoca na respiração e na voz. Quando o riso e o choro estão bloqueados, só podem aparecer em surtos que são inexplicáveis para a mente consciente. Comunicam, então, a emoção despertada, o estado mais irritável das pessoas habituadas a um excessivo autocontrole. Quando o som do seu íntimo escapa é assim, sem motivo, de maneira aparentemente ilógica. Quando a pessoa não se escuta, não reconhece a sua própria voz. Logo, gaguejar é também um recurso disponível ao inconsciente para mostrar a tensão dos mecanismos de defesa nas regiões superiores do corpo. É o discurso entrecortado da psique, referido na palavra hesitante.

Por último, as reações alérgicas a picada de inseto são a linguagem da contenção dos próprios anseios, manifestada na pele. Envolvendo o corpo, limite sutil do eu com o mundo, a pele emite e recebe vários sinais de comunicação. A alergia é um sinal significante do estado de alarme inconsciente. Ela diz que a superfície do corpo super-reage às picadas de insetos, às invasões desagradáveis. Representa um alerta sentido ao nível do sistema imunológico, o qual responde com a elevação do teor de histaminas circulante, entre outras substâncias.

Em síntese, a comparação das respostas por item, através do teste X^2, mostrou três diferenças significantes e outras com tendência a discriminar os grupos. Considerando-se apenas este conjunto de seis queixas, observa-se uma tendência marcante do grupo P para colocar-se abaixo dos outros. Assim, as jovens dessa amostra parecem sofrer menos de dormência e de frieza nas extremidades, não têm ataques de riso ou choro freqüentemente, nem costumam ficar coradas ou gaguejar quando estão nervosas. Por outro lado, igualam-se às demais, mostrando a reação cutânea a picadas de inseto. Quanto à queixa mais freqüente, as alunas de Psicologia equivalem-se às suas colegas, sentem-se igualmente angustiadas. As psicólogas desenvolvem bastante o senso crítico com as próprias reações, mas isto nem sempre significa estarem mais soltas e mais integradas internamente.

MENSTRUAÇÃO

A partir desta aproximação mais abrangente, abordaremos agora dois ritmos funcionais: *menstruação e sono.*

A primeira menarca surgiu entre 11 e 12 anos para metade do grupo todo e foi, em parte, acompanhada de cólicas e dores. Encontrou-se leve preponderância de atitudes ansiosas frente à menstruação nos grupos EF e G. No entanto, hoje, os ciclos da maioria são regulares e elas não mudam as suas atitudes por causa da menstruação.

As respostas abertas sobre o tipo de impressão que as jovens guardam das suas primeiras menstruações receberam uma classificação por conteúdo. Pode-se distinguir dois tipos de disposição psicológica diante do fato de estar ficando *mulher*. A primeira é uma disposição negativa porque foi marcada pela ansiedade, e as respostas exprimem o desagrado e as dores, o susto e o medo frente às transformações que chegavam. Foram incluídas neste grupo algumas respostas que reclamaram da desinformação na época e as que disseram se lembrar mais. O fato de não lembrar-se seria uma provável defesa diante de certa tensão experimentada nas primeiras menarcas.

Eis alguns exemplos de frases que recordam experiências negativas nos primeiros ciclos menstruais:

— *"Fiquei um tanto assustada. Nunca entendi o que era aquilo, nem para o que servia até ter quase 20 anos."*

— *"Senti-me absolutamente estranha, visto como a minha mãe reagiu agressivamente ao ver que eu não tinha tomado às providências devidas, comprado Modess etc."*

— *"Estava normal fisicamente, mas num estado de depressão."*

É comum que a atitude dos adultos forme a expectativa diante dos processos do próprio corpo. Não somente aquilo que os mais velhos dizem, mas como eles agem em relação ao próprio corpo afeta a outra pessoa. Na puberdade, a incerteza daquelas alterações somáticas põe maior valor ainda no modo como a mãe diz ou faz consigo mesma. As atitudes da mãe com respaldo ao próprio corpo são introjetadas e vão compor toda uma série de disposições inconscientes na menina. De uma outra parte, a menina mesma consegue perceber, às vezes, que está perdendo ou ganhando algo. Quase poder-se-ia falar de um luto pela perda da imagem corporal da infância, que vai embora sem ser mandada. Algumas expressões registradas trouxeram a percepção deste luto, como esta:

— *"Senti-me insegura e oprimida, com medo do futuro, pois dali para a frente eu não seria mais criança."*

De um outro modo, a sensação de perda do corpo infantil foi associada com um ganho em termos psicológicos:

— *"Estava contente por saber que eu seria igual às outras garotas, mas também incomodada porque aquilo tolhia a minha liberdade de brincar à vontade."*

Nem sempre uma percepção equilibrada das vantagens e desvantagens pode ser alcançada. Porém, em outros casos, o ganho sobressai, desvalorizando a perda da imagem corporal anterior. Exemplos desta última disposição, mais positiva e tranqüila, aparecem nas seguintes:

— *"Estava feliz como uma boa adolescente que quer sentir-se mulher."*

— *"Senti-me feliz, apesar do incômodo das cólicas."*

— *"Eu estava contente. Havia feito há pouco tempo um curso que a Johnson & Johnson patrocinava e estava doida para usar o Modess."*

A influência dos adultos sobre a aceitação da nova imagem corporal da menina púbere não se faz sentir tão apenas na linha da mãe para a filha. Nesta pesquisa, a natureza dos dados coletados se limita quase sempre ao material conscientemente admitido pelas pessoas, embora os conteúdos conflitivos de nível inconsciente estejam presentes e visíveis na maioria das respostas. Não posso deixar de mencionar, porém, uma linha de conflitos com a figura paterna que escapa freqüentemente ao nível consciente, mas que fica absolutamente clara no trabalho individual.

Há casos de dismenorréia e, inclusive, de amenorréia, onde a presença de uma figura paterna sedutora causa sérios transtornos ao livre desenvolvimento da libido. Pude acompanhar em certa ocasião o caso de uma senhora cujas primeiras menarcas surgiram aos 13 anos e depois foram interrompidas. Pela análise ficamos conhecendo o alcance da influência do seu pai nas suas experiências da época em que se instalou a puberdade. Ele era uma pessoa que primava pela inconsciência nos hábitos de contato. Costumava colocar a filha, ainda menina, na banheira consigo para tomar banho juntos. Os seus contatos corporais exprimiam-se também através de lutas corporais, ocasiões em que a disputa era cerrada e o subjugado deveria pagar uma prenda, que quase sempre eram carinhos.

Não é raro que o corpo adolescente chame a atenção dos pais, ou de outros parentes do sexo oposto, criando relacionamentos impróprios e inadequados. Nos casos onde as atitudes permanecem inconscientes, o corpo tem suas razões para não querer crescer. Aquela senhora só teve o seu ciclo normalizado com quase 17 anos. Durante as sessões, ela conseguiu recordar e novamente experimentar a tensão que os seus sentimentos contraditórios provocaram na área pélvica. O conflito entre o prazer naturalmente despertado no contato corporal e as interdições de ordem moral só ficaram conscientes muito depois que aquelas experiências acabaram. Mas, desde aquele tempo, o corpo emitia os sinais do conflito não resolvido, alertando a consciência através da amenorréia e de outros sinais desagradáveis na função sexual.

De maneiras as mais diversas, as tensões psicológicas são somatizadas no sensível aparelho reprodutor feminino. Fala-se clinicamente de uma fase antes da menstruação, quando, por efeito das mudanças hormonais, as mulheres estariam mais irritáveis e tensas. Em termos médicos este quadro é descrito como síndrome pré-menstrual e acredita-se que cerca de metade das mulheres adultas seja atingida por ele. O reconhecimento médico desta tendência que acometeria a mulher periodicamente tem levado a algumas atitudes sociais. Há referência de que mulheres tenham sido dispensadas de certas tarefas quando chegam a este período. Há também o caso de duas mulheres inglesas que foram absolvidas no tribunal, com base nos efeitos da síndrome pré-menstrual[1]. Uma delas havia sido acusada de tentativa de assassinato e a outra, de homicídio qualificado. Os argumentos favoráveis dos advogados fundaram-se no pressuposto de que a personalidade feminina fica transtornada com o advento da menstruação.

Não parece que estas justificativas sirvam à consciência individual da mulher mais do que a superstição de que não se deve comer manga com leite durante o fluxo. As afirmações de que a mulher sofre transtornos psicológicos na fase pré-menstrual corroboram o conceito falso de que as funções hormonais femininas são um mal necessário. Mais ainda, oferecem uma base de sustentação mal-intencionada para concluir que os estágios psicológicos são determinados pelas condições físicas. Por mais medievais que estes julgamentos sejam, ainda estão vivos e disseminados, inclusive nas revistas médicas, onde a publicidade vende a imagem de que a mulher que é profissional *deve* controlar os incômodos dessa fase *com medicamentos*.

Naturalmente, uma mulher experimenta diversas transformações em seus estados internos durante o ciclo menstrual. Trata-se, porém, de mudanças naturais e não propriamente de perturbações. Entretanto, quando há uma atitude conflitiva diante dos fenômenos do corpo feminino, produz-se um aumento na intensidade e na freqüência dos sinais corporais. O cansaço, a tensão e a irritabilidade costumam ser as queixas mais banais da época pré-menstrual e menstrual. Como se dá este fenômeno entre as universitárias?

Pediu-se às estudantes pesquisadas que se auto-avaliassem com respeito à presença de sete itens nas fases antes, durante e depois da menstruação. Os dados são relativos às percepções dos seus ciclos atuais. Comparando-se os dados sobre os períodos anterior e posterior, obtivemos um quadro sugestivo acerca da presença dos sinais de desconforto no ciclo feminino.

Fica patente que há uma forte diferença nas autopercepções do período anterior à menstruação, quando comparadas com a fase posterior. A similaridade dos índices constatados põe em evidência uma peculiaridade comum às jovens, que independe dos fatores mais externos, como o curso ou o nível cultural.

---

1. Artigo apresentado no *Jornal da Tarde* de 23/11/81.

▲ *Sinais de Desconforto no Ciclo Feminino*

ITENS		M	P	EF	G	T
• Irritabilidade ou tensão	A	53.0	20.0	67.0	27.0	72.0
	D	—	—	—	3.0	3.0
• Dores na cabeça ou no corpo	A	40.0	40.0	37.0	47.0	41.0
	D	—	—	3.0	3.0	6.0
• Fraqueza ou cansaço	A	33.0	13.0	30.0	13.0	22.0
	D	—	3.0	—	3.0	6.0

A = antes   D = depois   N = 120

O fenômeno de base fisiológica mais importante no período que antecede de dois a três dias a descida do fluxo menstrual é uma queda rápida nos níveis de estrogênio e de progesterona circulante. Mas será que por causa disto uma mulher deva, fatalmente, sentir-se tensa e irritável?

É um fato conhecido que *a inconsciência dos processos corporais produz limitação da liberdade pessoal pela ação impositiva dos mecanismos fisiológicos*. O grau de consciência adquirido por uma pessoa acerca dos seus condicionamentos biológicos permite, inversamente, que ela se adapte às condições naturais e tire o melhor proveito delas. Assim, o não conhecimento dos mecanismos autônomos do próprio corpo promove, sem dúvida, o cerceamento da liberdade psicológica e prende o sujeito aos seus determinismos bioquímicos. Por estarem parcialmente inconscientes da sua corporalidade, estas jovens universitárias ficam — como tantas outras mulheres — à mercê dos condicionamentos fisiológicos. E nem percebem como podem adaptar-se a estes movimentos interiores, que, afinal, não foram criados para provocar tensão e irritabilidade.

Esses sinais de disfunção revelam uma condição existencial oposta às variantes naturais do organismo. Apontam inequivocamente para o esforço da vontade sobre o corpo, exigindo deste uma escravidão submissa. Um estudo mais apurado sobre o efeito que diferentes estilos de vida podem trazer às sensações durante os ciclos hormonais femininos seria desejável, para poder-se conhecer com clareza tais aspectos.

Outro fato interessante deste período é o efeito psicológico do aumento de libido na área sexual. Logo antes do fluxo descer, a região genital se encontra libidinizada, emitindo sinais que podem tornar-se conscientes. Na realidade, desde cerca de dez dias antes do fluxo, uma mulher, atenta às suas transformações, pode perceber mudanças na sensibilidade genital e nas disposições para o contato erótico. Naturalmente tais auto-observações só podem ocorrer quando o ciclo não estiver suspenso. A percepção deste fenômeno espontâneo nas mulheres se dá através de vários sinais como o aumento da temperatura vaginal, das secreções e outros. Em termos psicológicos, a catexe libidinal altera-se traduzindo-se em uma certa erotização, com intensidade maior do desejo pelo contato sexual. A percepção do aumento do desejo sexual pode, por isto, servir como parâmetro do grau de consciência que uma mulher tem de seus estados internos relativamente ao ritmo mensal.

▲ TABELA: *Desejo Sexual*

PRESENÇA	M	P	EF	G	T
• Antes da menstruação	10.0	3.0	6.0	20.0	10.0
• Depois da menstruação	10.0	10.0	6.0	10.0	9.0

Nestes grupos a percepção do desejo sexual não parece alterar-se em função do ciclo interno. Somente o grupo G mostrou discreta tendência a diferenciar esse aspecto antes da menstruação. É bem possível que a idade seja responsável pela indiscriminação das respostas, mas também o pouco tempo dos relacionamentos emocionais mais estáveis (dado constante de uma outra parte do questionário).

Finalizando esta parte, cabe ressaltar que as disposições psicológicas da mulher frente às suas alternâncias cíclicas são o reflexo da postura adotada diante da própria feminilidade. Uma das características fundamentais das manifestações deste princípio é a ritmicidade.

Harding[69,70] trouxe uma colaboração valiosa para compreender-se melhor o ritmo feminino. Ela aponta que a mulher tem uma qualidade cíclica manifesta e que desde os povos mais remotos, as fases femininas de fertilidade foram associadas às fases visíveis da Lua. Entretanto, o aspecto rítmico da natureza feminina está mascarado na mulher moderna, em vista dos hábitos aos quais ela se obriga. A mulher civilizada possui um controle maior sobre as suas próprias ações e sobre a sua energia do que as suas ancestrais primitivas. Por outro lado, se antigamente o ritmo natural da mulher estava projetado sobre o físico, hoje isto não ocorre mais. A questão agora se tornou psicológica. A vida instintiva da mulher é rítmica e há períodos em que ela poderia funcionar praticamente como um ser da natureza. Nestes momentos, o instinto, o sexo, a vida parecem mais intensos e podem ameaçar as atitudes e sentimentos de amor, respeito e delicadeza.

As mulheres modernas tentam freqüentemente viver como se não fossem afetadas pelas suas fases, e não prestam atenção às peculiaridades da sua natureza *lunar*. Vivemos em um tempo no qual a mulher tem a liberdade de negligenciar estes aspectos próprios ou de tentar viver em sintonia com eles. Por outro lado, o sucesso da vida emocional feminina dependerá intensamente de como a mulher se adapte aos movimentos internos do seu eixo. Estar centrada no próprio eixo não quer dizer tornar-se aperiódica, como o homem. No entanto, mesmo o homem parece possuir uma periodicidade sutil, que se manifesta no plano físico, no ciclo de espermatogênese. Entretanto, a extensão em que o ritmo natural feminino influi nos aspectos rotineiros da vida é bem mais ampla do que a discreta periodicidade masculina.

A atitude diante desses fenômenos da vida feminina pode desenvolver-se a partir de uma aceitação consciente das transformações de energia que são próprias da mulher.

SONO E SONHOS

Os ritmos internos são visíveis também nas alterações cíclicas que trazem o sono e os sonhos. As relações que uma pessoa desenvolve consigo através do ato de dormir refletem a sua maneira de aceitar a introversão da libido durante o sono. Por isto, certas perturbações no sono e nos sonhos constituem um sinal de alarme para saber a quantas anda a sintonia com as transformações naturais do corpo e da psique.

Nos grupos estudados as perturbações durante o sono foram habituais em cerca de um quinto do total. Com exceção do sonambulismo — completamente ausente —, os sinais de intranqüilidade surgiram em proporções variadas. Destaca-se neste quadro a porcentagem de moças do grupo EF que sente dificuldades para adormecer.

Geralmente após uma prática desportiva, a excitação é intensa e fica mais difícil relaxar. Os exercícios corporais intensos são energizadores, aumentam o nível de alerta do sistema nervoso central e afastam a pessoa dos estados mais passivos. Este fato rotineiro na vida das estudantes de Educação Física pode estar presente como uma das causas da insônia inicial. Por outro lado, também deve contribuir para o consumo das bebidas, como um meio de obter a descontração.

Um outro dado que chama a atenção neste quadro é a disposição favorável à recordação dos sonhos. Cerca de metade dos grupos M, EF e G lembra freqüentemente dos sonhos, sendo que o grupo P está mais motivado.

▲ TABELA: *Dados Relativos ao Sono e aos Sonhos*

ITENS	M	P	EF	G	T
• Levanta-se freqüentemente mal disposta	13.0	23.0	20.0	13.0	17.5
• Tem sono agitado	10.0	17.0	30.0	30.0	22.0
• Ocorrem habitualmente pesadelos	—	7.0	10.0	7.0	6.0
• Apresenta ranger de dentes	3.0	10.0	10.0	3.0	7.0
• Fala em voz alta	23.0	10.0	20.0	20.0	18.0
• Tem insônia no meio da noite	7.0	—	7.0	7.0	5.0
• Sente dificuldades para adormecer	20.0	20.0	43.0	17.0	25.0
• Lembra-se raramente dos sonhos	53.4	27.0	60.0	53.0	48.0
• Lembra-se freqüentemente dos sonhos	47.0	73.0	40.0	47.0	52.0

As futuras psicólogas também se distinguem no sentido do seu interesse pelos sonhos como meio de autoconhecimento. Em orientação oposta, as estudantes de Matemática revelam uma disposição menos aberta ao seu mundo inconsciente, visto pelos sonhos.

▲ TABELA: *Uso dos Sonhos para o Autoconhecimento*

	M	P	EF	G	T	
• Não	14	2	4	9	29	$X_3^2 = 15.778$
• Sim	16	28	26	21	91	$p < 0.001$
	30	30	30	30	120	

2.5 EXPRESSÕES AFETIVAS E SEXUAIS

Entramos agora no detalhamento das expressões afetivas e sexuais. Deve-se ter presente que as zonas erógenas do corpo são fonte de estímulo constante, e por isso constroem uma considerável parte da própria imagem. Tanto a dor como as doenças já sofridas nessas zonas contribuem para a sua eventual focalização. Tanto as áreas genitais e coxas, como também o peito e os seios recebem assim uma certa ênfase individual que as comunicações verbal e não-verbal acabam revelando.

Mas não apenas a dor atua modelando a representação psicológica das regiões mais expressivas sexualmente. A alegria e o prazer experimentados nos relacionamentos íntimos são decisivos para compor a harmonia do corpo e das expressões afetivas. A mulher pode vivenciar a sexualidade de uma maneira específica, que lhe é própria. Ela possui, potencialmente pelo menos, a condição de experimentar uma erotização completa de todo o seu corpo, de modo que ele se transforma numa totalidade sensível e atuante durante o encontro amoroso. As condições necessárias para experimentar essa abrangência do erotismo repousam sobre a permissão interior. Ou seja, depende da abertura psicológica interna, a qual permite à mulher que ela experimente a sua totalidade erótica, ou que se limite às vivências mais ou menos óbvias e convencionais.

Na situação em que se encontram as estudantes pesquisadas, tanto pela idade quanto pelo nível de experiência, não se pode esperar que tenham atingido o pleno desenvolvimento das suas formas de expressão afetivas e sexuais. O que veremos é, antes de mais nada, uma descrição proveniente dos estratos mais conscientes da sua personalidade, a qual tem, porém, força suficiente para ensejar as observações que se farão mais adiante.

Focalizamos, então, as formas de expressão afetivas e sexuais mais importantes sob o ponto de vista do nosso tema.

CARACTERÍSTICAS GERAIS

Encontrou-se uma leve tendência entre as pessoas da amostra de Geografia para estarem casadas ou engajadas em relacionamentos mais duradouros, sem que haja, entretanto, nenhuma diferença significante entre os grupos. Os índices observados mostram que 65% das estudantes têm, atualmente, um relacionamento constante.

TIPO DE RELACIONAMENTO	M	P	EF	G	T
• Casadas	3.0	17.0	10.0	27.0	14.0
• Convivem com companheiro	7.0	—	3.0	7.0	3.0
• Têm namorado/noivo	50.0	53.0	40.0	46.0	48.0
	60.0	70.0	53.0	80.0	65.0

Indagadas sobre qual o grau de importância conferido à sexualidade em sua vida afetiva, as estudantes responderam do seguinte modo:

IMPORTÂNCIA DA SEXUALIDADE	M	P	EF	G	T
• Nenhuma/pouca	13.0	0	13.0	10.0	9.0
• Muita	70.0	57.0	63.0	67.0	64.0
• Decisiva	17.0	40.0	23.0	23.0	26.0
• Omissão	0	3.0	0	0	1.0

▲ *Início da Vida Sexual*

IDADE	M	P	EF	G	T
13-15	—	3.0	10.0	3.0	4.0
16-18	30.0	30.0	30.0	40.0	32.5
19-21	27.0	30.0	53.0	33.0	36.0
22-24	—	10.0	—	3.0	3.0
	57.0	73.0	93.0	80.0	76.0

▲ *Experiência Sexual*

	M	P	EF	G	T
SIM	17	22	28	24	91
NÃO	13	8	2	6	29
	30	30	30	30	120

$X_3^2 = 11.41$
$p < 0.01$

O grupo de Psicologia é o mais incisivo nas respostas pois apresenta 97% que considera experiência sexual como decisiva ou muito importante para a própria realização afetiva.

A vida sexual teve início, predominantemente, entre 16 e 24 anos, com maior concentração de freqüência entre os 16 e 21 anos. Não houve diferença entre os grupos nesta variável (Tabela "Início da Vida Sexual"). Obtendo 93% de estudantes ativas sexualmente, o grupo de Educação Física se adianta em relação aos demais, seguido do grupo de Geografia, enquanto as moças de Matemática são mais reservadas quanto às experiências desse tipo.

Avaliou-se a importância probabilística desses resultados através do X^2, cujo resultado, significante, mostra que os grupos EF e G tendem a experimentar a vida sexual antes das moças do grupo M. As estudantes da amostra P mostraram freqüências iguais às esperadas (Tabela "Experiência Sexual").

O tipo de relações sexuais mantido por aquelas sexualmente ativas está mostrado na tabela seguinte. Nela é fácil verificar como o grupo G, no qual há maior número de mulheres casadas, pratica a vida sexual regularmente, diferenciando-se das demais. A homossexualidade é considerada, teoricamente, aceitável ou normal, com pequena tendência do grupo G para mostrar uma opinião mais favorável à aceitação desse tipo de relacionamento. Os quatro grupos dizem adotar a mesma opinião frente ao homossexualismo para os dois sexos (Tabela "Opinião Sobre o Homossexualismo").

▲ *Tipo de Relações Sexuais*

	M	P	EF	G	T
• Regulares, com a mesma pessoa	30.0	37.0	30.0	60.0	39.0
• Eventuais, com a mesma pessoa	10.0	13.0	20.0	3.0	12.0
• Eventuais, sem ter compromisso	7.0	10.0	13.0	3.0	8.0

▲ *Opinião Sobre o Homossexualismo*

Homossexualismo	M	P	EF	G	T
• Aceitável ou normal	47.0	50.0	47.0	77.0	55.0
• Desajustado ou doentio	43.0	40.0	43.0	17.0	36.0
• Outro	10.0	10.0	10.0	7.0	9.0

Perguntou-se, também, quem tinha sido o parceiro da primeira experiência sexual. Os dados mostram que poucas vezes as relações íntimas começaram com o atual marido ou companheiro. Houve, também, um número discreto de moças que preferiu não declarar quem havia sido o seu primeiro parceiro. Por outro lado, o grupo de Educação Física se destaca dentro da alternativa na qual o parceiro foi outra pessoa que não era nem namorado e nem companheiro (17%).

Primeiro Parceiro	M	P	EF	G	T
• Namorado/noivo	43.0	53.0	53.0	37.0	47.0
• Omissão	—	10.0	20.0	37.0	17.0
• Diversos Casos	10.0	7.0	17.0	3.0	9.0
• Companheiro/marido	3.0	3.0	3.0	3.0	3.0

Finalmente, consideremos as respostas acerca do que é até hoje mais significativo na experiência afetiva e sexual. Além de alguns casos de omissão, os diversos tipos de afirmação expressaram duas atitudes psicológicas. Uma de franqueza e abertura frente aos relacionamentos; a outra queixosa, por vezes amarga, indicando fechamento interior ou defesa neste assunto.

▲ *Atitudes Diante das Próprias Experiências Afetivo-Sexuais*

ATITUDES	M	P	EF	G	T
1. Abertura	90.0	80.0	84.0	70.0	81.0
2. Fechamento	7.0	13.0	13.0	13.0	12.0
3. Omissão	3.0	7.0	3.0	17.0	7.0

Exemplos de respostas dadas com *abertura* para o significado psicológico das próprias experiências:

"*A maneira como aprendi a conhecer-me e a entender-me com meu companheiro*" (M).

"Procurar encarar os meus valores, os que recebi dos meus pais e da sociedade e questioná-los" (M).

"O mais importante foi que, com o início da minha experiência sexual, veio junto um melhor autoconhecimento como mulher" (P).

"Um sentimento de carinho muito intenso, a necessidade de tocar as pessoas (rosto, mãos...)" (EF).

"Minha vida sexual é legal, e acho isso importante, pois o casamento já é barra. Se não houvesse o entrosamento eu não sei se valeria a pena continuar casada" (G).

As respostas de *fechamento* indicam mágoa ou conflitos não resolvidos:

"Depois de um relacionamento desastroso, passei a sentir-me insegura" (EF).

"Acho que as mulheres e os homens são muito diferentes. Não encontrei alguém com a carga afetiva de que eu necessito. Ou encontrei e perdi" (EF).

"Não sentir atração pelo órgão genital masculino" (EF).

"Estar apaixonada por um homem que diz não poder ter qualquer relacionamento comigo" (G).

A VIVÊNCIA DO ORGASMO

A vivência das experiências sexuais aprofunda-se nestes resultados, através dos quais é possível perceber o real estado das condições psicoafetivas relativas aos instintos e às manifestações corporais.

As diversas frases apresentadas à opção das estudantes constam da tabela seguinte, com destaque para aquelas cuja freqüência, por ser mais elevada ou mais baixa, caracteriza a maneira de perceber a própria sexualidade. Verificou-se uma diferença significativa entre os grupos, e também, algumas tendências, as quais são comentadas em seguida.

A vivência do Orgasmo	M	P	EF	G	T
1. Até hoje não teve orgasmo realmente	13.0	13.0	3.0	3.0	8.0
2. Acontece, mas só raramente	13.0	10.0	17.0	7.0	12.0
3. É muito difícil de ser alcançado	7.0	3.0	17.0	3.0	7.5
4. Normalmente você consegue o orgasmo	30.0	27.0	33.0	40.0	32.5
5. Tem orgasmo quando se masturba	30.0	37.0	27.0	30.0	32.5
6. Geralmente não depende dos sentimentos	7.0	0	3.0	13.0	6.0
7. É preciso que o parceiro seja experiente	3.0	3.0	3.0	10.0	5.0
8. É difícil que aconteça junto com o dele	20.0	20.0	20.0	17.0	19.0
9. O do parceiro é diferente do seu	10.0	27.0	23.0	7.0	17.0
10. A satisfação depende mais de você mesma	10.0	7.0	23.0	27.0	17.0
11. Pode variar de intensidade*	30.0	37.0	63.0	57.0	47.0
12. Gostaria de soltar-se mais livremente	27.0	40.0	37.0	17.0	30.0
13. Teria experiência com outros homens	7.0	13.0	3.0	13.0	9.0
14. Não costuma pensar em questões como estas	7.0	0	3.0	3.0	3.0

* Neste item o resultado do teste X^2 para 3 g.l. indica que se fosse realizada uma nova amostragem, 95% das jovens responderiam como estas da atual pesquisa.

$(X_3^2 = 9.10$ para $p < 0.05$

Quase 10% das mulheres universitárias acreditam não ter experimentado ainda o prazer sexual. Elas percebem que o orgasmo pode ser alcançado, embora 7% confessem que dificilmente chegam a obtê-lo.

Em condições habituais, 32% das jovens conseguem sentir prazer no relacionamento com um parceiro, enquanto que está na mesma porcentagem o número das que se realizam através da masturbação.

Elas contestam a separação entre o prazer sexual e os sentimentos, tanto quanto a idéia de que a plena satisfação depende de ter-se um companheiro experiente.

Por outro lado, 19% confirmam o fato geralmente aceito de que o orgasmo feminino não coincide com o masculino. Outros 17% percebem que há diferença no prazer que pode ser sentido pelos amantes. A satisfação alcançada depende mais da própria mulher, segundo a opinião de 17% das estudantes.

O maior grau de concordância apresentado refere-se à opinião de que o orgasmo pode variar de intensidade (47%), havendo ainda maior aprovação por parte das estudantes de Educação Física e Geografia. Estas jovens consideram-se de acordo com a idéia de que a experiência feminina pode conduzir a diferentes níveis de envolvimento, os quais podem ser percebidos e mantidos como variações na intensidade do prazer erótico.

Quase 1/3 da amostragem toda gostaria de poder soltar-se mais livremente no inter-relacionamento amoroso, e 9% confessa ter vontade de conhecer outros homens.

A *masturbação* já fora mencionada em outras partes anteriores da pesquisa, quando 90% das universitárias concordou que este modo de obter a gratificação sexual é normal para ambos os sexos. Entretanto, nem todas as que aceitam esse ato na teoria, praticam-no na realidade. Ou, ainda, se o praticam, não atingem o orgasmo. É provável também que sendo mais fácil opinar em aberto do que afirmar na primeira pessoa, algumas estudantes tenham censurado a resposta sobre a masturbação como forma de não revelar as próprias experiências.

Considera-se um fato revelador, que nem metade dos grupos alcança, normalmente, a satisfação completa no relacionamento sexual. Este fato pode derivar-se do momento existencial que elas vivem e dos tipos de relacionamentos atuais — pois a maioria não é casada, nem engajada em compromissos. Mais ainda, sabemos que o modo de viver a sexualidade varia segundo o nível de integração da personalidade, não sendo meramente uma questão de *transa* ou de *alto astral*. Assim, é possível que os dados aqui transmitidos revelem a intenção dessas jovens no sentido de atingir a maturidade fisiopsíquica. Além disto, mostram os sinais da forma corporal dentro da qual a universitária tenta enquadrar-se e também dos conflitos entre as tendências emocionais, instintivas e a auto-expressão no campo mental.

As respostas apresentadas a seguir descrevem com maiores detalhes os dinamismos fisiopsíquicos já mencionados.

É importante focalizar o *aborto* na experiência de vida de uma mulher. Infelizmente, este dado escapou, dentre as inúmeras questões apresentadas às universitárias. Porém, está freqüentemente nas conversas, na terapia e no convívio em geral.

Tenho percebido que há uma certa compreensão dolorosa quando uma jovem decide abortar. Muitas vezes ela chega a confirmar a própria decisão durante a terapia e afirma que *"faria tudo da mesma maneira"*. Porém, tal certeza interna parece não desfazer as ressonâncias psicológicas do ato, as quais levam, compensatoriamente, a desenvolver certas representações somatizadas. Não é incomum, por exemplo, que a recordação da gravidez não terminada volte à consciência quando fazemos toques na área do ventre. Podem surgir ainda dores inexplicáveis no abdômen. Em outros casos, desenrolam-se muitas fantasias de maternagem, misturadas com a realidade.

Geralmente as recordações mostram os conteúdos imaginário e e afetivo conjuntamente, o que significa para a pessoa uma percepção pouco agradável da perda, da mágoa ou até mesmo raiva sentidas na ocasião.

Para algumas mulheres, o aborto foi uma saída honrosa diante dos inconvenientes morais e psicológicos trazidos pela gravidez não planejada. É algo do tipo *"sou dona do meu corpo"*. A gravidez inesperada pode ser vista como uma prova da relativa autonomia do inconsciente e que se manifesta em certos eventos somáticos. Para as mulheres identificadas com o próprio eu consciente, essa gravidez vem como se fosse uma espécie de doença indesejável, uma enfermidade que precisa ser afastada.

É relativamente comum perceber que as doenças põem em xeque o nosso controle sobre o próprio corpo, obrigando-nos a um período de privação social e mesmo pessoal, quando ficamos dependentes dos outros, em maior ou menor grau. A moléstia grave leva a uma forte reorganização da auto-estima e também da imagem corporal. As mulheres compartilham entre si, além das enfermidades, a gravidez, o parto e a amamentação como *ocasiões naturais* que implicam a reavaliação da própria imagem, diante de si e dos outros. Na falta de uma verdadeira integração pessoal, o corpo é tratado mecanicamente, e o aborto pode ser encaminhado como se fosse uma cirurgia plástica.

Entretanto, a objetividade com que a mulher muitas vezes pretende tratar-se não elimina a participação dos conteúdos afetivos, intelectuais, mesmo dos religiosos e espirituais, que estão interligados na experiência da fecundação. Assim, quando estes conteúdos não receberam todos uma adequada avaliação, é bem provável que reapareçam, vindos do inconsciente e com carga redobrada.

Vivências com intensa comoção e dor moral são comumente relatadas no trabalho terapêutico em associação com a perda de filhos apenas recém-concebidos. Freqüentemente, os sentimentos de culpa são exageradamente enfatizados, como uma expiação pelo ato, sem que a mulher vá ao fundo de si mesma, recuperando a própria integridade através da compreensão dos motivos da sua escolha.

Os sentimentos de culpa costumam aparecer mesmo quando o aborto foi provocado por ordem médica e teve a aprovação da família. Ainda quando casada, uma mulher não reúne facilmente os dinamismos conflitantes da sua personalidade, de maneira a responder com tranqüilidade à uma gravidade não desejada.

A questão do aborto não é difícil somente para a mulher solteira. Na verdade, o envolvimento do pai é fundamental, estando os dois casados ou não. Porém, como a fecundação é uma experiência feminina, o seu valor psicológico será muito maior para a mulher, que tem nesta uma boa ocasião para amadurecer. Sem consciência do próprio corpo e da própria dignidade como pessoa, uma mulher fica facilmente exposta às pressões internas, instintivas, procriando e abortando irresponsavelmente. Por outro lado, as pressões vindas do exterior, do companheiro, dos pais e da sociedade são igualmente importantes e tanto podem afastá-la do próprio trajeto, como ajudá-la. Este é um tema bastante complexo, psicologicamente, onde cada caso exige atenção cuidadosa e uma carinhosa compreensão.

MATERNIDADE

Encontramos dez estudantes que eram mães: sete em Geografia, duas em Psicologia e uma em Educação Física. Destas todas, quatro possuíam um filho; três, dois filhos e três, mais de dois filhos. Destas que chegaram ao término da gravidez, nenhuma tentou o aborto. Como a questão mandava seguir adiante *se* a pessoa não tivesse filhos, este dado não se refere ao número de abortos realizados antes da maternidade por estas nem pelas demais estudantes.

As respostas correspondentes às impressões da primeira gravidez estão resumidas a seguir.

Com uma exceção, o período de gestação do primeiro filho foi tranqüilo. Entretanto, quatro tiveram problemas com o pai da criança e o mesmo número com os próprios pais. Três encontraram dificuldades nos estudos por causa dos filhos. Do total, sete conseguiram ter um parto normal e três foram cesáreas.

Somente cinco das jovens amamentam o seu filho, nenhuma era estudante de Psicologia. Houve uma jovem deste grupo que disse não ter gostado de esperar esse filho, e do grupo G, duas afirmaram o mesmo.

Convidadas a expressar com as próprias palavras o que significava ser mãe e também estudante universitária, houve uma tônica semelhante em todas as dez respostas. Opinaram que é difícil conciliar as duas responsabilidades, mas também é gratificante e moti-

99

vador. Algumas se queixaram do sentimento de culpa, queriam estar com a família quando estavam na sala de aula, e vice-versa.

Naturalmente, esta conciliação não é simples, tendo em vista a idade média das jovens e as exigências de cada tarefa. Aliás, esta complexidade deve ser uma das causas do pequeno número de mães na amostra total. O outro fator responsável é a idade. Parece haver uma tendência para que as mulheres tenham filhos com idades cada vez mais avançadas. Há duas gerações, casavam aos 18 anos e já tinham filhos, quando não, aos 14 ou 15. Atualmente, é comum que entre os 35 e os 40 anos uma mulher se considere bem-disposta e até deseje engravidar pela primeira vez.

2.6 FANTASIAS DESPERTADAS PELO OLHAR

Inicialmente, as jovens elaboraram o tema da sua aparência. Ter uma boa aparência é fundamental para ser alguém, e para construir a própria imagem naturalmente requer-se o olhar observador de uma outra pessoa. Aparecer é então o ato de mostrar-se para alguém.

As moças em geral acham que são atraentes (69%) e bonitas (64%). As estudantes de Educação Física são as mais confiantes na sua aparência. Dentre elas, 33% se vêem como sendo muito atraentes e 27%, muito bonitas.

A percepção da cor da pele coloca a maioria das jovens entre brancas (47%) e morenas (51%). Houve apenas três que disseram ser mulatas, indicando assim a escassa representação de estudantes descendentes de famílias da raça negra na Universidade.

A auto-avaliação do peso mostrou que 61% considera-se normal, havendo relativamente poucos casos de jovens gordas e magras.

Os cuidados habituais com a boa aparência levam as estudantes a pintar as unhas das mãos (menos para EF) e dos pés. Os cosméticos são utilizados de preferência nos olhos (72%), na boca (37%) e na face (27%). Os cremes hidrantes e os nutritivos são usados por metade das moças, sendo levemente mais aceitos nos grupos de Geografia e Educação Física.

A freqüência aos institutos de beleza é apenas eventual para 47% das estudantes. As moças de Psicologia são as mais assíduas, pois 37% vão semanal ou quinzenalmente ao salão de beleza. No outro extremo estão as de Geografia, cujo índice de freqüência chega apenas aos 7%.

As jóias também fazem parte da aparência e geralmente realçam uma parte do corpo. Assim, pode-se inferir que o uso constante de uma jóia ou enfeite reflete a intenção de chamar os olhares para a área corporal escolhida. As respostas revelam que 82% das universitárias usam brincos, 57% preferem anéis e correntinhas, enquanto apenas 18% gostam de colares. Além disso, 30% delas escolhem outros tipos de enfeites, como botões ou lenços coloridos.

Dentre as moças que usam jóias (de luxo ou fantasia), 63% disseram ter o hábito de mantê-las em todas as ocasiões, especialmente os anéis e as corretinhas. (A aliança foi excluída desta pesquisa.)

Perguntadas, também, se modificariam a sua aparência através de uma cirurgia plástica, 15% responderam positivamente, havendo mais 3% em dúvida. As áreas corporais visadas para a plástica seriam os seios, o nariz e os olhos, nesta ordem.

Estudando a seguir as atitudes das jovens com respeito ao olhar, encontrou-se uma tendência ampla para *curtir* a situação de ser observada pelos outros. Praticamente todas dizem gostar de olhar o mundo e as pessoas e não costumam evitar o olhar quando conversam. Entretanto, não estão completamente de acordo com a afirmativa de que as emoções são sempre transmitidas através dos olhos.

As mulheres que mais acreditam na força expressiva do olhar tendem a pertencer aos grupos mais espontâneos dentre aqueles abordados — Educação Física e Geografia.

As estudantes concordam que o *choro* é uma resposta emocional que envolve expressão geral da pessoa e, de modo característico, modifica as suas emoções, quando é o caso. Elas não diferem entre si no fato de que costumam chorar quando têm vontade desde que não estejam em público.

Este ponto sugere a maneira sutil como atua o olhar do outro na autopercepção e no controle das próprias expressões afetivas. Aprofundamos esse tema indagando sobre as fantasias que são despertadas pelo olhar masculino e feminino.

O *prazer* em relação ao ser vista difere muito segundo o sexo de quem estiver observando. Nota-se que o olhar de um homem desconhecido desperta, principalmente, respostas de curiosidade. Procura-se saber quem é. Há mesmo a percepção de sentimentos de prazer, além de envaidecimento. Poderíamos resumir estas respostas afirmando que é gostoso ser observada, especialmente se o olhar vem de um homem simpático. Porém, se vem de uma outra mulher, as expectativas mudam. As fantasias declaradas revelam o medo da inveja, da análise e da crítica.

▲ *Fantasias Despertadas pelo Olhar*

	M	P	EF	G	T	X_3^2
1. Masculino						
• Fechamento	13	17	9	17	56	
• Abertura	17	13	21	13	64	5,89
2. Feminino						
• Fechamento	22	24	14	19	79	
• Abertura	8	6	16	11	41	8,41*

$p < 0.05$
Respostas de fechamento: desconfiança, inibição, sentir-se analisada e criticada, invejada, ficar "encucada", sentir-se mal.
Respostas de abertura: curiosidade, sentir-se atraente, envaidecida, bem, ter prazer.

No tocante à desconfiança frente ao olhar feminino, as estudantes do grupo P foram as mais críticas, mostrando que se sentem perseguidas. Podemos perguntar se não estariam projetando as próprias críticas com respeito à sua aparência, uma vez que este grupo também foi o mais fortemente insatisfeito com as suas proporções corporais. As moças de Educação Física apresentam maior liberdade de expressão no ato de receber tranqüilamente e com prazer o olhar alheio.

Muito facilmente, o desejo de ver se transforma no temor de ser visto. Ou seja, se alguém não elabora claramente o prazer de olhar e o reprime, acaba sentindo-se culpado e projeta este temor nas demais pessoas. Uma das respostas dada às questões exemplifica bem isto. A jovem diz que se for observada por um homem desconhecido sentir-se-á vaidosa, mas, também, invadida. Espera ainda sentir-se do mesmo modo, caso seja observada por uma mulher. Esta mesma moça não quer ser vista quando estiver se masturbando. Fica também muito nervosa se encontrar alguém desprotegido e vulnerável, sob intensa emoção. Naturalmente ela descreve nesta última figura emocionada e vulnerável uma parte de si mesma e a percepção de que as emoções intensas tornam as pessoas abertas.

As emoções abrem os limites da imagem corporal e promovem o contato, mesmo a distância. Estamos interligados pelos orifícios todos do corpo e, mais especialmente, pelas zonas erógenas. O espaço psicológico é, portanto, de uma categoria diferente, não se reduz ao espaço físico. É neste sentido que um olhar pode invadir e penetrar, de modo cortante, mesmo a distância. Diante de certo tipo de olhar não há roupa que defenda, a mulher sente-se despida e invadida. Por outro lado, o olhar pode permanecer na superfície e alisar, acariciar, sem agredir.

As experiências emocionais que uma mulher tem a partir do olhar masculino ou feminino são complexas demais para os limites destas páginas. Entretanto, as respostas dadas acrescentam ainda mais algumas coisas interessantes, que passamos a considerar.

Há um tipo de pessoa que não demonstra conflitos inconscientes. Como, por exemplo, a moça cujas respostas dizem coisas mais ou menos óbvias: não gosta de ser observada quando faz a sua higiene e sente prazer em olhar para alguém bonito e simpático. Fica inquieta quando a pesoa à sua frente pretende expressar-se, mas não o consegue, ou, ainda, se chora.

Em outros casos, predomina uma fantasia narcisista. Assim, uma aluna declara que só gosta de observar alguém parado, de preferência dormindo. Este tipo de pessoa não quer ser vista enquanto realiza o prazer de olhar. Não busca a reciprocidade, mas o gosto de um prazer unilateral.

Uma estudante declarou que geralmente se sente revoltada quando percebe um homem estranho olhando muito para ela. Também não quer ser vista quando está aprendendo a fazer as coisas, porque detesta errar. Ela mostra, por estas palavras, como está polarizada numa atitude fechada, defensiva, refletindo isto nos seus relacionamentos.

Mas qual é a imagem que o outro destaca com o olhar? O corpo próprio é em parte um reflexo dos olhos dos amigos, do companheiro, dos parentes, dos filhos. Normalmente, uma pessoa sabe o que os outros costumam apreciar na própria aparência. As mulheres pesquisadas responderam a isso, dando maior destaque para o rosto e para as áreas sexuais, e quase nada para as extremidades do corpo.

▲ *O Que os Homens e as Mulheres Destacam na Aparência Feminina*

RESPOSTAS	Matem. H/M	Psicol. H/M	Ed. Fís. H/M	Geog. H/M	Totais
• Aspectos Gerais	13/07	17/16	14/13	08/09	97
• Rosto	12/09	10/05	14/09	16/09	84
• Cabelos	05/09	05/15	06/15	03/12	70
• Áreas Sexuais	09/—	05/—	13/06	06/—	39
• Acessórios	03/10	04/09	01/09	01/08	45
• Extremidades	01/01	— —	01/01	02/—	06
• Expressões Corporais	02/—	04/04	07/02	03/02	24
• Omissões	06/05	04/03	03/01	04/04	30

- Aspectos Gerais: peso, altura, cor da pele e beleza.
- Áreas Sexuais: seios, nádegas, coxas, quadris e áreas genitais.
- Extremidades: pés, braços e mãos.
- Expressões Corporais: sorriso, olhar, voz, andar, postura.
- Acessórios: roupas, enfeites e maquiagem.

O destaque na imagem feminina que é produzido pelo *olhar masculino* revela, segundo estas jovens o percebem, um corpo carnal, receptáculo de beleza e de desejo. É muito mais um corpo estático e estético do que útil e em movimento. As expressões da personalidade que estão na voz, no sorriso, no olhar e no andar somente receberam um plano de importância bem pequena, seja pelo olhar do homem ou da mulher.

Reuniu-se na tabela anterior as referências feitas aos acessórios — roupas, adornos, maquiagem —, comparando-as com as respostas de conteúdo diretamente físico. Tem-se, então, uma boa idéia de que uma mulher revela à outra através de meios não verbais, algo mais *além do corpo em si.* Isto é, revela o valor social da pessoa inteira através do destaque conferido às roupas e aos enfeites. Dito de outra forma, *as estudantes percebem que o olhar do homem lhes devolve principalmente a admiração pelo corpo em si. Enquanto isto, as mulheres, além desta função exercem outra: a de informarem sobre o estado da imagem do corpo na sua apresentação social.* Elas refletem o valor social do corpo em escala muito maior do que o olhar masculino. Este parece porduzir um reflexo direto da estrutura libidinal do corpo feminino, pois focaliza as suas áreas mais significativas eroticamente. As roupas, porém, modelam o corpo e fazem parte da imagem corporal, tanto quanto as jóias.

Por outro lado, *os cabelos* podem significar uma área de alto valor erótico e são um símbolo da sensualidade e da vida instintiva. Mas, para uma outra mulher, os cabelos podem ter um valor semelhante ao das roupas ao serem focalizados mais pelo estilo, pelo penteado e não por causa do seu apelo sensual direto. É possível que certa mulher avalie os cabelos de uma outra não porque deseje tocá-los, mas porque eles são um sinal da posição social. Observamos, nestes resultados, que o interesse pelos cabelos é maior entre as mulheres. Os cabelos simbolizam freqüentemente a vitalidade, a força física e a emocionalidade. Normalmente o inconsciente projeta sobre os segmentos corporais que têm crescimento — unhas e cabelos — a idéia da energia vital em seu aspecto mais telúrico. Tais simbolismos estão por baixo da relevância concedida a essas áreas somáticas, pelas pessoas em geral.

O *rosto* também possui uma importância particular na imagem corporal, pois nele se reflete com facilidade o lado interno da pessoa. É, talvez, a área mais bem-dotada de recursos expressivos, e sobre a qual todos projetam uma grande dose de atração.

As mãos comunicam a emoção da pessoa inteira num só gesto, enquanto os pés suportam o corpo e, assim, são a base da imagem do eu. Obviamente as *mãos e os pés* estão, também, relacionados com a aparência da mulher através de certas qualidades convencionalmente femininas, como a suavidade, a maciez e o pequeno tamanho. Embora significativas, as extremidades corporais foram menos focalizadas, provavelmente porque as estudantes estavam imaginando o seu corpo a partir de uma perspectiva mais geral e, ainda, na presença de um outro alguém, diante do qual avaliaram-se. É em função dessa dinâmica projetiva que certas áreas corporais ficaram mais destacadas do que outras.

Vê-se bem o processo inconsciente quando analisamos a freqüência com que foram mencionadas as áreas sexuais e os cabelos.

		M	P	EF	G	T
• Áreas sexuais	— Homens	9	5	13	6	33
	— Mulheres	—	—	6	—	6
• Cabelos	— Homens	5	5	6	3	19
	— Mulheres	9	15	15	12	51

As mulheres só pensaram nas coxas, quadris e seios quando se imaginaram sendo percebidas pelos homens. Mas houve algumas jovens que puderam lembrar-se da percepção destas partes quando estavam na presença de outra mulher. Esta exceção ocorreu no grupo de Educação Física, que parece possuir uma consciência mais completa do corpo.

Considerando a importância das áreas sexuais nos relacionamentos, pode-se ver que o total de referências a estas partes está relativamente reduzido. Por outro lado, houve 25% de respostas evasivas, indicando que essas perguntas provocaram um certo grau de desconforto ou de ansiedade entre as jovens, sinal de que foram tocadas em pontos sensíveis da sua dinâmica psicológica.

2.7 A SATISFAÇÃO COM A PRÓPRIA IMAGEM CORPORAL

O corpo feminino ideal é uma abstração, um *clichê* aprendido e incorporado. Certas regiões do corpo podem ficar mais sujeitas a críticas por se afastarem do ideal esperado, o qual é um produto do valor conferido pela sociedade às diferentes medidas do físico feminino.

Para conhecer como as jovens se colocam em relação ao padrão ideal e assim, também, conhecermos como se define este modelo, preparamos uma escala de satisfação com as 16 diferentes proporções corporais. Utilizou-se como base a escala de Jourard e Secord[82,83,84] para auto-avaliação do tamanho, introduzindo novos itens e acrescentando uma segunda parte. Nesta, as estudantes marcaram quais as proporções idealizadas para as áreas mencionadas.

Recorde-se que os autores americanos verificaram ser o modelo feminino essencialmente menor do que o masculino. Considerou-se, então, que a mulher deseje ser pequena porque isso indica maior feminilidade e, portanto, eleva o seu poder de atração. A única área do corpo que recebeu uma expectativa para maior foi o busto.

Nas mulheres estudadas na nossa pesquisa a satisfação com as proporções corporais segue, de modo geral, o modelo do corpo pequeno. Assim, quanto menor for o corpo, mais satisfeitas consigo mesmas elas tendem a ficar.

Porém, o alcance desta generalização não é tão simples. Quisemos saber *o quanto elas* estavam satisfeitas e pedimos que marcassem uma nota, variando de 1 a 5 pontos, indo da insatisfação à satisfação. As médias obtidas foram comparadas através de uma análise de variância não-paramétrica, evidenciando diferenças significantes entre os grupos. Precisamos de um teste não-paramétrico porque as distribuições das médias foram muito diferentes das distribuições normais, assumindo a forma de um "jota". Os resultados constam da tabela seguinte e mostram a diferença altamente significante entre as médias dos quatro grupos.

O grupo de futuras psicólogas é o que possui o *menor grau de satisfação* com as proporções do próprio corpo. Em ordem crescente de satisfação vêm, em seguida, os grupos de *Matemática, Educação Física* e o de *Geografia*. Este último revela um índice realmente alto de satisfação com o estado das suas proporções físicas, obtendo médias acima do ponto neutro (3.5 ou 4). Então temos, de um lado, as futuras geógrafas como aquelas mais tranqüilas com o seu grau de feminilidade, apreciado através da satisfação com as proporções do corpo. De outro, as estudantes de Psicologia, exercendo uma autocrítica elevada, compõem o grupo mais insatisfeito.

O descontentamento é, inequivocamente, um dos sinais de insegurança. Podemos nos perguntar se as psicólogas e as matemáticas se afastaram demais dos padrões femininos pela intelectualização e estariam manifestando um conflito ainda não resolvido. O velho modelo do corpo pequeno mostra, simbolicamente, uma mulher frágil, delicada, que *deve* permanecer *menor*. Menor do que o homem. Levadas a questionar estes parâmetros culturais pelo estudo de disciplinas de alto teor filosófico e científico, as jovens desses dois grupos podem entrar mais facilmente em confronto com os próprios padrões internalizados durante a sua infância. E, assim, expressam o seu descontentamento, sinal de insegurança quanto ao que vem a ser corpo feminino, afinal de contas.

Na convivência que tive com as estudantes de Educação Física pude perceber que elas são desinibidas fisicamente, e, no geral, parecem sentir-se bonitas. Entretanto, a própria natureza do seu treinamento exercita a contenção das gordurinhas a mais. Elas buscam, por profissão, o corpo ideal. É interessante ver que estão agindo, atuando na conquista do corpo feminino flexível, ágil, firme, bonito. Mas será que tal procura lhes dá tranqüilidade?

Convivi menos com as geógrafas, mas pude apreciar a simplicidade dos grupos que responderam à pesquisa. Sem muitos enfeites, nem pintura, elas eram como eram. Nas conversas, percebi o gosto pelo chão, certo amor à natureza e o desejo de algumas de trabalhar no campo, no agreste. Considerando a presença desse desejo de contato com a terra e o fato de que este é o grupo mais velho, além de conter o maior número de mulheres casadas, compreendemos o sentido desses resultados. As geógrafas exercem menos crítica, ou porque estão seguras afetivamente, ou porque possuem maior espírito prático. Não *encucam* tanto quanto as psicólogas.

▲ TABELA: *Satisfação com as Proporções Corporais*
    Análise de Variância — Teste de Friedman[1]

ITENS	(M) A	(P) B	(EF) C	(G) D
1. Altura	2	1	3.5	3.5
2. Peso	2.5	1	2.5	4
3. Cabeça	2	1	3	4
4. Boca	2	1	3.5	3.5
5. Comprimento/nariz	3	1.5	1.5	4
6. Comprimento/pescoço	2	1	3	4
7. Largura/ombros	2	1	3	4
8. Braços	2	1	3	4
9. Mãos	2	1	3	4
10. Busto	3	1.5	1.5	4
11. Cintura	1	3	2	4
12. Quadris	2	1	4	3
13. Coxas	1.5	1.5	4	3
14. Barriga/perna	2	1	3	4
15. Tornozelos	2	1	3.5	3.5
16. Pés	3	1	2	4
	34	19.5	46	60.5

---

1. "The Friedman two-way analysis of variance" *in* Siegel, S., *Nonparametric Statistics,* 1956, McGraw-Hill Book Co. Tokio, p. 166.

AS PROPORÇÕES IDEAIS

O modelo de beleza feminino pode ser sinteticamente avaliado por meio de cinco dimensões: a altura, o peso, o busto, a cintura e os quadris. Na pesquisa com universitárias americanas foram as proporções cuja auto-avaliação coincidia mais realisticamente com o tamanho atual do corpo. Isto significa que estas dimensões pertencem ao modelo consciente do corpo, estando mais sujeitas ao controle que a mulher exerce sobre a sua imagem. Analisando as *proporções idealizadas* pelas jovens mulheres estudadas, observamos alguns traços bastante interessantes.

O busto não se enquadra no modelo geral que manda ser toda pequena. Assim, elas idealizam, ora que deviam possuir seios maiores, ora menores. Nota-se que, mesmo quando o grau de satisfação é elevado (como na amostra G — tabela a seguir), ainda assim metade pensa que o busto poderia ser mais perfeito. Em todas as quatro amostras, *os seios representam a área mais sensível às críticas* espelhadas a partir de um modelo internalizado sobre a beleza feminina, nesta questão.

Devemos olhar para estas comparações antes de um modo simbólico do que realístico. Se uma jovem dá nota 1 para os seus quadris, evidentemente, está descontente com eles e admite isto. Mas, as proporções revelam só o aspecto aparente da coisa. Essa nota, na verdade, representa antes um afeto, uma disposição interna de desaprovação em relação a sua bacia pélvica. Por isto, mesmo estando insatisfeita, ela não a idealiza maior, talvez a queira menor. Entretanto, a sua insatisfação depende muito menos da aparência do que do investimento libidinal nessa área. Assim, a estudante expressaria na nota o *seu receio de ter um peso no corpo,* ou de ser menor do que deveria ser, ou, ainda, a percepção de estar inadaptada diante da imagem ideal do *feminino.*

Comparados os dados das proporções ideais, especialmente para as cinco dimensões mencionadas, vê-se que as tendências permanecem muito iguais. *Parece que o ideal de beleza compartilhado pelas mulheres tem limites tão estreitos, que as condena a ficarem eternamente insatisfeitas consigo mesmas.*

▲ As Proporções Ideais do Corpo Feminino*

ITENS	MATEMÁTICA			PSICOLOGIA			EDUC. FÍSICA			GEOGRAFIA		
	−	=	+	−	=	+	−	=	+	−	=	+
1. Altura	3.0	57.0	40.0	7.0	67.0	27.0	—	67.0	30.0	—	73.0	27.0
2. Peso	57.0	40.0	3.0	60.0	30.0	7.0	53.0	43.0	3.0	40.0	47.0	13.0
3. Cabeça	—	100.0	—	3.0	97.0	—	3.0	93.0	3.0	—	100.0	—
4. Boca	7.0	87.0	7.0	3.0	90.0	7.0	3.0	90.0	7.0	—	87.0	13.0
5. Comp./nariz	27.0	67.0	7.0	30.0	70.0	—	30.0	63.0	3.0	30.0	63.0	7.0
6. Comp./pescoço	3.0	87.0	10.0	—	97.0	7.0	7.0	90.0	3.0	—	90.0	10.0
7. Larg./ombros	17.0	80.0	3.0	27.0	73.0	—	30.0	70.0	—	3.0	93.0	3.0
8. Braços	7.0	93.0	—	7.0	87.0	7.0	7.0	93.0	—	—	100.0	10.0
9. Mãos	3.0	90.0	7.0	13.0	83.0	3.0	3.0	90.0	7.0	3.0	87.0	10.0
10. Busto	17.0	40.0	43.0	20.0	50.0	30.0	23.0	47.0	30.0	23.0	50.0	27.0
11. Cintura	73.0	27.0	—	53.0	47.0	—	53.0	47.0	—	53.0	47.0	—
12. Quadris	27.0	67.0	7.0	33.0	57.0	10.0	37.0	53.0	10.0	27.0	53.0	20.0
13. Coxas	47.0	43.0	10.0	47.0	47.0	7.0	33.0	63.0	3.0	20.0	67.0	13.0
14. Barriga/perna	33.0	63.0	3.0	30.0	67.0	3.0	37.0	60.0	3.0	17.0	77.0	7.0
15. Tornozelos	17.0	83.0	—	7.0	90.0	3.0	13.0	80.0	7.0	13.0	80.0	7.0
16. Pés	23.0	73.0	3.0	23.0	73.0	3.0	33.0	60.0	7.0	27.0	73.0	—

* Calculadas em porcentagens
N = 120

2.8 QUEIXAS E CRÍTICAS

A última série de dados refere-se às autopercepções de dores e às depreciações projetadas sobre desenhos. Pediu-se às estudantes que registrassem sobre duas figuras, de frente e de costas, onde costumam sentir dores ou outros sinais de desconforto. Em acréscimo, assinalassem em uma outra folha, onde estão criticando o seu corpo. Neste último gráfico, elas deveriam riscar as zonas corporais das quais não gostam e dizer por que estão insatisfeitas.

Classificamos as respostas por áreas funcionais, considerando os anéis segmentares, tanto quanto foi possível, dada a natureza dos dados. Quando as marcas feitas sobre os desenhos eram ambíguas, deu-se maior importância à citação daquela área, seguindo sempre o critério dos movimentos da corrente libidinal.

Tomou-se como referência nesta classificação o que é proposto por Reich em seu trabalho sobre a Couraça Muscular do Caráter, adaptando-se o que foi necessário. A expressão *anel* é mantida porque diz bem da condição muscular contraída que envolve os órgãos internos, fechando como uma armadura aquela faixa corporal correspondente, bloqueando a livre fluência das sensações e dos movimentos.

Em cada uma destas questões, as pessoas poderiam assinalar de zero a seis queixas. Este fator deve ser considerado ao apreciar as tabelas de porcentagens, cujo índice corresponde ao total geral das respostas dadas por 30 jovens. As queixas correspondem ao que chamo *corpo sofrido,* as críticas ou depreciações, àquilo que refiro como *corpo mal-amado*.

As tabelas de queixas e de críticas foram transportadas para os gráficos que se vêem a seguir.

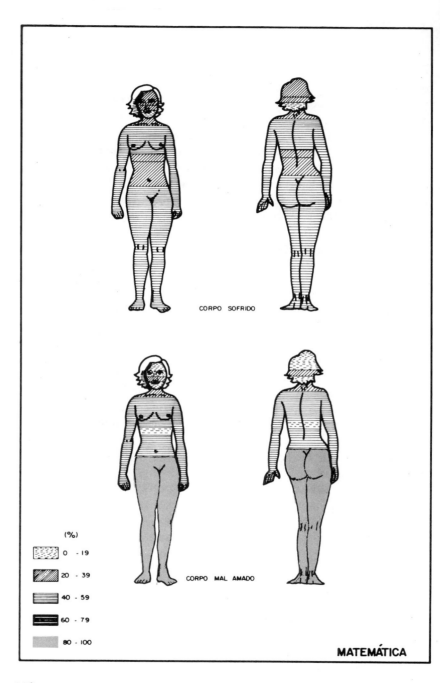

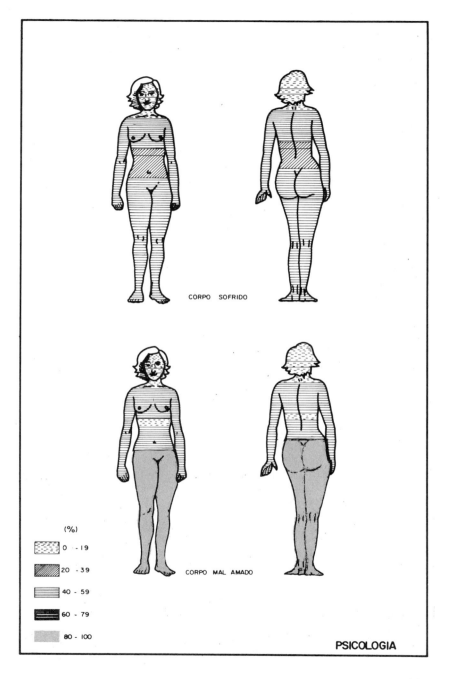

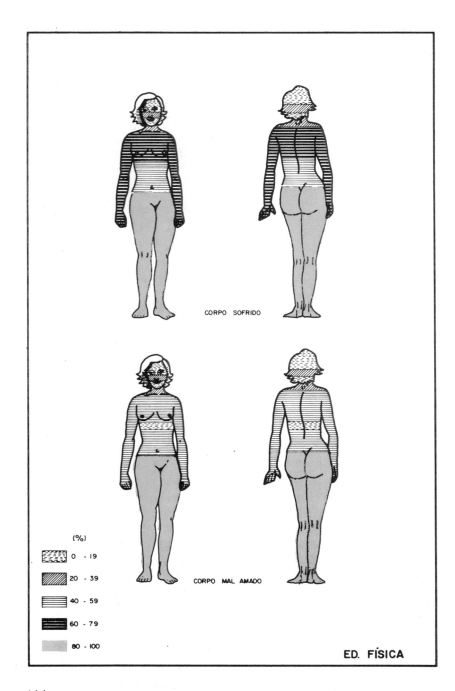

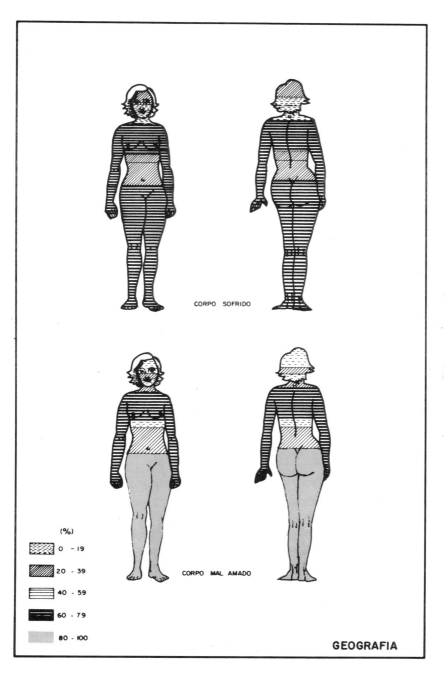

▲ *O Corpo Sofrido (Queixas)*

Anéis Musculares	M f	%	P f	%	EF f	%	G f	%	T
1. Ocular	8	27,0	3	10,0	5	17,0	8	27,0	24
2. Oral	2	7,0	3	10,0	1	3,0	1	3,0	7
3. Cervical	6	20,0	4	13,0	7	23,0	5	17,0	22
4. Peitoral	14	43,0	17	57,0	21	70,0	19	63,0	71
5. Diafragmático	10	33,0	6	20,0	15	50,0	7	23,0	38
6. Abdominal	7	23,0	9	30,0	15	50,0	8	27,0	39
7. Pélvico	13	43,0	15	47,0	27	90,0	18	60,0	73
Média dos Grupos	60 $\bar{x}=2$		57 $\bar{x}=1,8$		91 $\bar{x}=3$		66 $\bar{x}=2,2$		274

▲ *Tipo de Queixas*

Tipos de Queixas	M	P	EF	G	T
• Dores internas ou viscerais	21	14	18	21	174
• Dores musculares	37	41	71	43	192
• Processos inflamatórios*	2	1	2	2	7

Somente os processos orgânicos explicitamente mencionados como inflamatórios foram registrados como tal.

▲ *O Corpo Mal-Amado (Críticas)*

	M f	%	P f	%	EF f	%	G f	%	T
1. Anéis Musculares									
• Ocular	1	3,0	3	10,0	4	13,0	—	—	8
• Oral	4	13,0	4	13,0	5	17,0	—	—	13
• Cervical	6	20,0	1	3,0	6	20,0	6	20,0	19
• Peitoral	13	43,0	15	50,0	15	50,0	18	60,0	61
• Diafragmático	—	—	1	3,0	2	7,0	—	—	3
• Abdominal	14	47,0	12	40,0	14	47,0	9	30,0	49
• Pélvico	24	80,0	35*	117,0	27	90,0	27	90,0	113
2. Cabelos	—	—	—	—	1	3,0	2	7,0	3
Média dos Grupos:	62 $\bar{x}=2$		71 $\bar{x}=2,4$		73 $\bar{x}=2,4$		62 $\bar{x}=2$		269

Este resultado indica que algumas pessoas deram mais de uma resposta neste anel.

Motivos da Crítica	M	P	EF	G	T
• As proporções	49	53	53	42	197
• O aspecto	13	18	20	20	71
	62	71	73	62	268

Tipos de respostas:
— Proporções: o tamanho não é adequado, deveria ser menor ou maior.
— Aspecto: estrias, flacidez, manchas, espinhas.

Na imagem das jovens estudantes entrevistadas, o corpo feminino sofre. Sofre especialmente no peito e nas costas e dos quadris até os pés. Isto é bem a quase totalidade do corpo humano! Além de sofrido, o corpo feminino é muito mal-amado. As mulheres estão concentrando os seus desgostos e frustrações no próprio físico, como se vê pelas altas porcentagens alcançadas no quadro de *rejeições*.

No quadro das *queixas*, assim como no das *críticas*, as zonas somáticas que mais receberam indicações estão nos anéis musculares peitoral e pélvico. Através dos movimentos da região do peito e braços e dos quadris e pernas, a pessoa comunica grande parte das suas mais importantes emoções. O anel peitoral compreende os músculos intercostais e peitorais, os que movem os braços e as mãos. Quando estes músculos estão contraídos cronicamente, a pessoa tem dificuldade de abraçar, de receber, muitas vezes ela também não pode acolher no seu peito e nem afastar ou defender-se. Seu tórax fica *duro*, sua postura parece *militar*. A respiração e a circulação são ainda facilmente perturbadas, como detalharei mais adiante.

O anel pélvico corresponde aos músculos da bacia pélvica, incluindo os mais profundos que estão ligados às funções sexual, de excreção e de evacuação. Por isto, a imobilização crônica neste anel traz a prisão de ventre, afecções do reto, uretrites inespecíficas, polipose uterina, inflamações dos ovários, trompas, vagina ou glande do pênis, podendo alcançar e perturbar também o funcionamento renal. Com muita freqüência, as pessoas com falta de vitalidade, que têm uma excitabilidade genital nobre ou reduzida, levando-as a problemas no relacionamento sexual, apresentam um estado de tono muscular alterado na bacia pélvica e nas pernas. Esta é a razão porque elas sentem dores ou se preocupam em criticar demais os seus quadris ou pernas, criam celulite, adiposidades e flacidez, o que as torna mais desgostosas ainda.

As pernas *duras*, o andar desengonçado, arrastado ou preguiçoso, as dores e inchaços decorrem todas da má circulação sangüínea e linfática ocasionada pelo nível de contração dos músculos. Voltemos aos resultados. No grupo de *Matemática,* observa-se o menor índice de queixas quanto aos anéis peitoral e pélvico (43% em cada). No quadro das críticas, este grupo se revela como sendo o menos crítico dos quatro, embora ainda com 80% das respostas no anel pélvico. Quer dizer, quando se pergunta a uma graduanda das áreas estudadas se ela está satisfeita com seu corpo, no mínimo 80 em 100 responderão que têm críticas (ou rejeição) aos seus quadris, pernas, nádegas ou pés.

Esta relação desce para 90% (80 em 100) nos grupos de *Geografia* e de *Educação Física,* pulando para 117% em *Psicologia.* Algumas das futuras psicólogas deram mais de uma resposta no anel pélvico, e por isto o número total deste ultrapassa 100%. Vê-se que a parte inferior do corpo feminino é objeto de crítica constante, sinal dos conflitos relacionados à sua livre expressão. As mulheres de todos os grupos demonstraram muita insatisfação neste ponto, particularmente as psicólogas.

Quando se observa a presença de dores, vê-se que as *queixas* são mais elevadas entre as mulheres que praticam freqüentemente esportes como é o caso do curso de *Educação Física.* Dentre elas, 70 em 100 apontariam a presença de dores musculares habituais do peito, ombros ou braços. E 90 em 100 responderiam que apresentam dores constantes na região da pelve, pernas e pés. Este fato é, certamente, decorrente do tipo de treinamento recebido na universidade. Mas as implicações de natureza psicológica e social dele provenientes merecem um certo detalhamento, o qual será feito adiante.

As médias alcançadas pelos grupos revelam que houve pelo menos duas respostas por pessoa, em cada série de perguntas. Então, dada uma questão sobre se as universitárias estão satisfeitas com seu corpo, espera-se, em média, duas queixas e duas críticas por pessoa.

As proporções mais elevadas atingidas em cada um dos sete anéis musculares aparecem em destaque nos quadros. Percebe-se que as moças treinadas no curso de Educação Física obtém *cinco* dentre os sete índices maiores das 120 jovens. Estas moças, realmente, têm o corpo sofrido! A diferença deste grupo em relação aos demais continua no quadro das críticas ao físico. Assim, além de sofridas, as nossas futuras professoras de Educação Física apertam o cerco da sua autocrítica. Provavelmente, o ideal de beleza corporal que elas perseguem esteja tão idealizado que se sentem frustradas por não alcançá-lo. Ou, por outro lado, há nestes esportes e treinamentos físicos uma linha ideológica que é, por alguns motivos, contrária ao equilíbrio feminino, reduzindo a sua auto-apreciação.

QUADRO SINÓPTICO DOS RESULTADOS

OCORRÊNCIAS	TENDÊNCIAS MAIS IMPORTANTES E SIGNIFICANTES	VALORES OBTIDOS EM $p < 0.05$
— Filhos ou netas de imigrantes	• Tende a ser menor no grupo G	—
— Mobilidade geográfica	• Tendência a ser maior nos grupos G e M	—
— Ocupação dos pais	• Níveis inferiores na Escala Prestígio Ocupacional são mais freqüentes no G	0,05
— Escolaridade dos pais	• Grupo P tem pais com nível de escolaridade mais elevado	0,005
— Escolaridade das mães	• Grupo G tem mães com nível de escolaridade menor	0,001
— Idade	• M é o grupo mais jovem e G, o mais velho	0,001
— Atitudes conformistas	• Baixo grau de conformidade em todos os grupos	—
— Auto-realização como cidadãs	• Certo valor dado pelo grupo G	—
— *Mens sana in corpore sano*	• Motivação importante para os grupos M, EF e G	0,05
— Atividade física leva a fazer amigos	• Valorizada pelos grupos EF e G	0,05
— Consome eventualmente bebidas fortes	• Maior freqüência no grupo EF	0,05
— Já usou anticoncepcionais, pelo menos uma vez	• Menor freqüência no grupo M	0,05
— Fuma maconha	• Menor freqüência no grupo M	0,01

OCORRÊNCIAS	TENDÊNCIAS MAIS IMPORTANTES E SIGNIFICANTES	VALORES OBTIDOS EM $p < 0{,}05$
— Tratamento médico atual	• Leve predomínio do grupo G	—
— Fez ou faz psicoterapia	• Maior freqüência no grupo P	0,001
— Problemas diagnosticados na visão	• O de maior freqüência em todos os grupos	—
— Problemas no aparelho respiratório	• Leve predomínio no grupo M	—
— Anel ocular	• Mais percebido nas auto-avaliações do grupo M	0,01
— Anel oral	• Maior freqüência nos grupos EF e G	—
— Anel cervical	• Resultados praticamente análogos nos quatro grupos	—
— Anel peitoral	• Menor intensidade no grupo P	—
— Anéis diafragmático e abdominal	• Praticamente igual nas quatro amostras	—
— Anel pélvico	• Bem mais freqüentes no grupo G	0,001
— Problemas na pele do rosto	• Leve predomínio do grupo M	—
— Grupo com maior número de sinais	• Geografia	—
— Primeira menarca	• Entre 11 e 12 anos, para metade do grupo	—
— Irritabilidade ou tensão	• Freqüente em mais de 50% dos grupos, antes do ciclo menstrual	—
— Dores na cabeça ou no corpo	• Presentes antes da menstruação	—
— Fraqueza ou cansaço	• Mais observados nos grupos M e G	—

OCORRÊNCIAS	TENDÊNCIAS MAIS IMPORTANTES E SIGNIFICANTES	VALORES OBTIDOS EM p < 0,05
— Desejo sexual	• Levemente mais percebido no grupo G, antes do ciclo	—
— Sono agitado	• Leve tendência nos grupos EF e G	—
— Falar em voz alta no sono	• Leve predomínio nos grupos EF e G	—
— Dificuldade para adormecer	• Mais freqüente no grupo EF	—
— Usa os sonhos para autoconhecimento	• Maior interesse no grupo P, menor no grupo M	0,001
— Índice de queixas na escala (31 itens)	• Sujeitos deram, em média, sete queixas com uma variação de ± 4	—
— Sentir-se angustiada	• Item mais freqüente nos quatro grupos (68%)	—
— Dormência nos pés e/ou mãos	• Mais percebida no grupo G	0,01
— Cora com facilidade	• Menos no grupo P	0,05
— Ataques de riso ou de choro	• Ausência no grupo P	0,05
— Comer mais quando nervosa	• Comum para 46% das amostras	—
— Frieza nas extremidades	• Mais freqüente no grupo G	—
— Gagueira	• Leve diminuição no grupo EF	—
— Reações alérgicas aos insetos	• Leve diminuição no grupo EF	—
— Grau de satisfação com o corpo	• Menos no grupo P e maior no Grupo G	0,001
— Proporções ideais do corpo feminino	• Área mais questionada: busto	—
• altura	• Deve ser maior do que a atual	—

OCORRÊNCIAS	TENDÊNCIAS MAIS IMPORTANTES E SIGNIFICANTES	VALORES OBTIDOS EM p < 0,05
• peso	• De preferência menor	—
• cintura	• Sempre menor	—
• quadris	• Quase sempre menores que os atuais	—
— Início da atividade sexual	• Em média a partir dos 16 anos	—
— Experiências mais freqüentes	• Grupo EF tende a ser mais ativo, grupo M menos	0,01
— Experiências regulares com o mesmo parceiro	• Em maior número no grupo G	—
— O orgasmo pode variar de intensidade	• Afirmativa confirmada especialmente pelos grupos EF e G	0,05
— A satisfação depende mais de si mesma	• Concordam mais as estudantes dos grupos EF e G	—
— Mais reservado nas relações	• Grupo M	—
— Casadas ou companheiras	• Em maior número no grupo G	—
— Cor da pele	• Há grande maioria de brancas e escuras e somente três casos se avaliaram como mulatas ou negras	—
— Mais conscientes do olhar	• Grupos EF e G	—
— Conteúdo das fantasias criadas pelo olhar alheio	• Maior abertura e acolhida no grupo EF	0,05
— O que os homens destacam na aparência feminina	• O corpo estético e estático	—
— O que as mulheres destacam na aparência feminina	• O corpo estético e o valor social da aparência	—
— Anéis corporais mais tensos (nos desenhos)	• Pélvico e peitoral, em todos os grupos	—

PARTE III
O CORPO SOFRIDO E MAL-AMADO

1
A IMAGEM CORPORAL DAS ESTUDANTES UNIVERSITÁRIAS

Os resultados obtidos nas diferentes escalas e itens abordados levam à conclusão de que há certas particularidades em cada grupo de mulheres e também traços de uma condição psicológica em comum. Cada grupo, apesar das diferenças individuais, mostrou características próprias, como se vê a seguir.

MATEMÁTICA

As jovens que estão acabando de cursar Matemática constituem uma imagem corporal relativamente mais esquemática do que as outras. Os dados sugerem que elas estão mais distantes da própria corporalidade, revelam pouco interesse pelas projeções emocionais, indicam ter menos dores musculares e fazem menos críticas sobre o físico do que as suas colegas de outros cursos. Os seus relacionamentos estão restritos, comparativamente às demais elas têm menor experiência de namoro, usam pouco as bebidas, fumo e anticoncepcionais e também ligam menos para os próprios sonhos.

Um dos fatos que chama a atenção na imagem corporal deste grupo é o elevado percentual de problemas de visão. Elas estariam exigindo muito dos olhos nos estudos que realizam? As tarefas ligadas aos cálculos numéricos, geralmente, são bastante *visuais,* o que pode forçar a usar óculos. Entretanto, este fato é também simbólico, pois não havendo outra classe de mulheres com tantos problemas na vista — sendo todas igualmente universitárias —, é possível que o esforço visual corresponda a uma tendência grupal para racionalizar as próprias sensações. Quando há abertura para os níveis sensorial e emocional das experiências, a pessoa está em contato com os sinais vindos da pele, do tato, da postura, das dores e das sensações agradáveis. Assim, também a percepção dos próprios envolvimentos emocionais vem através dos sinais corporais, dos batimentos cardíacos, arrepios, enrubescimento, do calor sentido no corpo ou do frio na boca do estômago, todas sensações habitualmente presentes nas trocas interpessoais. Apesar de não estarem tão em contato com estes sinais corporais quanto as outras mulheres, as graduandas em Matemática também sofrem dores na região do peito e nos quadris e pernas, mostrando que a sua distribuição de energia é insatisfatória e que as áreas responsáveis pela expressão dos sentimentos e da sexualidade estão à sombra, isto é, no inconsciente, não fazendo parte da imagem corporal do grupo.

Pode-se considerar que o perfil apresentado pelas moças de Matemática corresponde a um pólo de intensa valorização dos aspectos mentais da personalidade, com uma descompensação decorrente dos aspectos físicos e emocionais. A área dos relacionamentos se empobrece, tanto consigo mesma quanto com os outros. Elas vivem mais recolhidas. No entanto, aparentam fazer menos autocríticas do que as outras. A este perfil pode pertencer toda mulher que privilegia suas tendências intelectuais e geralmente se introverte, afastando-se mais do convívio social. Parece corresponder também a um dinamismo mais impessoal, a uma tendência psicológica basicamente ligada ao conhecimento das coisas, onde o relacionamento pessoal teria um papel secundário. Para as pessoas com essas disposições psicológicas, a vida inconsciente é intensamente povoada com imagens e fantasias, geralmente guardadas e mantidas em segredo, por causa de uma acentuada timidez. Somente após romper com as inibições estas pessoas se revelam, sendo muitas vezes capazes de viver os relacionamentos com grande intensidade.

EDUCAÇÃO FÍSICA

Na escola de Educação Física, particularmente, tendem a agrupar-se mulheres com outras disposições psicológicas. Elas estão bem dentro do próprio corpo, falando de suas dores com pormenores, apresentam muitas percepções do valor da sua aparência e têm relacionamentos abertos, envolvendo-se sexualmente com maior freqüência do que as outras. O traço contraditório deste perfil surge no elevado grau de desconforto físico, com dores musculares e respostas de crítica às áreas dos seios e quadris. Estes sinais de sofrimento apontam para uma adaptação forçada aos esquemas de treinamento físico. As moças também relatam distúrbios de insônia, uso de bebidas fortes e de drogas leves, o que (além da influência do costume generalizado na universidade) pode indicar a sua necessidade de *reverter* o quadro de excitação provocado pelos exercícios ou jogos competitivos. É do conhecimento geral que os jogos competitivos exigem um dispêndio maior de energia, onde, além da concentração mental e física, pede-se grande disciplina e força de vontade para que o objetivo seja alcançado. Estas atividades polarizam a organização biopsíquica ao nível *ergotrófico* ou de gasto de energia, quando a pessoa fica orientada para o alvo que está no meio ambiente.

Habitualmente, nas profissões em que a pessoa está sujeita ao esforço intenso em períodos limitados e curtos (como pilotos de Fórmula 1, atletas em disputas, corredores, nadadores ou desportistas em jogos de competição), depois que tudo acaba o sujeito ainda permanece excitado e ativo internamente. Pulso, batimentos cardíacos, respiração e ondas cerebrais tendem a voltar aos níveis normais, porém a relaxação e o sono podem demorar a chegar. Então, recorrem ao uso das drogas para ajudar a trazer o descanso. O repouso, sendo um momento de recarga das energias usadas, corresponde ao estado *trofotrópico,* quando a tonicidade muscular e a atividade psíquica estão em níveis baixos, propiciando uma recuperação ampla do corpo e da psique.

Em outras profissões de elevada responsabilidade, como as funções executivas, os diretores, políticos etc., podem, em momentos de alta carga emocional, forçar o dispêndio da energia mental, enquanto seu físico fica inativo. Aliás, aparentemente inativo, pois um executivo sentado em seu escritório, decidindo sobre altos investimentos financeiros, está sujeito ao esforço ergotrópico, funciona em alta tensão embora parado, e geralmente acha difícil reverter essa dinâmica e conciliar o sono mais tarde. Inúmeros repórteres, redatores em véspera de fechar uma edição, ou mesmo radialistas, chegam a varar madrugadas no afã de cobrir o fato noticioso. Quando voltam para casa, muitas vezes a excitação não passou e eles têm problemas para *desligar-se.* Também depois de *shows,* os músicos e artistas conhecem o reverso da medalha, contando-nos muitas vezes em sessão as suas tentativas para descansar e os rituais necessários para transformar o *pique* no relaxamento tão desejado.

Por essas comparações já se vê que o esforço muscular realizado na adaptação das mulheres ao treinamento físico traz para elas, assim como para outras pessoas em condições análogas, uma experiência diferente da habitual. É como se elas fossem além dos limites rotineiros de uma mulher comum no tocante ao uso da sua força e habilidade física e tivessem de sofrer por isso. Elas vão conhecer muito mais do que as outras, quais são os recursos e os limites do seu corpo enquanto agente de movimento. Nelas, predomina a ação exteriorizada no espaço, com o correspondente menor desenvolvimento das condições de introversão e de passividade. O treinamento físico tende a tornar a mulher mais autoconfiante e desenvolta, capaz de competir com os outros, corajosa e autodisciplinada. Como os jogos são freqüentemente coletivos, a moça educada nos desportos está capacitada para *agir em equipe*, conhece mais do que outras o seu papel numa atuação coletiva em favor de objetivos comuns. Ela aprende a trabalhar para atingir uma meta e a fazê-lo em grupo, quando tem algo em comum.

Essas qualidades desenvolvidas na pessoa pelo treinamento do físico são facilmente percebidas. A força do ego, a autodeterminação e capacidade de autonomia conduzem as mais capazes ao sucesso na profissão. Por outro lado, é necessário abrir-se para o alcance psicológico da aprendizagem que realizam. Em contrapartida aos aspectos considerados, a jovem universitária desta categoria não consegue ficar sem dores, tendo o corpo mais sofrido de todas as mulheres abordadas na pesquisa. É precisamente diante deste fato que importa olhar para outra ordem de conteúdos. O primeiro, de natureza objetiva, é aquele relativo ao tipo de esporte e de jogos atualmente praticados.

Dispõe-se hoje de uma extensa variedade de atividades físicas, individuais ou coletivas, algumas antigas e outras mais recentes. Das mais antigas, como no caso dos desportos oficiais (futebol, handebol, vôlei, basquete, entre outros), sabe-se que foram originalmente elaborados por homens, provavelmente com vistas às condições masculinas. Assim, na prática do futebol, por exemplo, os movimentos necessários à atuação do jogador enfatizam o domínio do espaço e a força das pernas, condição na qual o homem apresenta, geralmente, vantagem sobre a mulher. Quero esclarecer que não se trata aqui de disputar a vantagem masculina, mas antes de entender, cientificamente, que ela se apóia na combinação dos hormônios, os quais modelam os quadris (ossos e músculos), as coxas, pernas e pés masculinos. É de total conhecimento que as pernas masculinas são, em forma, aspecto e textura, diferentes das pernas femininas. As mulheres em geral não contestam este fato, mas podem ficar altamente irritadas quando ele é associado ao rendimento muscular, à velocidade e impulso dos seus membros inferiores. No entanto, até este movimento, o balanço hormonal não foi consideravelmente alterado, dando aos homens recursos particularmente importantes na força e mobilidade dos braços e das pernas. Além disto, a inserção do fêmur e o formato da bacia pélvica contribuem para diferenciar os movimentos em cada sexo. O homem tem facilidade para deslocamentos retilíneos e angulares, passadas mais largas. A mulher tende a realizar movimentos mais curvilíneos, abrindo ângulos menores no espaço, deslocando-se com mais harmonia porém com ritmo mais lento. Todo o falso feminismo impede que se torne bastante claro como a mulher pode desempenhar-se nas atividades físicas masculinamente planejadas, sem contrariar o seu esquema corporal. O esforço e as conseqüentes dores musculares relacionadas às jovens avisa que elas vibram com a sua aproximação dos parâmetros masculinos, mas o seu corpo sofre. Certamente, o corpo de qualquer atleta ou jogador passa por esforços extraordinários, causando-lhe quadros de luxação ou distensão crônicas, como é comum de ver-se entre os futebolistas, tenistas etc. Também para estes, o excessivo rigor do treinamento físico leva ao sofrimento. Ainda assim nos cabe indagar — mas se os homens já reagem aos excessivos treinamentos, por que as mulheres devem passar pelos mesmos excessos? Quando o corpo masculino já supertracionado e solicitado dá o grito de *"chega!"* por que a mulher atira-se ao mesmo esporte, ficando ela também maltratada? É notório que a competição com o homem desempenha inconscientemente o desejo de ser forte como ele. Assim, a musculação modela agora mulheres boxeadoras e outras que são campeãs de modelagem física. Nas revistas especializadas, a postura dessas campeãs é idêntica à masculina. Prosseguem, porém, sendo em geral menos fortes e menos musculosas, ainda que abusem das doses de hormônios masculinos. Chegam a ser, com o máximo de boa vontade, uma paródia do masculino.

Só há duas modalidades desportivas dentro das Olimpíadas que foram projetadas visando o destaque das qualidades típicas da cinesiologia feminina: o nado sincronizado (ex-*ballet* aquático, que sempre lembra Esther Williams) e a ginástica rítmica. Elas projetam com mais amplitude a leveza de movimentos, o equilíbrio e a facilidade de flutuação que são mais evidentes no corpo feminino do que no masculino. Ora, a leveza advém da menor extensão e densidade de certos ossos e dos músculos menos desenvolvidos. Este mesmo fator produz a maior flexibilidade das acrobatas e contorcionistas, por exemplo. A facilidade de flutuação é dependente do teor de lipídios (gordura), revestimento subcutâneo da mulher, local de estocagem dos hormônios femininos, o qual ainda lhe confere a textura macia da pele e o formato arredondado do corpo.

Talvez precise que algumas gerações de mulheres passem através dos condicionamentos físicos atuais, sofrendo na carne (e no coração!) as adaptações exigidas pelo modelo masculino em vigor, para depois, mais conscientes, elaborarem as atividades recreacionais e esportivas do futuro. Nessas, sem dúvida, a força cederá espaço para a habilidade e flexibilidade. Não sendo tão necessário ter *massa muscular,* a mulher pode alcançar os recordes masculinos usando talvez a sua energia interior. Mas, para isto, ela precisa descobrir e desenvolver outras capacidades inerentes às próprias condições biopsíquicas. Antes, ainda, terá de saber que é diferente do homem, e valorizar-se.

Por isto, não critiquemos as moças educadoras do físico, mas torçamos por elas. Elas enfrentam os limites da condição feminina de hoje numa fronteira bastante delicada — o próprio corpo. As garotas de Matemática assimilam as esferas masculinas pelo alto grau de lógica que desenvolvem, tornam-se capazes de raciocínios precisos e claros, treinam a objetividade mental e o desapego, a capacidade de passar longas horas tratando com números e códigos, muitas vezes isoladas ou tendo as máquinas eletrônicas como companhia. As futuras professoras de educação física ou atletas, estão absorvendo e *incorporando* modelos de movimentos (chutar, arremessar, lançar...) que já foram proibidos às nossas avós. É preciso tempo para que ocorra o fruto destas experiências, tanto ao nível das pessoas como do coletivo, mudando a imagem de fraqueza associada ao corpo feminino, mas porém limpando-se aqueles exageros derivados da posição viril diante do mundo, esclarecendo-se melhor qual seja o modo feminino de ocupar o espaço físico e de lutar por objetivos desejados.

PSICOLOGIA

Abertas, sensíveis, desinibidas, mas descontentes com a própria identidade feminina. Possível? São as que concedem notas mais baixas na apreciação do tamanho atual do corpo *versus* o seu tamanho ideal. Como as demais, estas mulheres apontam as suas áreas mais sensíveis no peito e nos quadris. Precisamente onde a mulher recebe, acalenta e acolhe, há dores, tensões e conflitos.

Lecionei durante 15 anos no curso de Psicologia e pelas disciplinas que dava pude conviver com alunos no 3.° ano e também no 5.° e último ano da graduação. Ainda no 3.° ano — a classe *sempre* tinha 90 a 100% de mulheres! — eram meninas quase. Mais preocupadas com o futuro, mais leves, barulhentas, porém soltas em geral e curiosas.

O traço de curiosidade intelectual é uma das coisas que mais chama atenção nas estudantes de Psicologia. Elas perguntam muito, pensam — nem sempre logicamente — e são em geral emotivas. Já ao final do curso, passavam pelas aulas de Sensibilidade e Movimento com uma certa pressa. Queriam fórmulas, remédios para as muitas perguntas — feridas que acumulavam. Costumava conversar com elas expressando a minha percepção do seu estado. Lembravam-me as pessoas intoxicadas, pesadas pelas exigências intelectuais, sem tempo e espaço para elaborar as próprias coisas.

O conhecimento que se pode comprar na faculdade de Psicologia é estranhamente próximo de cada ser humano e, ao mesmo tempo, terrivelmente distante. Com isso, cada pessoa que está ali identifica-se com os estudos de casos, com os sintomas e os conflitos estudados e se descobre, em geral, menor e pior do que pensava antes. Mas o outro lado da moeda também está atuando. Para reequilibrar a própria imagem e conseguir afastar os conflitos percebidos (em si e nos demais), as pessoas geralmente se fecham parcialmente, como defesa. Neste fechar-se eu sempre encontrei uma boa dose de ressentimento. Tenho trabalhado com psicólogas em terapia e aberto com elas as mágoas pelo treinamento maciçamente voltado ao intelectualismo que as deixa imaturas e infantis no tocante à própria vida. Muitas vezes, a busca excessiva do comportamento *normal* é uma arma que fere a própria estudante. O criticismo ensinado sem a necessária dose de relativismo e também a falta de contato com o próprio corpo vão deixando na aluna certo sabor de frustração e vazio. Inconscientemente, o tipo básico de aluno de Psicologia tende a sentir-se melhor do que os outros, porque detém certas informações acerca do *certo* e *errado* no desenvolvimento humano. Frustrado nas próprias auto-avaliações, geralmente percebe que seus pais o criaram *mal* etc. e tende mais ainda a elevar-se para compensar o sentimento de desvalia.

O lado sombrio da formação do psicólogo é visto nas moças da pesquisa e faz tão elevadas as suas críticas. Elas se mostram, também, iguais às outras mulheres, compartilhando as mesmas indefinições quanto à própria identidade. Estes resultados podem aliviar o sentimento de isolamento eventualmente existente neste grupo, que se destaca dos outros inclusive nas características sociais e culturais. Elas são provenientes das famílias com escolaridade mais alta, indicando que a escolha por Psicologia pode ser um privilégio, além de ser uma grande responsabilidade, como veremos ainda.

GEOGRAFIA

Estudar Geografia não representa para a mulher uma opção tão definida quanto nos cursos observados. Aqui se encontra a média de idade mais elevada e ainda a maior dispersão de idades. Tanto podemos ter jovens quanto mais velhas nas últimas classes. O oposto desta condição está na Matemática, que tem mulheres se formando aos 21 anos. Ainda que doloridas e cheias de conflitos, as geógrafas estão entretanto mais satisfeitas consigo mesmas. Revelam o maior grau de satisfação com as proporções do seu corpo, estão envolvidas em relacionamentos afetivos e respondem com abertura às trocas interpessoais. Sua tendência principal não as orienta para a intelectualização, mas para os aspectos mais emocionais e, até mesmo, vivenciais do cotidiano. Estas moças aproximam-se das educadoras do físico em questões sobre a sexualidade e os relacionamentos. Ambos os grupos são desinibidos, têm facilidade para comunicar as próprias impressões e mostram um bom nível de contato com o próprio corpo; entretanto, são também as mais queixosas, relacionando muitas dores no peito e na pelve. Dois terços das mulheres que são mães estão cursando geografia. A mulher deste grupo apresenta maior engajamento naquelas tarefas da vida feminina que são tradicionais, como o casamento e a maternidade.

Assim, a gente percebe que elas estão orientadas para um estilo de vida mais perto dos valores convencionados, e os seus conflitos parecem resolver-se nesta adaptação. Desconfio que a presença das dores aponta para o reverso desta situação aparentemente satisfatória. Por enquanto o confronto pode ser adiado, mas por quanto tempo?

COMPARANDO AS OBSERVAÇÕES

A análise dos meios que formam a imagem corporal já mereceu a consideração de outras autoras. Aguirre[2], refletindo sobre as técnicas corporais em uso pela sociedade, chamou-as de alienadoras porque mantêm a divisão clássica corpo/mente, desejo/repressão, etc. Por outro lado, há técnicas de trabalho corporal que favorecem a autopercepção, a expressão e o conhecimento, e através disso podem influenciar na transformação dos hábitos sociais e dos sistemas de valores.

A consciência de si através da vivência corporal foi estudada por Wahba[179], com a observação de 11 pessoas que fizeram um curso de técnicas de relaxamento. Os dados clínicos revelados pelos desenhos da figura humana e pelos questionários, feitos antes e depois do curso, mostram a ativação do processo de conscientização do corpo. Os desenhos posteriores, por exemplo, são muito mais expressivos e demonstram maior definição da imagem corporal dos sujeitos. A autora aborda a corporalidade sob o prisma da teoria junguiana ao afirmar que é uma das tarefas humanas fundamentais dar um sentido ao sofrimento. Então, o próprio corpo pode ser um autêntico campo de experiências e, paralelamente, o instrumento da transformação evolutiva. Quando as pessoas atravessam as fases de grande confusão como parte do caminho de amadurecimento, o corpo liberta-se dos antigos condicionamentos. Entretanto, também sofre aumento das tensões e até disfunções, por causa do incômodo trazido pela inclusão das áreas negadas na auto-imagem.

Estas duas autoras, trabalhando em planos diferentes, contribuíram para clarear ainda mais essa questão dos meios sociais e clínicos de formação da imagem do próprio corpo. Santos[158] pesquisou especialmente as estudantes de Educação Física e de Psicologia. Para conhecer as características de personalidade destes dois grupos, Santos aplicou o Psicodiagnóstico Miocinético de Myra y Lopez (P.M.K.) em 48 jovens com idades em torno de 18 anos, quase todas solteiras, estudantes da USP. Seus resultados mostram que a repressão dos impulsos sexuais é traço comum nos grupos masculinos e femininos de ambos os cursos, com maior índice no grupo masculino de Psicologia. A tendência geral observada indica as pessoas de Psicologia como mais reprimidas sexualmente do que as de Educação Física. Além disto, a Psicologia situa-se fora da faixa de normalidade na variação excitação-inibição, em direção à inibição.

Comparando apenas os grupos femininos dos dois cursos, Santos observou serem as moças de Psicologia mais propensas à obsessividade do que as de Educação Física. Dois outros fatores caracterizam a personalidade feminina em ambos os cursos. O seu tônus vital é mais alto (elação) do que o dos rapazes, e o seu nível ideomotor (precisão e regularidade nos traçados do teste) é acima da média e maior do que o masculino. Não se verificou significância na presença de esquizoidia, ansiedade e angústia.

O P.M.K. é um teste bastante usado na população brasileira, inclusive para avaliar a capacidade de desempenho de tarefas mecânicas em empresas; exames de motorista, pilotos, porque estimula particularmente a organização psiconeurológica. A variável excitação-inibição mede o grau de resposta aos estímulos em geral, e no teste aparece como redução no tamanho dos movimentos executados com olhos fechados e ainda no aumento do ritmo dos traçados. Estes dados são particularmente comprobatórios da tendência observada no curso de Psicologia pela minhas pesquisa, mostrando que já há diferenças de personalidade significantes entre as moças que procuram Educação Física ou Psicologia, no tocante à relação que constituem com o próprio corpo. Possivelmente, tais características são aumentadas ainda mais pelo estudo, enfatizando unilateralmente a educação do físico ou da psique, como se a pessoa das alunas não fosse uma unidade onde corpo e mente comparecem sempre juntos.

Finalmente, cabe acrescentar algo a respeito das respostas sobre as proporções corporais. Os resultados indicam que o tamanho ideal do corpo é *relativamente menor* do que as atuais proporções. Em conseqüência, a maioria das jovens avalia negativamente as próprias dimensões físicas.

Lourenção Van Kolck[114], condensando as interpretações de diversos autores sobre as proporções corporais no desenho da figura humana, afirma à p. 10: *"o tamanho pequeno indica inferioridade, inibição, constrição e depressão, assim como comportamento emocional dependente".*

Bonilha[15] investigou a relação entre a projeção gráfica e as autoavaliações em estudantes universitárias paulistas do curso de Medicina e Enfermagem, observando que diversas correspondências deram resultados significativos. Entre estes, as variáveis gráficas dimensionais — tamanho e largura — relacionam-se significativamente com as autoavaliações nas áreas de contato, de aversões e psicovegetativas, sempre de maneira invertida. Assim, apareceu uma correspondência entre projeções menos extensas no desenho da figura humana e os autorelatos referentes a dificuldades nas áreas mencionadas.

A questão se o tamanho menos extenso da projeção corporal é mais freqüente no sexo feminino, na população brasileira, foi estudada por Lourenção Van Kolck[114] com 475 adolescentes de várias cidades, com idades de 12 a 18 anos. O desenho da figura humana desses adolescentes mostrou inúmeras características ligadas ao sexo. Porém, quanto ao tamanho da imagem corporal projetada graficamente, cada pessoa desenhou a figura do próprio sexo maior do que a outra. Além disso, as figuras femininas tendiam a ser de tamanho médio ou grande. Nesta pesquisa, a autora discute, ainda, o fato de os rapazes brasileiros terem apresentado maior número de traços considerados típicos da realização masculina norte-americana, enquanto as moças se destacaram pela discordância destes modelos importados.

A consideração de conteúdo clínico ligado aos sinais de masculinidade e de feminilidade no desenho da figura humana, levou Lourenção Van Kolck e Bonilha[117] à identificação de alguns traços. As moças desenham a figura do mesmo sexo primeiro, dão maior atenção aos cabelos que os rapazes, cuidam dos detalhes da roupa e dos adornos. Elaboram melhor o rosto, os braços e pernas são curtos e os pés são pequenos. As suas figuras são, ainda, mais arredondadas.

Esta pesquisa confirma indiretamente alguns dos resultados já relatados por Bonilha e Lourenção Van Kolck. Houve evidências complementares sobre a correspondência entre o valor dado aos cabelos e aos detalhes da roupa e dos enfeites, como sinal de feminilidade. E ainda, a relação inversa entre a projeção de uma imagem corporal *pequena* e a segurança emocional.

A questão dos sinais de masculinidade-feminilidade em respostas de desconforto somático foi abordada por Fischer e Greenberg[46]. Os seus resultados indicaram que o sexo e os papéis sexuais não estão correlacionados com a freqüência total dos sintomas trazidos pelos pacientes de um hospital universitário. Entretanto, relações conscientes foram observadas entre masculinidade-feminilidade e os locais onde se dá o maior número de queixas. Quanto maior o grau de *feminilidade,* avaliado por dois técnicos diferentes, maior a probabilidade de as mulheres apresentarem sintomas na garganta. Os pontos em *masculinidade* foram mais freqüentemente relacionados com queixas nos olhos e no estômago, tanto nas amostras masculinas, quanto nas femininas. Garganta e estômago não foram as áreas mais freqüentemente citadas pelas nossas estudantes. Os olhos apareceram nas primeiras respostas, com um índice de 70%. Mas não houve persistência deste dado no decorrer da coleta.

Os dados são influenciados pelo modo como são coletados e, por isto, na base das alterações trazidas pelas auto-avaliações das jovens nas diferentes fases deste questionário, é possível que tenha ocorrido um aprofundamento da introspecção. Estaríamos então, observando o efeito de um processo curto, porém significativo, de autopercepção, no qual o elemento emocional também foi importante. Talvez esta dinâmica intra-subjetiva passe desapercebida em outro planejamento metodológico, como aqueles usados por Fisher e Greenberg, onde os dados são cruzados a partir de momentos diferentes vividos pelos sujeitos.

A ênfase inicial nos olhos mostrada por 70% de todas as estudantes derivar-se-ia de uma camada mais superficial das suas autopercepções. Embora contenha uma imagem simbólica interessante: é

135

uma queixa quanto às dificuldades em expandir a própria visão do mundo.

    Durante o processo de auto-avaliação, os níveis mais inconscientes certamente ficaram estimulados, levando às respostas apresentadas. Estas denotam as dificuldades em integrar os dinamismos mais instintivos com as aquisições recentes da experiência universitária. As queixas refletem esta transformação do foco perceptivo: da cabeça para a pelve; dos olhos para os órgãos genitais e para as pernas.

    Penso que auto-avaliações como estas podem ser aperfeiçoadas e servir às pessoas em geral, com o fim de simplesmente tocá-las, pondo-as em contato consigo mesmas.

2

O CORPO SOFRIDO E MAL-AMADO

Em continuação a essa abordagem que discutiu os dados pelo ângulo das diferenças estatisticamente significantes e das tendências mais significativas, veremos agora o *conteúdo* simbólico das respostas. Para designar o modo geral como as estudantes falaram do seu corpo, usaremos o mesmo título já empregado anteriormente, *Corpo Sofrido e Mal-Amado*, pois ele sintetiza a maior parte das tendências apresentadas.

A DOR

A dor, assim como o prazer, representa um dos movimentos internos da libido. Lembramos que a libido, do ponto de vista da psicologia analítica, admite uma aplicação generalizada, podendo ser investida não somente na função sexual, mas também na intuição, nos afetos, no pensamento, na própria ação e assim por diante. O citado movimento interno da libido é capaz de reorganizar e transformar a imagem do corpo. O órgão que causa sofrimento recebe um investimento libidinal diferenciado dos demais, desequilibra a harmonia interna e solicita um reequilíbrio. A reorganização da imagem do corpo opera-se através destes investimentos, realçando o órgão doente como se fosse uma personagem de primeiro plano, na cena onde todas as outras partes ficam, momentaneamente, no fundo. A percepção e a ação ficam transformadas em resultado dos investimentos de energia no corpo. O sofrimento tanto quanto o prazer são verdadeiras declarações sobre o balanço da economia libidinal.

Um órgão que dói recebe o contato das mãos com maior freqüência, assim como do olhar. Reinvestimos seguidamente em tal área, nos voltamos em pensamento para ela, procuramos explorar as causas do sofrimento. Desse modo, a psique opera através da tomada de consciência sobre o sentido daquela dor, e busca os meios necessários para aliviá-la.

Um ponto interessante sobre a fenomenologia da dor é que ela geralmente aparece fora do campo visual, dentro do corpo. Mesmo ocorrendo na superfície, a dor está, às vezes, localizada, psicologicamente, no *interior*. É assim que a experiência da dor provoca maior ansiedade para as pessoas cujo entendimento da própria imagem é escasso ou pobre. A dor vem freqüentemente de um ponto inacessível às mãos e aos olhos, que só podem tocar a região contígua ou próxima ao local. Por isto, o evento doloroso e a falta de acesso direto ao ponto de sofrimento concorrem para questionar o controle do ego sobre o corpo. Algo *sai errado* quando há uma dor. As reações a esta desorganização do corpo variam de acordo com o grau de consciência já atingido pela pessoa, mas partem da perplexidade inicial causada pelo fenômeno da dor.

Schilder[159] fala da tendência a expulsar o órgão que dói do conjunto da imagem corporal. A parte dolorida fica isolada e há uma reação de proteção às áreas sadias para que não recebam a irradiação daquela dor. Por outro lado, podemos perceber que a dor altera a posição do sujeito com respeito a si mesmo. É como se nos puséssemos fora do corpo, para melhor observá-lo e curá-lo. A dor fere a integridade do sujeito com o seu corpo e exige reparos e conscientização. Por algum tempo o corpo chama a atenção, é focalizado como um objeto amado, como um filho doente que pede ajuda à sua mãe.

Esta é, provavelmente, a raiz da atitude médica que analisa antes o *corpo objetificado* do que o corpo vivenciado. O médico trabalha sobre a dissociação presente no sujeito, quando este sofre uma doença. A medicina comum identifica a dor no corpo como se o órgão doente estivesse relativamente separado do seu possuidor. A área atingida fica, então, objetificada e pode ser operada, desinfetada, curada, independentemente das repercussões desses eventos — doença e cura — na vida da pessoa. O sentido daquela dor para quem a sofre fica, muitas vezes, intocado. É precisamente neste ponto que cabe ao psicólogo trabalhar com o corpo. O resgate da dissociação evidenciada pela doença é um movimento interior de alcance psicológico profundo e, freqüentemente, o sujeito sofredor não está em condições de realizá-lo sozinho.

Quando Reich, em 1939, lançou as suas idéias sobre a *vegetoterapia*, aproximou o trabalho psicológico do somático de uma maneira que resultou em úteis desdobramentos teóricos e práticos. Ocupou-se de fundamentar a expressão humana das emoções. Observando ao microscópio amebas submetidas ao estímulo elétrico, Reich descreveu como a emoção se expressa através do *movimento protoplasmático*, presente em qualquer ser vivo. Os estímulos prazerosos provocam uma emoção que vai do centro para a periferia do organismo. Em sentido oposto os estímulos desagradáveis provocam uma emoção que se expressa no movimento inverso, da periferia para o centro. Seria, por assim dizer, uma *re-emoção*, o oposto de *e-moção*, que literalmente significa *mover-se para fora, sair de*. Estas duas direções básicas do movimento protoplasmático coincidem com dois movimentos psicológicos igualmente básicos — o prazer e a dor — que devem ser, então, compreendidos de maneira integrada como estados do ser humano.

Quando uma pessoa expressa livremente o seu prazer, torna-se quente e macia na superfície do corpo, os olhos ficam brilhantes, toda ela irradia um estado que chama à proximidade. Inversamente, a vivência da dor está associada ao retraimento, à retirada da libido dos objetos e a uma regressão para o inconsciente. Assim, os dois movimentos — centrífugo e centrípeto — vistos nas alterações vasomotoras e neurovegetativas, ou nos seus aspectos propriamente psicológicos, indicam as modulações primárias da cataxe libidinal.

Do ponto de vista psicológico, estas vivências são bastante reveladoras. Schilder, baseando-se em Freud e Ferenczi, concorda que a dor costuma ser sentida naquelas partes do corpo onde anteriormente foi experimentado um prazer especialmente intenso, o qual, entretanto, não pode mais ser obtido. Essa afirmação conduz à idéia de que sempre há um fator psicológico no fenômeno da dor. O conhecimento da capacidade humana de causar sintomas em seu próprio corpo já foi abundantemente comprovado pelos estudos e pesquisas de fundo psicodinâmico. Ferenczi, por exemplo, identificou a *função autoplástica* como sendo a possibilidade de alguém produzir alterações vasomotoras e neurovegetativas em si mesmo. A dor, tanto quanto as parestesias, são fenômenos comuns na clínica psicológica, merecendo hoje a atenção integral do terapeuta, não só do ponto de vista interpretativo, como também observacional e descritivo. Ao compreender o sentido metafórico das dores corporais, abre-se caminho para a expressão do inconsciente, que poderá manifestar-se em formas mais adaptadas, sem causar tanto sofrimento.

OS SETE ANÉIS FUNCIONAIS

Reich[150] propôs que se considerasse o corpo humano unitário em sua vivência subjetiva e composto de sete anéis funcionais. A organização destes anéis é regida pelas correntes de libido que determinam as funções correspondentes a cada área segmentar.

Na cabeça, estão presentes três anéis, o ocular, o oral e o cervical. O primeiro relaciona as correntes libidinais que atuam através dos olhos. O livre movimento da libido nessa área da fronte e das sobrancelhas deixa a vista descongestionada, o olhar é expressivo, a face tem mímica. Inversamente, o olhar duro, imóvel, as rugas de preocupação, as sobrancelhas caídas constantemente sinalizam para a imobilidade dos músculos que rodeiam os olhos. A expressão destes parece vazia, há incapacidade de chorar, o rosto todo é carente de mímica. Muito freqüentemente há distúrbios da função visual como miopia, astigmatismo ou elevada pressão intra-ocular. Em casos onde também há comprometimento grave dos anéis oral e cervical, pode-se ter uma perda progressiva da visão. O simbolismo geral destas disfunções visuais é o estreitamento da capacidade de ver a si e aos outros. Um certo empobrecimento na linha do horizonte. Percebe-se menos, talvez porque algo ou alguma circunstância prenda a visão dentro de determinados parâmetros.

Mas por que fecharia alguém a abertura superior do seu corpo? Esta lhe permite a visão do horizonte, da perspectiva de longo alcance, do futuro, enfim. O ser humano evoluiu para a postura ereta há milhões de anos, um tempo entretanto relativamente curto em comparação com a idade da Terra. Estando de pé e consciente da própria dignidade pela evolução alcançada, a pessoa expande a sua visão de profundidade. Na realidade, perdemos para as aves em visão lateral. Mas obtém-se maior concentração, direcionamento e foco visual com os olhos voltados, ambos, para a frente.

Quando o futuro parece difícil, seja ele o momento seguinte ou mais distante, uma pessoa pode escolher fechar-se. Não desejar ver o que está à frente envolve toda a pessoa em retraimento. Ela passa a preferir as suas fantasias, às vezes muito assustadoras, numa forma de combater a realidade. Em outros casos a compreensão leva a produzir um mundo fantasioso de prazeres no qual é possível descansar, relaxar.

Tratei há algum tempo de uma mulher com mais de 55 anos, que apresentou alguma melhora antes de interromper o seu tratamento. Era uma imigrante européia, cujos sofrimentos a haviam marcado profundamente. Escapara dos países em guerra para chegar ao Brasil ainda menina e viver as dificuldades de adaptação pelas quais passaram inúmeras pessoas em condições semelhantes. O horror aos maus-tratos haviam crispado o seu rosto, abrindo uma profunda ruga entre as sobrancelhas. Esta senhora também estava perdendo progressivamente a visão. O nosso trabalho consistiu em dissolver as tensões corporais generalizadas, através de toques suaves. Ao lado desses toques, feitos segundo a metodologia de Sándor[157], acolhia os seus relatos verbais, interpretando-os convenientemente. A perda de visão estava relacionada ao estreitamento da sua existência, provocada pelo horror dos sofrimentos passados, dos quais não pudera esquecer-se. Ao mesmo tempo escondiam uma forte agressividade, que permanecia presa nos limites estreitos do rosto e dos ombros contraídos. Por outro lado esta senhora aparentava possuir uma força muscular acima da média para uma mulher. A relaxação do rosto lhe trazia uma expressão doce, suave, que, entretanto, era temporária. Logo as lutas intensas entre o ódio pelo agressor (pessoas reais ou imaginárias) aumentava a face crispada, tornando-a dura e severa. Quando trabalhamos a boca, os seus relatos trouxeram as experiências dolorosas da aprendizagem de uma língua nova e também o medo de falar o que queria porque os pais estavam sempre pedindo silêncio com medo da sua pronúncia denunciá-la como imigrante.

Esta senhora guardava um poço de raiva contida na altura da sétima vértebra cervical. Ali ela tinha um montinho, uma pequena corcunda, muito sensível ao toque. Ela sofria de dores fortes nos ombros e na cabeça. Quando apliquei a Calatonia nesse ponto, ela mergulhou nos mais sofridos meandros da sua mente atormentada. As suas recordações foram até experiências vividas aos três anos de idade, quando fugia dos nazistas, das bombas, da fome e das baratas e ratos que assolavam as suas noites de criança.

Assim recolhemos, ela e eu, a metáfora contida em alguns dos seus sintomas. Tenho percebido que além da raiva contida, geralmente a dor na nuca está relacionada com experiências agressivamente fortes, sofridas pela pessoa em estado de certa submissão. Uma criança está naturalmente submissa aos pais, e por maior raiva que sinta, é fácil de ser subjugada. É obrigada a engolir a reação de defesa. Engolir é uma expressão metafórica para representar a repressão das emoções. Re-pressão, isto é, a emoção se volta para dentro, contrariamente ao seu curso natural, que seria ir para os objetos e para os outros.

Estamos já comentando os segundo e terceiro anéis funcionais que correspondem às regiões da boca, nariz e do pescoço, respectivamente.

Os movimentos do corpo associados à alimentação levantam as recordações do aleitamento, da passagem dos alimentos doces para os salgados, dos líquidos para os sólidos. Isto traz a mãe e outras figuras materiais como avós, tias e madrinhas para o centro do palco. Tenho percebido que a dor na nuca representa um certo *levar pesos antigos,* como se a pessoa ficasse eternamente atrelada a uma canga, puxando uma carreta, feito boi ou vaca.

As dores localizadas na altura da coluna cervical representam o peso dos anos anteriores, muitas vezes até das gerações passadas. Em uma linha evolutiva, o inconsciente familiar desenrola traços nos seus representantes femininos e masculinos. A mulher recebe uma herança psicológica das gerações precedentes e deve suportá-la ou transformá-la. Em geral as mulheres que hoje são adultas, em torno de 35 a 40 anos de idade, descendem de mães cujos valores eram bastante diferentes dos atuais. A aceleração por que passa a sociedade faz das distâncias psicológicas entre as gerações femininas quase um fosso. A mulher universitária, a profissional liberal em particular, tem uma carga herdada da sua mãe, das tias e avós, que consiste de normas, idéias e de modelos sobre a feminilidade. Para muitas jovens é uma verdadeira cruz suportar o peso que esta herança psicológica coloca sobre os próprios ombros. Transformar os seus conteúdos, limpá-los, passar e arrumar esta herança é a única saída para não ficar atrelada aos conflitos que o passado marcou no inconsciente feminino.

A beleza nesse trabalho de autoconhecimento é que a transformação atinge o cerne do indivíduo e o liberta. A consciência da própria corporalidade leva à consciência de ser alguém valioso, trazendo também a responsabilidade. Ninguém é menos responsável do que o indivíduo inconsciente.

O nariz pode ser colocado como parte do anel cervical por causa da sua relação com as primeiras vértebras. Ligado internamente com as cavidades oral e faríngea, o nariz recebe e transmite os sinais perceptíveis na expressão da pessoa, como aqueles que afetam o seu paladar e a tonalidade da voz. Como qualquer dos orifícios corporais, o nariz pode ser também fechado. Os orientais sugerem que a essência das coisas e dos seres é percebida pelo nariz. Através do odor que se desprende invisível pelo ar, teríamos a capacidade de emitir e de captar o elemento mais sutil das pessoas e das situações com as quais entramos em contato. Ainda quando inaudível e invisível, qualquer ser vivo emite sinais de sua presença, uma espécie de fragrância da natureza.

Por outro lado, a função olfativa está conectada com o rinencéfalo e, através deste, com outros núcleos do cérebro médio ligado às experiências emocionais mais instintivas. Esta condição permite que o cheiro tenha papel central na sedução e nos jogos amorosos, e também na aversão.

O anel torácico ou peitoral expressa as emoções da área central do corpo humano, onde estão órgãos que são freqüentemente percebidos como fonte da vida: o coração e os pulmões.

A região do peito é na mulher a área do aconchego, do colo. A mulher que não tem colo não sabe acalentar, esquentar, acarinhar. A acolhida feminina se dá aos níveis dos seios e da pelve. Neles a mulher recebe e dá o mais característico das suas energias.

Os seios recordam o alimento inicial e a função nutritiva do corpo feminino. Mamar é muito próximo foneticamente de *mamãe*, e mesmo em diferentes línguas o som destas palavras recorda a figura da mãe. Em jargão médico, mama é o termo usado para designar os seios, assim também nas línguas latinas em geral. A forma do seio lembra uma taça emborcada, por isso pode ser um símbolo do limite e da contenção que são dinamismos típicos do princípio feminino. O masculino é ligado ao ilimitado, à expansão, enquanto o feminino leva à idéia de recolhimento. É por essas expressões da vivência materna e filial que os seios simbolizam a doçura e a segurança, trazem a imagem da intimidade feminina, da sua generosidade e o seu dom de nutrir e de acolher.

Não raramente os artistas pintaram a mulher forte e líder da nação à frente do povo, com os seios descobertos. Isto também pode ser visto como a força do princípio feminino, em conotações mais agressivas e corajosas. Por outro lado, os seios são uma parte do corpo feminino que se projeta no espaço, como o pé e o nariz. Quando uma mulher abraça, os seios podem ser percebidos como colinas que se projetam do seu corpo de uma forma comparável àquela do membro masculino. Todas estas variações conferem aos seios valores sutis, que podem situar-se em categorias mais agressivas ou até duras, penetrantes, ou inversamente de modo suave, redondo e macio.

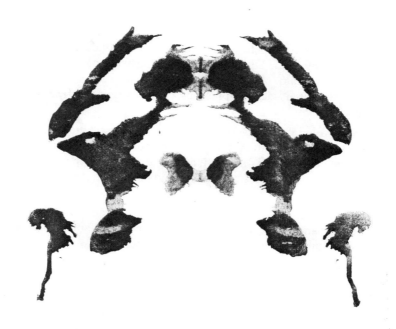

As figuras de perfil na terceira prancha do Rorschach, quando percebidas como mulheres, trazem sempre indícios interessantes a respeito da ligação com o princípio feminino inconsciente.

Geralmente, quando se olha alguém de perfil, é pela onda dos seios que sabemos qual o seu sexo. A forma dos seios indica muito sobre a pessoa.

Certa ocasião, uma universitária identificou na terceira prancha de Rorschach duas mulheres más, por causa dos seios pontiagudos. Sinalizava, assim, a presença de conteúdos negativos na relação com os arquétipos femininos. Ao longo da análise que se seguiu, a moça pôde relatar diversas experiências conflitivas no contato com sua mãe, uma mulher problemática, seca e dura.

Trabalhei durante dois anos com uma enfermeira que teve uma doença grave, a qual, finalmente, ficou estacionária. Esta pessoa trazia os dentes constantemente cerrados e punha sua mandíbula para a frente, parecia mesmo querer morder. Em certa ocasião, eu tive uma imagem que muito me esclareceu sobre o seu conflito. Via-se à minha frente com um seio preso à boca. Ela mamava, mas também mordia o seio. Os dentes da sua história de vida esclareceram, paulatinamente, o sentido dessa imagem, que me orientou nas interpretações durante um bom tempo. Todo o seu corpo era crispado, vorazmente tenso; ela precisava do seio até a exaustão. A soltura que o trabalho de corpo e a compreensão interior foi produzindo fez com que ela pudesse deixar a mordida e afinal se alimentasse das próprias fontes de energia, superando os problemas que apresentava.

Nas tensões crônicas da região torácica é muito comum que surjam afecções pulmonares e cardiovasculares. Os problemas de bronquite e asma correspondem à angústia, que é o estreitamento da vida em canais excessivamente limitados, dando como resultado geral uma existência sufocada e sufocante.

As dificuldades respiratórias implicam sempre a constrição da região diafragmática. O diafragma abre-se como um fole, do epigástrio às vértebras T10 — T11 e T12, compondo um verdadeiro assoalho para quem olha de cima. Ou um teto, se imaginarmos o interior do corpo de baixo para cima. Com o seu movimento este músculo massageia inúmeras vísceras e órgãos, libertando (ou prendendo) o coração, os pulmões, o baço, o pâncreas, o estômago e os rins. Nada a fazer nestes órgãos antes de soltar o diafragma, o qual corresponde ao quinto anel reichiano. Por isso é muito comum termos pessoas com dores na *boca do estômago* (região do plexo celíaco) onde também sentem falta de ar, arrocho no peito e sufocamento.

A compressão que pode ser percebida no tórax arrasa o indivíduo. Acaba com o seu mundo interior, pois aperta o próprio núcleo da sua vida — pulmões e coração. Os pulmões recebem o mundo, simbolicamente representado pelo ar inalado, e, através de uma bioquímica maravilhosa, assimilam-no e incorporam-no. Introjetamos o mundo fundamentalmente pelo ar inalado a cada poucos segundos. E, inversamente, colocamos o nosso ar no mundo, ao expirar. Dá-se algo próprio aos outros, em cada expiração. No plano simbólico, essa troca de ar entre o ser e o mundo significa uma verdadeira transformação da libido, um ato criador pessoal. A palavra é um dos produtos dessa troca ininterrupta entre a pessoa e o seu meio. Devemos compreender em sentido amplo as afecções pulmonares e as dificuldades respiratórias. A dificuldade para soltar o ar inalado tem significados psicologicamente profundos, apontando freqüentemente para uma atitude inconsciente que *retém* a própria criatividade (Gaiarsa).

Torna-se difícil separar as dores provenientes do anel diafragmático das do *anel abdominal*, porque ambos se intercambiam em funções bastante integradas. Os órgãos da cavidade abdominal estão dispostos em sentido perpendicular e circular, recebendo inervação de

145

vários segmentos da coluna. De um modo simples, pode-se compreender o anel abdominal como abrangendo a área recoberta pelos músculos reto-abdominais e transverso, na frente, e pelas porções inferiores dos músculos ao longo da coluna (grande dorsal, sacroespiral, entre outros). Estes músculos externos, em conjunção com os outros que estão nas camadas mais profundas, recobrem a área do ventre e dos intestinos. Aqui se situa a região mais densa do corpo, onde se dá o metabolismo dos elementos mais pesados ingeridos pelo ser humano.

O abdômen e a pelve são responsáveis pela maior parte do peso corpóreo. O sistema de forças gerado pela densidade da massa óssea, visceral e muscular nesta região faz com que ela se torne o *centro do equilíbrio do corpo no espaço*. O centro de gravidade está situado abaixo do umbigo, no ponto em que se dá a maior concentração do peso corporal. Na mulher, sendo um pouco mais abaixo do que no homem.

Os chineses chamam a este ponto o centro de energia *yin* (feminina). Ao umbigo, chamam *a morada de todos os centros*, local onde devem unir-se as energias *yin* e as energias *yang* (masculinas). O centro *yang* está localizado no alto da cabeça, em meio às sobrancelhas, e representa a concentração da energia espiritual no ser humano. A linguagem poética dos mestres orientais não deve ser encarada como tolice ou baboseira, somente porque a mente ocidental se expressa em termos diferentes. Na verdade, se levantarmos os preconceitos culturais observaremos que na denominação chinesa há um elemento importante para alcançar o simbolismo do ventre, tanto na mulher quanto no homem.

Freqüentemente, quando a mulher realiza algum trabalho criativo, ela sonha que espera um filho. Por exemplo, quando escreve um livro, pinta uma tela, elabora uma nova receita culinária, ou faz uma horta, um jardim e assim por diante. Temos então a relação do ato criativo biológico com outros atos de inspiração mais intelectual e mesmo espiritual.

Por outro lado, o ventre aparece em sonhos também como caverna e prisão. O retorno ao útero é uma necessidade às vezes experimentada por aquele que avança no caminho da individuação. Assim, a passagem pelo ventre da baleia aparece em muitos processos como símbolo da ressurreição, após uma regressão simbolizada pela morte. A mulher que é mãe não escapa a esses dilemas a não ser elevando-se na ordem do espírito, onde o dom da vida se torna libertação. O seu ventre pode nutrir e dar vida, mas também reter, bloquear as suas crianças interiores, tanto quanto os seus filhos carnais. Quanto a estes, reter significaria mantê-los em nível infantil, entravar o seu desenvolvimento espiritual através do qual eles se tornariam livres e autônomos em relação a ela, a mãe. Como a mulher está naturalmente ligada à natureza, o seu corpo, quando grávido, mostra maior intimidade com os processos ancestrais dos instintos. A gravidez na mulher é regida por leis em uso há milênios; por isso, saber acolher as transformações corporais e psicológicas dessa fase traz um acréscimo à consciência feminina de valor inestimável. Se a mulher tomasse a gravidez como uma oportunidade de elevação da consciência, em vez de limitar-se a pensar no dinheiro a ser gasto e nos transtornos que o bebê lhe causará, certamente esse período lhe traria frutos de muito sabor vindos diretamente do jardim da vida.

O correto alinhamento da coluna é da maior necessidade para que a energia transite pelo corpo. A mulher sofre uma alteração espontânea no seu alinhamento a cada vez que engravida. Ela reorganiza a sua base de apoio, representada pelos pés e pernas, encaixando a pelve mais para a frente, levando os ombros para trás. Uma postura que exige reacomodação consciente dos seus movimentos mais simples, como sentar, andar e correr. Também por ocasião da reorganização que ocorre na sua bacia pélvica mensalmente, a mulher presta muita atenção às sensações desta área e fica particularmente sensível aos estímulos dela provenientes. Todos estes eventos são oportunidades naturais de experimentações físicas e psíquicas, que fazem parte da peculiar relação feminina com o próprio corpo.

Nós todos trazemos bem presentes as impressões da ligação com a mãe através do sinal do umbigo. Na faixa correspondente à distância entre ele e o início do esterno, muitos escritos antigos e atuais têm localizado um centro libidinal de maior relevância, que chamam de *plexo solar*. Por causa de sua localização, este centro atua como um transformador entre as partes inferior e superior do corpo. Acima deste está a região do espírito, abaixo, a da matéria. Os pulmões acima, o ventre abaixo. As possíveis ligações do inferior com o superior determinam as reações que transcorrem na zona do plexo solar, influenciando na passagem da energia ou no seu bloqueio.

Jung referiu-se a este ponto em pelo menos duas obras, o *Segredo da Flor de Ouro* e no *Seminário das Visões*. Na primeira, Jung refere-se diversas vezes ao papel da transmissão da libido originária dos núcleos pélvicos até as regiões superiores do corpo. Mostrou como a

147

técnica de meditação oriental desenvolve este fato, por meio de exercícios respiratórios e de concentração mental. Sua abordagem dispõe com muita clareza sobre o vínculo entre as experiências corporais de troca de energia e a transformação dos dinamismos psíquicos, troca esta que leva finalmente a pessoa ao seu mais elevado desenvolvimento, a *individuação*.

No *Seminários de Visões*, Jung declara explicitamente o sentido do plexo solar para a psicologia dizendo que, para algumas pessoas, o ventre é a única forma de consciência. Certos indivíduos pensam com o abdômen, porque o seu raciocínio não vai além do aspecto emotivo visceral, ao qual tudo pretendem reduzir. São os sujeitos impulsivos, homens e mulheres dependentes dos mecanismos biológicos que provocam reações primitivas e de caráter coletivo, não individual. São atos gerais da espécie, sem o timbre criativo pessoal.

Como o produto indiferenciado dessa área inferior do corpo é um tipo de reação coletiva e não individualizada, a mulher que só deixou fluir a sua criatividade através dos filhos está presa ao primitivismo. Aqui, com maior evidência, atuam os mecanismos biológicos femininos, proporcionando às pessoas mais inteligentes certas dificuldades adaptativas que podem ser transpostas pelo autoconhecimento.

O formato da pelve é côncavo, assemelha-se a um vaso ou uma bacia, forma universalmente relacionada ao princípio feminino. Esta é a área corporal mais atingida pelos conflitos de identidade na mulher. Sobre as funções uterinas e ovarianas recai o peso das tensões psicológicas nascidas da confusa e rápida mudança de valores que cerca a mulher na sociedade de hoje. Aqui na pelve, a agressividade não conscientizada pode aparecer em contrações dolorosas, durante a menstruação, ou na frieza sexual. Eventualmente os problemas de ovulação e da incapacidade de manter o feto estão ligados às tensões corporais e aos conflitos não resolvidos com a própria identidade.

As funções excretoras também são envolvidas quando há espasmos crônicos da musculatura pélvica. Infecções nos canais vaginal e anal, hemorróidas, prolapsos uterinos, miomas e infecções, leucorréia e insensibilidade vaginal podem surgir como efeito da estase da libido. É interessante que o acúmulo de tensão nesta faixa leve tanto à retenção dos líquidos e do panículo adiposo quanto ao seu esvaziamento, dependendo da tendência psicodinâmica predominante. Se é bonachona, matrona, tipo mãezona, a mulher fica pesada e arrasta-se com o peso de incontáveis anos de maternidade arquetípica. Se fica seca demais, sem carnes, sem coxas nem quadris, está representando o universo oposto, negando o princípio que a faz procriar, acolher, proteger. A mulher critica demais o seu corpo da cintura até os quadris, revelando como está dando importância ao âmago corporal da sua feminilidade. Além disto, ainda nas pessoas menos conscientes, as nádegas e as pernas estão no foco da imagem feminina como área de forte interesse, pois a própria segurança depende das condições destas partes. O seu estado garante o valor de atração sexual do corpo da mulher.

Retomemos agora a questão do prazer e da angústia como expressões básicas do ser humano em relação com o seu corpo. As propostas de Reich encontram o seu limite no tempo e espaço em que foram produzidas. Elas resgataram o valor simbólico dos nossos músculos e das funções neurovegetativas. Importa ir além nos nossos dias. Abranger a pele e os ossos, assim como a camada de energia que envolve o corpo sentida por qualquer pessoa um pouco mais aberta aos níveis inconscientes.

O que representam os *ossos* na imagem do corpo? Parte mineral do ser humano, eles estão como as *pedras* naquilo que é a nossa casa. Habitamos no corpo como se ele fosse uma casa, e o esqueleto alicerça a presença, em qualquer momento. Talvez se pudesse pensar que sendo menos observáveis do que os músculos, os ossos não teriam real interesse no autoconhecimento. Ao contrário, eles estão como chave mestra na própria imagem e da projeção dessa imagem no espaço.

Como exemplo da importância das organizações do esqueleto, a ciência do movimento (ou Cinesiologia) e a Biomecânica reconhecem hoje que os ossos são estruturas adaptativas. Ou seja, as pequenas traves e espaços internos cheios de ar, que compõem as *trabéculas ósseas,* reorganizam-se vivamente, para adaptar-se ao movimento e às pressões posturais. Elas reagem às forças exteriores (gravidade, mecânica etc.) assim como às internas, causadas pelas contrações dos músculos. Temos assim, e geralmente não percebemos, a possibilidade de alterar sutilmente os próprios ossos. Estamos diante de uma nova estética e de uma nova ética, mas em quantas direções variadas elas podem se abrir! A arquitetura absorveu a funcionalidade do esqueleto e resolveu muitos dos problemas para sustentação dos arcos no espaço. A Engenharia Mecânica elaborou o princípio dos guindastes e das alavancas com a imagem das articulações. O homem e a mulher comuns, porém, ainda estão parcialmente inconscientes do valor da substância mais densa do próprio corpo.

Segundo Gerda Alexander[4] (p. 39) *"a tomada de consciência das diferentes qualidades ósseas (solidez, elasticidade, porosidade) e da medula óssea são etapas sucessivas que permitem viver a experiência da força vital mais profunda".* Esta autora elaborou um método de conscientização corporal, ao qual denominou *eutonia* (do grego: *eu* = bom, justo, harmonioso e *tônus* = tono, tensão) para significar o ideal de uma adaptação harmoniosa entre o ser humano e o seu ambiente. Ela tem uma intenção declaradamente pedagógica, e seus programas de exercícios são planejados para levar a pessoa a perceber os modelos de postura e de movimento já adquiridos e promover uma abertura dos gestos mecanizados ou ritualizados. Com isto, o papel do esqueleto e dos músculos fica mais consciente, ocorre a desinibição, o contato interpessoal é facilitado e o indivíduo pode auto-expressar-se criativamente na sua vida cotidiana.

A eutonia é hoje empregada como treinamento em escolas de música, teatro e educação física de quase todas as universidades da Europa Ocidental. Sua expansão nos países da América tem-se dado especialmente na Argentina e no Brasil, entre psicólogos, fisioterapeutas, educadores, artistas e outros profissionais, desejosos de desenvolver um maior contato consigo mesmo e com os outros.

A base da eutonia é o estado da *presença*, consistindo no estar consciente dos pensamentos, ter sensação da forma externa do corpo em contato com o meio circundante e ter a consciência da respiração, circulação, do tônus muscular e do espaço interno, como ossos e órgãos. Em recente entrevista a uma revista americana, Gerda Alexander afirma que o seu método visa tornar possível a todos experienciar a realidade espiritual dentro de cada um aqui e agora, realidade esta que é presente no corpo, em conexão com a parte espiritual do universo.[1] Para ela, o contato com o *self* (si mesmo) começa com a diferenciação entre a pele no limite exterior do corpo e o meio circundante.

A *pele* é, de certo modo, uma parte corporal já abordada pelo *Do-In,* massagem reichiana (onde também os músculos são trabalhados), pela acupuntura e outros estilos que usam atritos, alisadas (como na análise transacional), carícias, toques etc. Entretanto, um alcance mais profundo da estimulação cutânea está sendo desenvolvido por Pethö Sándor[155, 156, 157]. O seu método de atuação sobre o corpo faz uso de contatos suaves sobre a pele, em vários segmentos e áreas corporais.

É importante diferenciar o *contato* realizado conscientemente do tato experimentado apenas no limite exterior da pele. Se contatamos alguém por meio da pele, entramos em comunicação mais interna, de pessoa para pessoa, abrindo-se os canais para trocas e experiências

---

1. *Somatics,* outono-inverno 1983-84.

profundas. Empregado em um contexto terapêutico, este modo de atuar através e sobre a pele leva a resultados bem diferentes daqueles obtidos em outros procedimentos nos quais a pele é vista como *separada* da pessoa de quem ela é, precisa e justamente, o invólucro.

A pele nos envolve e ainda nos contém. É o limite visível do *eu*, sinal externo da individualidade, pois nos separa — (identifica) do grande mundo exterior. É ainda um órgão sensorial capaz de emitir e receber sinais. Vemos o eriçar dos pêlos, o fluxo e refluxo sangüíneo, a secura ou a maciez, e logo sabemos alguma coisa do outro. Percebemos as suas emoções pelas mudanças que falam do seu mundo interno e tornam-se visíveis na pele ou através desta. A sua origem embrionária é a mesma do sistema nervoso, ambos derivaram-se da ectoderma, uma das três camadas constituintes do embrião humano. Esse é um dos fatores mais importantes para entender os efeitos observados no tratamento pelos estímulos cutâneos e a sua validade na reorganização da imagem corporal.

Outro fator relevante é a relação afetiva que nós criamos com a pele. O contato cutâneo pode ser erotizante, despertar a pessoa para ir ao encontro do outro ou de algo. Mas também pode provocar irritação quando é feito com desamor, raiva ou indiferença. Nada é *neutro* na pele. Com os sinais são recebidos como se fossem *falados* no limite do ser, tudo é muito próximo e direto. A pele imediatamente comunica a qualidade daquele que nos toca, logo sabemos se o outro é frio ou quente, apressado ou gentil, áspero ou suave, flácido ou vivo.

Sándor propõe em seu trabalho que todos os valores psicológicos associados ao contato humano sejam integrados ao corpo, aos afetos, à mente, enfim, ao desenvolvimento geral da personalidade. Apresenta um método composto de diferentes procedimentos, todos caracterizados pelo estilo de contato suave na pele e pela troca vivenciada (e não somente *aplicada*) entre duas pessoas, ao qual chamou Calatonia. Esta expressão deriva-se do grego *khalaó* = relaxar, deixar ir, soltar e *tônus* = estado de tensão natural do músculo, variando de acordo com o movimento executado. Sabemos que o estado de tensão dos músculos se altera com os movimentos *realmente* realizados, mas também com os movimentos pensados. Assim ocorre nos sonhos! Vivemos intensamente as emoções sonhadas em cada órgão, ossos e fibras. E todo o esquema habitual dos gestos pensados e não expressos fica preso, contido na imagem de nós mesmos que construímos e reconstruímos periodicamente. Na possibilidade natural de transformação, age o toque sutil da Calatonia, permitindo que se criem, a cada instante, novas categorias de gestos. Em uma fração de segundos, posturas petrificadas podem dissolver-se, passando ao amolecimento, às vezes mostrando a ondulação espontânea da energia que percorre o corpo. É uma revelação à própria pessoa, que habitualmente não tem uma idéia completa da sua imagem. Descobre como pode ficar tão mobilizada a partir do contato terapêutico realizado na pele. Tal mobilização é, na realidade, um *movimento interior*, que abarca todas as categorias do ser, permitindo que a pessoa tensa volte a encontrar o seu próprio eixo e, com isto, a autoconfiança.

Estamos percebendo como as áreas corporais estão interligadas, e cada uma delas com o topo da personalidade. Com este princípio se desenvolveram os sistemas terapêuticos mencionados, que buscam levar a pessoa descontente, irritada, dura, mal-amada por si mesma (e pelos outros em geral), que sofre de tensões, dores, angústias e falta de esperança, ao encontro com a sua verdadeira identidade. Essa abordagem integrada do ser humano não esquece o significado de nenhum pedacinho. Tudo está em relação com tudo. Por isso é que mesmo os pêlos do corpo estão em relação com o bem-estar da pessoa. Certa dose de queda dos *cabelos*, por exemplo, é uma ocorrência normal durante a gravidez, mas também pode ser provocada por uma sobrecarga emocional, ou depois de longos períodos de preocupações. Assim como os cabelos sofrem por efeito da inquietação e da angústia, também as *unhas* podem enfraquecer, rachar ou mudar de cor, segundo o estado das tensões interiores. Pêlos e unhas são complementos da pele e recebem conteúdos afetivos, constituindo-se em amplos instrumentos de comunicação.

Podemos considerar que os pêlos estão protegendo determinadas áreas da pele e que, além disto, exercem um efeito estético importante. No entanto, o seu valor erótico no ser humano ultrapassa de muito qualquer sentido de mera proteção. Os pêlos funcionam, na verdade, como pequenas antenas que aumentam o circuito de contatos e a movimentação dos estímulos sobre a pele. Há uma certa percepção deste fato no comportamento hoje observado de modelar os próprios cabelos seguindo formas não usuais em cortes geométricos ou imitando arcos, foices, agulhas etc. Esses estilos de penteado guardam uma óbvia analogia com os capacetes romanos, nórdicos e com certas elaborações percebidas pelos índios norte-americanos. Também lembram, em certos traços, os efeitos conseguidos pelos cocares indígenas. Para os índios brasileiros, a cabeça dos homens e mulheres mais evoluídos deveria receber aqueles adornos feitos com as mais bonitas penas das aves que serviam de projeção aos conteúdos do inconsciente coletivo daquela tribo. Assim, quando o povo se identificava com araras e garças, eram estas as aves mais procuradas, fazendo-se das suas penas aqueles ornatos para demonstrar o poder que emanava da parte mais nobre do corpo — a cabeça. Os astecas e incas também representaram nos enfeites que usaram sobre a cabeça as suas relações com a energia sutil que pode irradiar do corpo, em particular com aquela espécie de força mental ou espiritual pertencente aos líderes da raça. A auréola dos santos cristãos pertence ao mesmo quadro de figurações e demonstra como a percepção do corpo representa a dinâmica dos valores mais abrangentes de uma sociedade, desde os sinais da saúde física, da emoção, do nível mental atingido e, ainda, as qualidades espirituais presentes na personalidade.

Ora, a cabeça é a sede das projeções mais elevadas, em oposição aos pés. Enquanto estes permanecem no contato com o chão, a cabeça está acima, no ar, centraliza os principais órgãos de comunicação. Então, o fato de uma pessoa preferir usar os seus cabelos curtos ou longos é algo mais importante do que um mero aspecto da identidade sexual. Naturalmente há sensualidade em cortes sumários e em longos fios, depende do gosto de cada um. O ponto mais significante, na realidade, é como a pessoa representa o seu estado interior através dos cabelos. O corte longo — tanto quanto as penas indígenas — indica o desejo de possuir a força que normalmente se atribui aos cabelos. Esta força é ligada ao elemento telúrico da personalidade, à magia da terra. Pode ainda sugerir um estado de espírito ingênuo, ou até mesmo certo relaxamento. As mulheres mais inibidas cultural e afetivamente tiveram o corte de cabelo proibido em sociedades patriarcais fechadas, como a muçulmana. Já nas décadas de 50 e 60 os jovens da contra-revolução saíram das cidades para os campos, tentaram resistir à pressão política e econômica negando o trabalho e a guerra. Dedicando-se a *fazer o amor*, os *hippies* voltaram-se para a vida de contato com o ritmo de harmonia do Universo. Seus cabelos eram longos e soltos. Indicaram pelo estilo das roupas e dos hábitos o seu desejo de transcendência, o qual inclusive levou muitos deles às drogas pesadas. Com as suas atitudes, muitos parâmetros de feminilidade/masculinidade foram abalados, indo desde o hábito de dividir as tarefas de manutenção da família, o cuidado dos filhos, aos costumes sociais e à aparência. De todos os sinais visíveis desta revolução pacífica tentada pelos *hippies*, o estilo dos seus cabelos e as flores usadas para enfeitá-los talvez sejam os mais marcantes.

Algumas gerações após, há muitos grupos de estudantes e de artistas cortando os cabelos e pintando-os como se fossem guerreiros. A forma dos cortes é reta, angular, pontuda. Olhando-os passar, a gente tem a sensação de que eles estão de *cabelos em pé*. Fica-se assim quando se toma um susto, é só notar as expressões de horror. Os *punks* e outros grupos mais atuais parecem estar com a sensibilidade eriçada ou ouriçados, como porcos-espinhos. É possível que eles representem nesse estilo, mesmo inconscientemente, a necessidade de lutar e brigar pelo benefício social que lhes pertence, ameaçado pelo rol de acontecimentos inquietantes que nos cercam no final deste século.

PARTE IV

OS PONTOS DE APOIO
DA INDIVIDUAÇÃO FEMININA

As experiências das estudantes descritas nas páginas anteriores nos comprometem com a pesquisa do essencial. Para que todas estas informações se não levantamos o sentido delas?

Para efeito de organização desta parte do livro destacam-se três capítulos: os *arquétipos,* a *expressividade* e o *simbolismo do caso.* Estes conteúdos foram considerados como pontos de apoio psicológico ao processo de evolução feminina, empregando como metáfora a idéia dos pontos de apoio da Cinesiologia. Tais pontos, aqui encarados de modo virtual, são de fato os locais onde se organizam o equilíbrio estático, dinâmico e atuam como referenciais de base para compor o eixo do corpo. Aqui os pontos de apoio estão representando o eixo da psique feminina.

> *"Apenas um fato psicológico tem que ser apontado como expoente simbólico da atual problemática feminina: a insegurança de tantas mulheres de hoje sobre si mesmas e sobre a índole da feminilidade."*
>
> Tony Wolff (1959)

> *"A resistência mais dura, a mais importante, nós não a fazemos contra os outros, mas contra nós mesmos, e simplesmente a projetamos fora de nós."*
>
> G. Groddeck (1969)

1

OS ARQUÉTIPOS

Ao abordar a questão dos arquétipos deve-se ter em mente o produto da aprendizagem de milênios de existência da raça humana. Não esqueçamos que a sua finalidade é eminentemente adaptativa e integrativa. Ajuda o indivíduo mas, antes de tudo, a espécie. O seu alcance integrador refere-se à força emocional liberada, junto com a imagem que corresponde ao conteúdo psicológico mobilizado no inconsciente. O comportamento afetivo do arquétipo está presente no impacto causado quando da estimulação e que realmente força o indivíduo a tomar contato com o seu inconsciente. A emoção é sempre percebida em associação com os símbolos, não separada deles. O conjunto formado pelo símbolo arquetípico e sua emoção correspondente muda a ordem psíquica, sacode a pessoa, impulsiona ou até arrasta. Nas gerações que nos precederam estes impulsos conduziram para a guerra, para a fome, mas também para a industrialização, a tecnologia e o desenvolvimento científico e espiritual. Embora não ainda plenamente estabelecidos, os princípios do espírito humano fazem surgir o rumo para uma nova era de maior consciência dos próprios recursos. Vemos que por isto o estudo cuidadoso de psicologia feminina tem merecido um redobrado entusiasmo, visando integrar o seu princípio ao masculino, até hoje predominante. Assim, através do esforço consciente sobre as manifestações da vida inconsciente, a mulher hoje está desenvolvendo as percepções e os atos que irão contribuir para uma melhor adaptação das próximas gerações às condições de vida que ainda estão por vir.

Os arquétipos do inconsciente feminino poderiam ser abordados do ponto de vista interior, através de sonhos e visões, como também sob a perspectiva da corporalidade. Pelo estudo das respostas apresentadas pelas estudantes, foi possível ter acesso ao bordo externo da unidade psicossomática para agora analisar o seu lado interno, pois é este interior que lhe dá sentido. Se não soubéssemos da existência da alma (psique), tomaríamos o corpo pela sua aparência. A matéria se explicaria por si mesma. Mas, depois que tantos trabalharam esforçadamente para atestar a realidade psíquica e o dinamismo inconsciente, não podemos cometer tal engano desastroso.

Experimentei um certo impasse quando foi preciso escrever sobre a relação entre os arquétipos e o corpo. Neste ponto, uma imagem que me veio à margem do lago do Ibirapuera foi muito útil. Estava olhando as águas e fiquei surpresa com a força da impressão que o reflexo das nuvens era capaz de provocar. As nuvens desfilavam na água e provocavam em mim uma tal percepção, clara e objetiva, que eu poderia mesmo jurar que elas se moviam ali, nas águas. Davam mesmo a ilusão de estar no fundo do lago, diante dos meus olhos. Ocorreu-me, então, que aquela ilusão a que meus olhos me expunham continha uma idéia maior. Se não soubermos que existe uma realidade mais sutil, tomamos facilmente como verdade aquilo que se apresenta aos nossos olhos. Se eu, naquele instante, não soubesse do céu, pensaria que aquilo que eu estava vendo nas águas provinha do próprio lago. As nuvens pareciam lençol agitado por peixes ou seres submersos, que tinham vida e movimentos próprios. Mas elas não estavam *ali,* apenas *refletiam-se* ali.

Entretanto, não posso tranqüilamente dizer que a percepção dos lençóis sob a água não fosse real para mim. Pois eu as via com clareza e, embora soubesse serem reflexos das nuvens sopradas pelo vento no céu, ainda assim continuava a vê-los sob as águas. Poucos dias depois recordei-me um trecho das "Tábuas Esmeraldinas" sobre as verdades do céu e da terra:

"O que está em baixo é semelhante (análogo — não igual) ao que está em cima, e o que está em cima é semelhante ao que está em baixo, para perfazer as maravilhas da coisa única"[1].

Considerando de outra maneira a minha imagem à beira do lago, vejo que estivera olhando na direção errada. Já que buscava a verdadeira razão dos fenômenos corporais, deveria buscá-la no alto, no

---

1. Tradução da grande Lei da Analogia, cuja fórmula aparece nas "Tábuas Esmeraldinas", citada por Mebes em *Os Arcanos Maiores do Tarô*, São Paulo, Ed. Ramos de Freitas, 1980, p. 23.

céu. Eu não tinha idéia de que aquela imagem coincidia com uma verdade tão milenar quanto a contida nas "Tábuas Esmeraldinas". No entanto, assim o era. Naturalmente, me perguntei: mas o que vem a ser este céu? Admito que a resposta não é simples e que não me sinto capaz de expô-la com clareza. Entretanto, há certos pontos sobre os quais é possível comentar a linha evolutiva que percorre a psicologia humana, em especial a da mulher, motivo deste trabalho. Reconheço, ainda, a dificuldade desta tarefa, mas estou certa de que vale a pena aventurar algumas indagações, de modo que outras pessoas possam, a partir delas, criticar ou aperfeiçoar essa temática, de resto, apaixonante.

Consideramos por *céu* aquilo que, na terminologia junguiana, combina com espírito, que vem de *pneuma*, o termo grego designativo de ar, espírito. Há, muito próximo disto, uma noção chinesa de energia, conhecida como *yang* e que designa a manifestação do princípio masculino, presente em todas as coisas criadas. Alguns autores dão ao espírito um lugar no corpo. Ele é colocado por Gaiarsa no peito, local da inspiração, da gestão de idéias e da criatividade. A tradição taoísta propõe que consideremos um ponto na testa como a morada de *yang*. Em certos textos vemos a relação desse ponto virtual com a glândula pineal, razão do mesmo.

Por outro lado, o *yang* se opõe ao *yin*, designando-se por este nome a energia feminina. Enquanto *yang* é *céu*, *yin* é *terra* e, correspondendo a esta simbolização, o espírito é *yang*, enquanto o corpo é *yin*, ou regido pelo princípio feminino. Desse modo é possível entender melhor as mudanças que ocorrem no corpo (terra) relacionando-as com o princípio masculino, etéreo, espiritual. Na concepção taoísta, ambos os princípios estão representados no corpo; o espírito, na região da cabeça e o princípio feminino, ou *yin*, no baixo-ventre. O ponto virtual da energia *yin* fica alguns centímetros abaixo do umbigo. Esta região coincide com o núcleo de energia visceral, quase à altura do útero e dos ovários na mulher, e da próstata, no homem. Temos assim a relação deste centro com as glândulas reprodutoras, através das quais o homem e a mulher estão coligados nos processos terrenos, físicos.

Por outro lado, a respiração é uma função orgânica que abre as portas para a descoberta do espírito no corpo. Outros ensinamentos iogues referem-se freqüentemente aos exercícios respiratórios (pranaiamas — prana = alento, sopro vital) que devem ser praticados pelo discípulo desejoso de coordenar as suas atividades físicas e espirituais. Schultz, ao elaborar a sua famosa técnica de relaxamento, a primeira neste nível no Ocidente, não deixou de assimilar os conceitos iogues, conforme explica no seu livro básico *O Treinamento Autógeno*.

Em uma aproximação diferente, Reich chamou a atenção em diversos pontos da sua obra para os diferentes problemas causados na dinâmica libidinal quando há uma excessiva diminuição da sensibilidade e do movimento na região do anel peitoral, área central da couraça muscular do caráter. Os músculos hipertensos da caixa torácica limitam o fluxo da energia neste local e provocam os estados de angústia, ou com agitação ou com estados de depressão. Estes dois modos de sofrer a angústia são devidos às alternâncias do desequilíbrio neurovegetativo, muscular e psicológico correspondentes ao fluxo limitado do ar. Nota-se também uma retenção maior do ar residual e, em conseqüência, o menor influxo de ar inspirado. Aqui novamente há uma peculiar condição psicofísica, onde dois momentos que deveriam alternar-se segundo a natureza estão fixados ou limitados. Inspiração e expiração no plano simbólico significam a troca universal, *receber*, incorporar e *dar*, distribuir. O primeiro movimento parece conter, predominantemente, uma atitude *yin*, porque é um ato mais passivo, no qual o ar (o prana) é quem entra, penetra. Já a expiração é realizada através da atuação dos músculos torácicos, sendo assim predominantemente *yang*, um ato de expansão que manifesta a individualidade no ambiente.

Há, ainda, uma outra coincidência importante com relação ao ponto de energia *yin*, no corpo. Na mesma região representa-se o cruzamento dos vetores relativos às linhas de força de todas as partes do corpo. A poucos centímetros para baixo da linha média do corpo (sobre a linha alba, no ventre) situa-se o centro de gravidade do corpo humano. Para lá convergem as linhas de força dos membros e do tronco, situando-se neste ponto o máximo do peso corporal. *O centro de gravidade* é o ponto no qual pode considerar-se concentrado todo o peso do corpo, e corresponde à morada *yin*.

Por isto a energia feminina está naturalmente em sintonia com os processos de ajuste do equilíbrio do corpo no espaço, sob a atuação da lei de gravidade. Ora, a gravidade é a condição física fundamental na interação do ser humano com a terra. Nada que exista sobre o planeta escapa à força de gravidade, que influencia a estrutura, a organização e a movimentação de todos os corpos físicos.

A abundância da natureza e sua força vital freqüentemente são representadas pela figura de uma mulher com largos quadris e seios generosos, como a "Eva" de Michelângelo.

Ao mesmo tempo que sustenta, a terra atrai para baixo, forçando o corpo a uma busca de equilíbrio sempre constante. Esta ligação com a natureza, de tão familiar que é, escapou aos psicólogos por muitos anos, como a queda dos corpos escapava aos mais diligentes pensadores, até ser formulada por Newton. No caso que ora consideramos, não parece ter havido apenas uma pessoa em particular que tenha observado as relações entre a região do centro de gravidade e da morada *yin*. Há referências sobre isto em diversos escritos antigos, alguns mencionados por Jung em seus trabalhos sobre a alquimia e o processo de individuação. O centro de gravidade e o centro *yin* são pontos virtuais no corpo, embora toquem uma realidade vivencial e palpável. O primeiro é um conceito biomecânico e pode ser calculado matematicamente conhecendo-se o peso da massa corpórea de uma pessoa.[1] O núcleo *yin* é percebido através de experiências sutis, de natureza psicológica, as quais podem ser estimuladas com exercícios diversos.[2] Então, através das experiências de contato com o próprio corpo, podemos sentir o *céu* e a *terra*, e muito mais adiante coligá-los, fazendo uma ponte entre eles.

Naturalmente, essa ponte já existe, pois as regiões superior e inferior do corpo estão ligadas pela coluna dorsal. Aqui, novamente, o simbolismo do Oriente reconhece a dimensão psicológica com mais propriedade do que o pensamento ocidental. Os ensinamentos básicos de ioga hindu, assim como das artes marciais chinesa, japonesa ou coreana, trabalharam precisamente sobre este objetivo: desenvolver a consciência do corpo através de exercícios. Tais práticas têm uma finalidade comum: a liberação e a aplicação consciente das energias que *"moram"* na base da coluna. O trajeto ascensional da energia leva-a aos centros superiores, abrindo caminho para as criações mais elevadas que o espírito humano pode oferecer.

Jung percebeu a importância psicológica dessas práticas e experimentou-as, ele mesmo, em diversas ocasiões.[3] Entretanto, fez a elas

---

1. Para uma análise detalhada do centro de gravidade, veja-se por exemplo, Rasch e Burke, *Kinesiologia y anatomia aplicada*, Barcelona, Ateneo, 1973.
2. "O passo do dragão" por exemplo, ou a "postura do universo" no Tai-Chi.
3. Em *Memórias, Sonhos e Reflexos* Jung conta que fez uso da ioga para entrar em harmonia consigo mesmo. Em outros trabalhos, cita o Tai-Chi e a meditação.

→

Neste trabalho de Paul Gauguin vê-se a relação simbólica entre os frutos da terra e os seios femininos. Quando a mulher está sintonizada com a própria fonte da Vida, os seios emanam uma energia capaz de alimentar não somente física, mas também espiritualmente.

diversas críticas, especialmente por serem um produto da mentalidade oriental que ao ocidental, convém conhecer, mas com alguma atenção.

De um modo particularmente integrativo, Jung está propondo que se crie uma ponte entre o céu e a terra. Em primeiro plano considera-os como opostos, campos de energia qualitativamente diferentes que se atraem. Daí a necessidade humana de integrá-los. A união do céu com a terra far-se-á no processo de individuação, pelo qual uma pessoa chega a tornar-se aquilo que ela já é, potencialmente.

O esforço consciente para transcender os opostos representados pelo dinamismo *yin* e *yang* torna cada pessoa capaz de possuir, em si mesma, o céu e a terra, ou seja, torna-a universal. Isto é possibilitando, na concepção junguiana, porque cada pessoa tem em si dois modos de ser, o masculino e o feminino, restando a tarefa de uni-los, harmoniosamente. A mulher, sendo *yin*, possui nela mesma a sua contrapartida masculina, *yang*, que Jung chamou *animus*. O homem, sendo *yang*, possui a sua mulher interior, a *anima*. *Animus* e *anima* se atraem, no inconsciente do homem e da mulher, propiciando as projeções que dão início à maior parte dos relacionamentos afetivos. Jung dá continuidade, assim, à idéia de Platão exposta em *O Banquete,* quando o filósofo grego discorre, a pedido do seu discípulo, sobre os seres circulares, hermafroditas, que teriam dado origem aos seres sexuados de hoje. Desde a separação daqueles entes originários em duas metades, estas se procuram incessantemente, buscando a unidade perdida.

A mulher guarda consigo a imagem arquetípica do Homem. E o homem tem a imagem da Mulher dentro de si, que ele busca conhecer nos relacionamentos com as mulheres em geral. A imagem arquetípica masculina, ou *animus,* não tem somente uma representação. Ela pode apresentar-se no consciente da mulher, trazendo conteúdos mais inferiores ou mais espirituais. O *animus* aparece na figura do ladrão, assassino ou trombadinha, na do cantor, advogado, militar, chefe político, professor, sacerdote, guru, mágico, psicólogo; na de um galã de novelas ou de um lavador de carros. Todas essas personagens do mundo interno são naturalmente projetadas sobre as pessoas do mundo real que mais se adaptem para receber tais projeções.

Em um nível de consciência mais desenvolvido, a mulher encontra em si mesma a figura do mestre ou do Pai Espiritual, ou ainda do Esposo Celeste. Com este último, dá-se o encontro dos valores mais profundos da personalidade feminina. A mulher, encontrando-se com o seu companheiro interno, realiza o casamento sagrado descrito em textos alquímicos e religiosos de inúmeras origens. Jung referiu-se às núpcias sagradas ou *hierosgamos* em todos os livros onde tratou do processo de individuação. Neles, conta a narrativa de uma busca incessante do espírito pela matéria, ou seja, do "céu" pela "terra", como se este fosse o único motivo pelo qual vale a pena viver.

Não tenho a intenção de percorrer a extensa obra de Jung, adotando os seus pressupostos acerca do casamento interior. Porém, basta-nos mostrar o quanto esteve ligado aos processos internos e corporais, visualizando, com absoluta clareza, o destino pessoal de cada ser na procura do ente amado, que não é o outro senão o seu "outro eu".

Então, se não soubéssemos da existência deste movimento interior, descrito por tantos povos antigos e retomados por Jung, não conseguiríamos ler na tela do corpo mais do que estamos habituados a fazer. Importa, porém, que haja um "mais", e este é possível pela compreensão dos dinamismos simbólicos das representações da psique no corpo. Assim, podemos admitir que *os arquétipos, estando no fundo de psique, refletem a dimensão superior, mais sutil, à qual correspondem como a outra ponta de uma flecha.*

Todas estas analogias admitem maior complexidade, se olharmos a relação do ser feminino com o seu próprio corpo. Na mulher, o "céu" e o seu *animus*. Ele tanto pode mandar chuva fertilizante quanto raios destruidores. E se ocupa das suas realizações mentais, intelectuais. Sob a força de atração do *animus,* uma mulher busca a auto-realização, desenvolve a inteligência, as capacidades criativas e espirituais. Mas também pode afastar-se da terra, enveredar pelos ares. Os centros mentais na mulher são mobilizados por uma energia do tipo masculina, à qual se contrapõem as matizes mais profundas da sua psique, ou seja, os arquétipos da sua feminilidade.

O arquétipo básico do feminino relaciona a mulher com as suas funções maternais, tanto biológica quanto espiritualmente. Este arquétipo modela a psique feminina e dá à mulher as condições de experienciar as mais diversas relações, dentro de um eixo que lhe é próprio. Nem sempre tendo filhos biológicos, mas também gerando idéias como inspiradora de artistas, cientistas, pensadores, a mulher é fértil. Criando ela mesma, a atitude feminina se reveste do envolvimento e da circularidade, ao invés de separatividade e diretividade.

Ora, este é o arquétipo da Grande Mãe, que se desdobra em muitas personagens durante a vida feminina.

O que importa percebermos é que, quer olhemos para o fundo das projeções, ou seja, para os arquétipos, ou olhemos para aquilo que eles refletem, o espírito humano, teremos uma e a mesma coisa. Conhecemos melhor o espírito humano quando podemos entender melhor o dinamismo arquetípico em sua analogia com os dinamismos corporais. Neste sentido, a psicologia da mulher tem muito a ensinar. Nela a natureza preparou uma situação especial, pois fê-la "terra", como a Terra. Ora, quem gera é a mulher, mas a fecundação vem do homem. Importa, portanto, buscar na relação da mulher com o seu próprio *animus* a compreensão das suas manifestações corporais, das suas atitudes e dos seus movimentos.

Neste sentido, voltamos a considerar os dados trazidos pelas nossas estudantes. Elas buscam o universal, o conhecimento científico condensado por séculos de evolução. Estes dinamismos podem estar inconscientes, enquanto o motivo aparente dado à consciência pode falar de ascensão social, independência, desejo de aprender. No fundo, outras tantas verbalizações de um movimento maior, que emana do *self* e se manifesta na atração pelo mundo do intelecto e das abstrações.

O grupo de *Geografia* é aquele que mais se aproxima do contato com a terra, são as mais "terrenas", mas também as menos intelectualizadas. Algumas vezes pareceram ser mais queixosas, certamente apontando um conflito interno, não conscientizado. Tal conflito seria de origem inconsciente, denunciando que o seu interesse pela relação do ser humano com a terra ainda não está apreendido em toda a sua verdadeira dimensão simbólica. A sua formação universitária, sendo logística, provavelmente racionaliza aquilo que seria preciso intuir e perceber de modo experiencial. Nestas condições, a integração do impulso de conhecimento pode realizar-se só parcialmente. Provavelmente, as queixas somáticas mostram que o corpo está sendo usado pelo inconsciente para alertar essas jovens através das somatizações desagradáveis, sobre as suas necessidades de auto-realização.

O seu interesse pela terra, uma vez que seja psicologicamente elaborado, pode levar, por exemplo, à participação em grupos de defesa do meio ambiente, do elemento indígena e da sua cultura. Ou seja, a um trabalho diversificado de lançar pontes entre a ciência e as experiências humanas, tanto no campo da pesquisa como na educação das comunidades.

Basicamente, a geógrafa pretende analisar o homem em seu ambiente, conhecer as suas reciprocidades e as conseqüências desastrosas da interferência indevida no equilíbrio da natureza. Naturalmente o alcance deste conhecimento é tão vasto que não caberia estendermo-nos neste momento. Resta frisar tão-somente a oportunidade do envolvimento consciente da geógrafa em uma educação das comunidades quanto ao uso dos recursos naturais. Por outro lado, a valorização adequada dos elementos terra, água e plantas na vida do homem tende a conduzir a uma nova mentalidade, como o atestam as experiências realizadas em pequenas comunidades agrícolas espalhadas ao redor das grandes cidades, em diferentes pontos do mundo.

Quando as estudantes de *Matemática* se revelam conservadoras, castas, reservadas, vale a pena indagar se elas não escolheram um caminho próprio e adequado para um certo tipo de temperamento mais introvertido. Afastadas do convívio que marca as estudantes de Educação Física e de Psicologia, estas moças parecem mais introvertidas e capazes de uma concentração "masculina". Possuem, sem dúvida, uma elevada autodisciplina, pela qual se regem não só intelectualmente quanto nos relacionamentos. A espécie de sombra[1] a que estariam sujeitas, se assim podemos chamar, seria uma ênfase excessiva nos aspectos mentais, em detrimento dos afetivos e perceptuais. Nessa relação, o corpo está desprivilegiado.

O currículo de Matemática não traz nenhuma disciplina voltada para a formação de atitudes. Centralizado no treinamento das habilidades mentais, focaliza o desenvolvimento do pensamento lógico, sem colaborar diretamente para o amadurecimento emocional e para a consciência do corpo. Neste grupo, a vida está sendo canalizada para a criação de relações mais abstratas, codificadas, puramente intelectuais. São as menos "terrenas" das jovens estudadas.

As figuras de *animus* positivas podem ligar-se ao desenvolvimento de conceitos lógicos e matemáticos, mas precisam não invadir a dimensão relacional. O princípio feminino Eros não pode ser completamente desenvolvido em dinamismo abstrato fora do real sensível. Uma boa parte da libido dessas jovens pode ser investida nos processos cognitivos, mas há limites para que não ocorram desequilíbrios. Entre as jovens estudadas, uma das maneiras usadas para equilibrar a dimensão relacional está sendo ensinar Matemática. No contato com alunos o interesse humano é mantido e preservado da desvalorização potencialmente presente nesse curso.

Já as estudantes de *Psicologia* estão no caminho que talvez seja o mais árduo das quatro amostras estudadas. Refletir sistematicamente sobre si mesmo em relação com os outros confere a qualquer mulher, ou homem, uma seriedade e um peso consideráveis. Percebe-se a impa-

---

1. "Sombra" é um termo junguiano designativo do conjunto formado pelos conteúdos inconscientes que se opõem à *persona*. A "sombra" contém os aspectos com os quais a pessoa menos se identifica, enquanto a *persona* corresponde às atitudes aceitas pelo consciente.

ciência na maneira de responder e também a crítica às próprias respostas. Quase não escreveram nas questões abertas. São, porém, capazes de inventar e de experimentar em grau mais elevado que as outras, pelo menos nos comportamentos pesquisados, pois o seu tipo de *animus* as leva precisamente ao novo, ao até então inexplorado.

Livrando-se dos excessos de *animosidade*, elas podem ter sucesso na integração entre os conhecimentos adquiridos e as suas necessidades femininas. No entanto, o *animus* pode manifestar-se negativamente através da busca de poder intelectual. Os homens detestam e temem este tipo de poder. A discriminação aguda dos fatos cotidianos, a crítica sobre os sentimentos, o olhar penetrante no recesso da intimidade humana, todas essas são atitudes treinadas no curso de Psicologia e alimentam o poder do *animus*.

Aspectos como esses deslocariam as jovens do eixo do seu movimento interior, deixando espaço aberto para a neurose. O princípio de Eros não pode ser tão deslocado do seu papel orientador na psique feminina, sem que ocorram distúrbios psicológicos e funcionais. Assim, à sombra dos elevados conhecimentos sobre a mente humana, uma jovem estudante de Psicologia arrisca-se a perder o vínculo com a sua natureza e a sua espontaneidade. Os mecanismos da mente, exercendo um certo tipo de fascínio, podem trazer um suporte ilusório, sobre o qual não se realiza o verdadeiro crescimento pessoal. Por outro lado, o movimento interno que conduz uma mulher à Psicologia pode ser visto como a busca pela compreensão dos inter-relacionamentos e, assim, bastante vinculado ao princípio feminino. Tratando com animais ou com seres humanos, a psicóloga está trabalhando com os relacionamentos que a psique estabelece, algumas vezes mais concretamente — como meros condicionamentos —, outras mais simbolicamente. Este ponto, se bem considerado pela estudante dessa área, pode abrir-lhe uma nova imagem sobre o seu desempenho profissional.

As jovens de *Educação Física* supervalorizam os aspectos corporais. São liberais e descontraídas nas atitudes e nos movimentos. Sua crise, entretanto, aparece na inadequação entre as tarefas a que se dedicam e o seu próprio corpo. Enfatizando o corpo como meio de auto-afirmação, elas competem consigo mesmas e podem facilmente cair no excesso de poder. O seu *animus* principal poderia ser representado na figura do treinador, sempre estimulando e exigindo um centímetro a mais para a frente, mais para o alto e também mais rápido. São, porém, alegres, têm aquela alegria de viver que parece faltar às psicólogas e às matemáticas. O uso constante dos jogos ao ar livre, dos treinos pode contribuir para a aparência energética e saudável dessas moças. Mas também é o responsável pelas dores musculares. O perigo neste objetivo de controlar o físico e de educá-lo é justamente *querer colocá-lo* em padrões preestabelecidos. Em primeiro lugar, porque são, em geral, modelos criados por técnicos especialistas, coisas pensadas segundo um padrão ideal. Em segundo lugar, porque estes padrões externos, aos quais os jovens têm de adaptar-se, geralmente não foram criados para as mulheres mas sim para os corpos masculinos e, posteriormente, adaptados. Não parece haver nada que impeça uma jovem de praticar a natação, o judô, a ginástica, o basquete etc., onde, certamente, o treino competitivo é uma exigência psicológica e o modelo masculino está presente como o ponto ideal. Mesmo que a mulher reconheça o seu diferente nível de atuação, ainda assim o fato de que o homem salta mais alto e mais longe e corre mais rápido traz efeitos psicológicos importantes. Quais os esportes criados para a mulher? Parece que dois apenas: o nado sincronizado (antigo balé aquático) e a ginástica rítmica.

Talvez várias gerações de desportistas e de professoras de Educação Física sejam necessárias para que a mulher elabore as técnicas do movimento que lhe são próprias. E que possa curtir o prazer desses jogos, sem precisar pensar em fazê-lo mais e mais perfeito. Toda a excitação presente na disputa esportiva leva a libido para o embate, energiza a mulher. A isso deve corresponder igual período de tempo para recolher-se, aquietar-se. No contato com as estudantes desse curso e com outras profissionais da mesma área, observa-se em geral uma atividade constante. Estas mulheres foram treinadas e se esforçam para alcançar o melhor desempenho érgico (referente ao gasto de energia). O outro pólo, entretanto, ligado ao relaxamento e à introspecção não parece receber o mesmo cuidado.

Agora tudo o que foi dito pode parecer apoiado na idéia de que a causa dos fatos observados é o curso universitário. Mas este ponto de vista é impróprio. A *escolha desses cursos pelas jovens, assim como o modo pelo qual cada uma delas o experienciou já é efeito de uma causalidade de nível mais profundo e anterior, de natureza arquetípica.* Ser uma profissional de Matemática, de Psicologia, de Educação Física ou de Geografia, ensinando ou exercendo estas disciplinas, corresponde a uma "programação" psicológica. Esta, entretanto, não pode demonstrar. Cabe-nos observar os seus efeitos e descrevê-los, quando isto é possível.

A ligação entre as necessidades instintivas de uma mulher e as outras, de caráter psicológico e social, se realiza através dos arquétipos. Eles se manifestam em ciclos periódicos, correspondendo às fases decisivas na vida de cada pessoa. Nessas ocasiões, eles formulam as tendências para a auto-realização afetiva, sexual, profissional e social.

Os arquétipos estimulam, inclusive, o nível que as atuações e produções irão alcançar, pois significam um *quantum* de energia liberada na consciência. Por isto, não há como atingir a maturidade como profissionais e como pessoas, sem o contato *conscienciosamente* procurado entre o eu e o inconsciente.

No caso da mulher, ela nasce com uma proposta geral, coletiva, que podemos ver concretamente no seu corpo sexuado. Internamente, há uma contrapartida psicológica a este modo de ser aparente, que é a presença inata em sua psique de princípio feminino ou Eros. Os arquétipos surgem naturalmente para que cada pessoa perceba, em si mesma, as relações entre sua vida interior, o seu mundo psicológico e as percepções do mundo externo, as quais ela experimenta através e no corpo. Assim, o corpo não é apenas o veículo de expressão de uma personalidade, mas o seu acesso e porta de entrada. A maneira como se configura cada corpo tem, assim, uma dupla causalidade — as atitudes frente aos conteúdos inconscientes de um lado, interatuando com as condições anatômicas e fisiológicas, de outro.

Na imagem corporal das estudantes, o papel dos arquétipos pode ser visto no seu jeito de relacionar-se com as experiências corporais.

Assim, em Matemática, o grupo destaca um aspecto menos carnal na sua vivência. Oferecem a impressão de estarem voltadas para o mundo interno, porém olhando-o sob um ângulo lógico, buscando uma verdade pura, reta, inquestionável. Assim, elas se reservam dos contatos. Em Educação Física, encontramos jovens mais "encarnadas", experimentando o mundo pelo seu aspecto sensível e sensual. E também uma forte concentração de esforços na busca de um conhecimento pragmático. Ambos estes grupos superam certos limites vivenciados até recentemente pelas mulheres, em média. O primeiro pode ter acesso a um grau de concentração do pensamento dificilmente acessível às pessoas em geral. O segundo pratica e experimenta o alcance do próprio corpo em movimentos bem pouco comuns, não só às outras jovens, como também à maioria dos homens e mulheres de outras profissões.

As que lidam arduamente com os próprios bloqueios ao movimento parecem ter apanhado uma faixa de arquétipos femininos voltados para adquirir força e destreza física, antes nunca desejados com tanta generalidade.

Estas experiências foram, em outros tempos, um campo restrito às guerreiras, às amazonas de qualquer época. Mas não devemos tentar equacionar as tendências atuais pelos modelos antigos, porque o novo hoje se propõe de modo completamente inusitado e deve ser encarado como tal.

As jovens que se motivaram para estudar Geografia têm provavelmente um dinamismo altamente questionador. Este fica patente na importância atual que tem a tarefa do geógrafo: compreender cientificamente a relação do ser humano com o seu mundo natural, a maneira como este organiza o seu espaço e usa os seus recursos. Ora, elas estudam a própria ligação com a terra. Experimentam, assim, no próprio corpo, as dificuldades que talvez sejam relativamente grandes, para integrar-se harmonicamente. Uma vez melhor compreendido, este dinamismo arquetípico poderia levar o grupo de jovens a resolver os próprios conflitos e a iniciar uma ação consciente pelo uso adequado dos recursos naturais para a preservação da raça humana.

O idealismo que pode motivar a ação consciente das geógrafas liga-se ao material, ao valor do que é mutante e perecível. Por outro lado, o objetivo talvez atuante nas matemáticas é algo intangível. Elas esperam chegar às relações que não se medem pelo concreto e sensível, mas pelas abstrata ligação entre os sinais numéricos. A sua verdade situa-se ao nível de uma quase espiritualidade, enquanto as coisas da terra sugerem verdades práticas, úteis e sensíveis. Talvez possamos vê-las como atuando sob dois arquétipos complementares, um pólo mais instintivo, da sobrevivência da espécie, e o outro no pólo mais abstrato, da dinâmica do pensar e da lógica.

O arquétipo capaz de mobilizar uma jovem para estudar Psicologia tem, possivelmente, um pouco de cada aspecto já discutido para os demais grupos. Entretanto, o modo como este tipo de conhecimento está colocado nas necessidades do ser humano de hoje coloca à psicóloga um desafio particular. A compreensão científica dos relacionamentos humanos levaria uma mulher a desenvolver potencialmente em si mesma o princípio feminino. Mas, coloca-a, igualmente, bem perto de perder-se para o seu *animus,* sucumbindo ao gosto pelo domínio das relações interpessoais, dentro ou fora do seu campo de trabalho.

A busca pelo conhecimento que mobiliza ao estudo da psique faz com que a mulher se distancie consideravelmente do comum das outras jovens da mesma idade. Bailam nos sonhos e nas fantasias das minhas pacientes, que são psicólogas, as imagens de feiticeiras, bruxas, pitonisas e sacerdotisas. Em todos estes aspectos do interminável poço de imagens que é o inconsciente, a possibilidade de intervir nos desenvolvimentos pessoais de seres semelhantes, influenciando no rumo das suas vidas, costuma ser constante. O tipo de conhecimento que hoje integra o corpo da ciência psicológica era, há bem pouco tempo, um domínio masculino, embora certas mulheres videntes ou bruxas também compartilhassem dele. Havia muito de mistério e magia, e ainda é assim que esse conhecimento parece permanecer nos estratos mais profundos da psique. Mexer com isto acarreta uma responsabilidade nova para a mulher, ainda mais que ela deverá fazê-lo hoje de modo muito mais consciente do que já o fez antes, quando curava por *uma reza*, ou uma *poção*, ou outro ato considerado *mágico*.

Criam-se, então, através dessas buscas de ciência, novas formas de atuar que vão dispondo em maneiras ainda desconhecidas, porém muito significativas, os recursos da psicologia feminina.

Estas tentativas de crescimento pessoal, mediante a aquisição do conhecimento formalizado e acadêmico, significam verdadeiras *iniciações*. Nos tempos em que o conhecimento era guardado e sigilosamente repartido apenas para alguns poucos iniciados, adquiri-los exigia passar por vários sofrimentos. As provas eram físicas, emocionais e mentais, e nelas o candidato expunha-se às ondas do medo, da dor física e da dúvida moral. Algo disso tudo ficou cristalizado, mas ainda atua vivamente, através da educação formal. Neste sentido é que podemos entender como os anos de universidade transformam o adolescente em jovem adulto, mesmo quando certos elementos de conscientização ainda faltam. As provas para o ingresso, as mudanças de níveis, as exigências para conquistar os títulos acadêmicos, todas estas são ocasiões análogas àquelas dos ritos de iniciação de povos ditos "primitivos".

O rito de passagem marca uma mudança na posição que uma pessoa ocupa na sociedade. Ele geralmente envolve um período de reclusão, durante o qual a passagem de uma posição (por exemplo, colegial/adolescente) para outra (bacharel/adulto) acontece. O período de isolamento e de transição termina através de um ato de reincorporação (colação de grau), no qual a sociedade celebra e confirma a nova identidade social do indivíduo. De acordo com Mead[124], esses ritos funcionam como instrumentos de estabilização da cultura.

Segundo a mesma antropóloga, deve-se distinguir os ritos culturais dos "naturais". Estes últimos são determinados biologicamente e marcam certas fases do amadurecimento orgânico, as quais entretanto se acompanham de novas aquisições psicológicas muito importantes. Para a mulher, os ritos naturais são, há tempos, a sua ocasião de adquirir um *conhecimento* e, assim, ultrapassar uma fase. A vida feminina é marcada, ritmicamente, por ritos cujo determinante biológico é intenso e evidente. Assim ocorre na menstruação, na maternidade, na menopausa.

Os homens não dispõem de tantas experiências ritualísticas naturais. À exceção da puberdade, todas as outras iniciações masculinas são de origem cultural. Com o desenvolvimento das sociedades industrializadas, o homem passou a ter ritos especificamente associados com as suas funções na área de produção e de comércio (Huws[75]). A educação formal, o treinamento profissional especializado na política, nos negócios, nas artes e nas ciências, na religião também constituíram-se nos ritos culturais masculinos, que só muito lentamente estão sendo permitidos às mulheres.

Assim, a entrada da mulher na educação formal de nível universitário representa a transformação de um rito, antes sob o predomínio do mundo masculino. Em termos da sociedade, esse fato sem dúvida possui um efeito desestabilizador, o qual pode ser percebido em termos globais, no mercado de trabalho e nas mudanças de comportamento. Em nível pessoal, porém, as influências transformantes deste fato são perceptíveis nas relações afetivas, familiares e conjugais. Estas crises de desestabilização são mais intensas quando a mulher já possui obrigações domésticas ou tem filhos para cuidar.

Não é somente durante os anos de estudo que as responsabilidades advindas da passagem pela universidade vão pesar. É sobretudo após a conclusão do curso, quando a mulher tem de escolher o seu caminho no mercado de trabalho, que ela percebe como este campo está regido por regras e por valores "masculinos", os quais contrastam com os valores pelos quais se regula o mundo das suas responsabilidades familiares.

A mulher precisa estar bastante consciente dos seus próprios valores, pois a pressão para adaptar-se ao tipo de visão que regula o mundo dos negócios, da política, da ciência e da arte, inclusive da religião, é potencialmente desestabilizadora para a sua psique. Ela deve tomar contato com a importância do impulso coletivo que hoje traz uma quantidade sempre crescente de mulheres à universidade.

E perceber que todas elas, coletiva e individualmente, estão rasgando um tabu secular. A aquisição de um conhecimento sempre traz responsabilidades e também sacrifícios. Tornar-se consciente do processo interno que conduz ao conhecimento reduz os perigos desta fase e permite que os frutos sejam colhidos e que possam ser ofertados para o benefício de outros.

2

A EXPRESSIVIDADE

O primeiro ponto que pudemos identificar refere-se, portanto, ao relacionamento adequado com o princípio feminino. No corpo, esta relação responde pela harmonia nas funções reprodutora e sexual. Uma mulher posicionada de modo negativo frente ao seu Eros interior terá disposições inadequadas com respeito ao ato de ser mãe, gerando conflitos nessa área, que vão repercutir nas suas funções fisiológicas. Os distúrbios nos órgãos sexuais e reprodutivos, assim como na região dos seios, indicam um bloqueio na distribuição da energia nestas partes. Como estas áreas são fundamentais para a identidade feminina, trazem desconforto e até doenças graves. De modo geral, uma mulher que não encontrou o seu ponto de apoio nas condições femininas do seu ser revela isto em tudo. Falta-lhe a graça natural, a beleza simples e a alegria de quem está em sintonia com a fonte da vida.

A mulher está, de modo geral em nossos dias, muito distante das condições femininas básicas expressas através das funções reprodutora e sexual. A energia liberada pelo controle dos nascimentos e pela liberdade sexual foi dirigida para as realizações no plano mais intelectual, e a mulher se ressente, freqüentemente, de um certo desequilíbrio. É crescente o número de disfunções nas glândulas mamárias, nos ovários e no útero, que se tornam tão graves a ponto de se precisar extirpar tais órgãos. Também os homens parecem sofrer um aumento das disfunções da próstata e das partes sexuais, como atestam os relatos dos analistas e dos médicos. Correspondendo a uma deslibidinização excessiva das funções instintivas, estes distúrbios mostram a separação do corpo e da sua simbologia na mente do homem e da mulher contemporâneos. Neste sentido, todo o fervor atual para aumentar a beleza do corpo e a sua força através da prática da ginástica, dança, musculação, esportes e outras formas de cultivo corporal é uma prova da necessidade coletiva de contato com a realidade física da existência.

Nem sempre esses meios de lidar com o próprio corpo são adequados. Na maioria das vezes estão ajudando a sede de poder e alimentando o controle autoritário da mente sobre os músculos e tendões, no velho esquema do *mens sana in corpore sano*. A mulher entra nessa moda com muita facilidade porque o seu corpo possui um valor social bem evidente. Mas, se a prática de um exercício não for acompanhada de interiorização e da busca do significado do corpo, nada de novo pode resultar. Vários meios disponíveis no momento não deixam margem para que a interiorização ocorra. Na dança clássica se vêem, por exemplo, inúmeras formas de preservar a estereotipia dos movimentos, abusando dos grupos musculares, exigindo a obediência a uma forma dada exteriormente. A coreografia fixada de fora para dentro limita a criatividade e em vez de expandir a consciência, desvia-a grosseiramente. Rudolf Laban previu o beco sem saída a que as pessoas chegariam com os métodos de dança ainda em moda nas décadas de 30 e 40, e propôs a libertação do movimento. Suas idéias centralizam o eixo do corpo no livre fluir dos movimentos, a partir dos contatos com o inconsciente. À página 11 lemos:

"A fonte, da qual devem brotar a perfeição e o domínio final do movimento, é a compreensão daquela parte da vida interior do homem, de onde se originam o movimento e a ação. Tal compreensão aprofunda o fluir espontâneo do movimento, garantindo uma eficaz agilidade".

Diversos terapeutas junguianos têm publicado as suas experiências com uma abordagem integrativa da análise e da dança. Assim, Greene[66] expressa com clareza a convicção de que *"o uso apropriado do toque ou da atividade rítmica dentro da situação terapêutica também pode liberar padrões de reações arcaicos e facilitar a aprendizagem de novas atitudes".*

---

1. Neste campo, é importante mencionar o trabalho desenvolvido em São Paulo, com muito êxito, por Maria Duschenes, inspirando-se no método de Laban, e que por sinal apresentou a 1.ª edição brasileira deste autor. (Rudolf Laban — *O Domínio do Movimento*, Summus, São Paulo, 1978.)

Para Chodorow[26] o valor da dança como meio de contato com o inconsciente baseia-se no fato de que essa atividade humana é bem anterior ao uso da palavra falada. Nos tempos primitivos, curar, rezar e dançar eram ações integradas, experienciadas de modo natural pelas pessoas. Afirma ainda que a observação do movimento é um meio de testemunhar os processos inconscientes, e apóia-se nesta experiência para organizar o seu trabalho em psicoterapia.

Chegamos, assim, a um outro ponto de apoio na evolução feminina que deve merecer o cuidado consciente: *a expressividade*. A dança, a música, a palavra falada, cantada ou escrita, a pintura e outros meios de expressão da vida interior são vias de autoconhecimento. A mulher geralmente expressa a sua individualidade através dos múltiplos meios que a cultura pôs à sua disposição, mas falta algo mais consciente para que estes produtos revertam em benefício da sua harmonia. Refiro-me à união entre os modos de expressividade e a compreensão do seu valor simbólico individual. O caráter decorativo que se vê em algumas formas de arte, hoje, esconde o seu valor mais profundo. Com o passar da mulher do ambiente recluso, doméstico, para os meios sociais mais amplos, ela também perdeu a antiga interiorização, e a sua arte pode reduzir-se ao meramente superficial e utilitário.

No fundo, a necessidade de comunicar aquilo que lhe é próprio torna difícil, para a mulher, a tarefa de vencer socialmente através da arte. Neste campo, o êxito depende da energia criadora e original que só as pessosa com contato interior conseguem. Qual o modo feminino de expressão artística? Certamente qualquer resposta cabível nesta linha de idéias deve rever aquilo que a mulher chamaria a sua *feminilidade*. Haveria conteúdos do ser feminino que deveriam ser expressos artisticamente *pela* mulher. As suas imagens sensoriais, o seu erotismo, a sua percepção do homem e da maternidade, enfim, uma relação das experiências que, em lhe sendo particulares, não podem ser conhecidas dos outros sem que a mulher as revele de viva voz.

Há que desenvolver aquilo que Jung denominou *função transcendente,* reunindo os opostos da psique feminina. Nestes opostos residem a tensão e o conflito da mulher contemporânea, a qual, mais do que qualquer de outra época, dispõe de recursos para controlar a própria energia instintiva. E justamente isto lhe dá um poder cujo uso inadaptado causa os mais difíceis transtornos. O objetivo da função transcendental é desenvolver a relação entre consciente e inconsciente. A expansão psicológica que ela proporciona leva a ter maior inspiração e criatividade porque a pessoa reúne as próprias energias e transcende o abismo colocado pelo ponto de vista consciente unilateral.

Para o desenvolvimento feminino, o referido processo implica a necessidade de reorganizar-se frente aos dinamismos mais instintivos da psique. E a questão básica volta a colocar-se: *aceitar ou recusar o corpo?*

Quando não há verdadeira consciência do corpo, o ser humano é resultado da manifestação dos instintos, o que no plano psicológico equivale a uma tirania dos dinamismos arquetípicos. O predomínio da dinâmica da espécie impede o nascimento do *indivíduo,* este nível de evolução que só o ser humano pode alcançar. A liberdade de fazê-lo passa pela tomada de consciência das leis bioquímicas e biomecânicas da própria existência, ou seja, por todo o arcabouço concreto e material da vida. Este arcabouço em nós está e é o corpo. Quando não há entendimento adequado das leis que regulam as funções corporais e dos meios necessários para obter a saúde, o justo equilíbrio orgânico, resta somente a submissão às leis da *physis.* Atua, assim, um tipo de pressão retroativa, forçando a pessoa a regredir a estágios inferiores. Onde o nível psicológico não pode desenvolver-se, o físico agiganta-se, operando uma redução do humano.

Na aceitação do próprio corpo, uma pessoa pode apoiar-se em diversos meios sistematizados e que exigem supervisão, até os mais simples.

Entre os meios à disposição, citam-se as técnicas de Feldenkrais[37] e de Alexander[4], ambas trazendo a consciência do corpo pelo movimento e pelo desenvolvimento da propriocepção.

Já as expressões plásticas através da argila, do desenho, da caixa de areia, da pintura constituem outros meios importantes para entrar em contato com o próprio universo interior. Estas modalidades atingem o inconsciente, facilitando a comunicação do ego consciente com os conteúdos mais profundos da psique[1].

Nessa maneira de ir ao diálogo com o inconsciente, o pensamento acompanha, mas não dirige. É antes a intuição que orienta

---

1. Uma notável demonstração do efeito da expressão plástica através da pintura é o trabalho desenvolvido por Nise da Silveira e sua equipe, com pacientes do hospital Pedro II, no Rio de Janeiro (*Imagens do Inconsciente,* ed. Alhambra, Rio de Janeiro, 1981).

o autoconhecimento e abre às expressões ainda desconhecidas do próprio sujeito. Nem é preciso que haja uma interpretação conseqüente do material, ele se organiza por si mesmo. A expressão é terapêutica em si mesma. A libido se reorganiza através de seus próprios meios de transformação.

O intercâmbio necessário entre as percepções corporais, os sentimentos, o pensamento e as imagens intuitivas para a integração fisiopsíquica também aparece com evidência no relato do caso de Ana, uma menina que Jung conheceu através do pai. Essa criança atravessou uma crise evolutiva considerada normal para a sua idade, mas foi tratada com particular atenção por causa dos conteúdos arquetípicos que emergiam. Ela brincava, sonhava e verbalizava esses conteúdos, unindo todas as formas de expressão para alcançar o seu objetivo. Este poderia ser resumido como sendo compreender o significado do corpo humano no processo da vida. Ana começou a mudar de atitudes quando sua mãe ficou grávida. Tinha quase 5 anos e estava preparada para levantar os véus que costumam ser erguidos até esta faixa de idade. Buscou saber por onde nasciam os bebês e realizou com o seu corpo diferentes experiências para descobri-lo. Os seus jogos eram feitos com bonecas e também com outras crianças. Ela reviu, uma após outra, as hipóteses que emergiram na história da humanidade sobre a origem da vida. Seu corpo foi sendo redescoberto, os orifícios foram libidinizados, enquanto Ana se esforçava intelectualmente para alcançar o nível dos conceitos contemporâneos. Os seus sentimentos estavam correspondentemente mobilizados, embora nem sempre de modo positivo. Ana teve crises de insônia, de irritação, de falta de apetite, tornou-se ora explosiva, ora ensimesmada. Mostrava espontaneamente as alterações de curso do seu rio interior, ora mais para o mundo externo, ora mais para o interno, conforme a libido aparecesse progressiva ou regressivamente direcionada. As suas brincadeiras (autênticas pesquisas) eram desenvolvidas na terra, com as plantas e com a ajuda do jardineiro. Outras vezes na cama com seu pai, ou com os bonecos. O seu corpo entrava naturalmente nessas experiências, assim como o corpo dos outros. Ana distanciou-se da sua mãe, opôs-se a ela e aproximou-se do seu pai. Precisava descobrir o papel do homem no mistério da vida. A organização das sensações (aparentemente caóticas) é realizada pelo princípio do *logos*. Quando essa categoria de eventos transcorre espontaneamente na vida de uma criança, não há lugar para o trauma ou a fixação. Ela se aproxima do arquétipo paterno com naturalidade, suas descobertas são assimiladas e o desenvolvimento da personalidade flui.

Ana comparava inconscientemente o parto com a erupção dos vulcões e com o terremoto. Também o orgasmo pode ser adequadamente simbolizado por um verdadeiro terremoto. As emoções mais intensas rompem os arcabouços habituais da imagem do corpo, abrem fissuras por onde a energia pode jorrar. Sua mente, aos cinco anos, investigava a si e ao mundo e ela compreendia o processo vital. No dinamismo do seu desenvolvimento nesta fase, era importante aproximar-se do próprio pai carnal. A libido projetada sobre a figura de seu pai externo assinalava o fato de ordem interna, relacionado à libidinização dos conteúdos ligados ao arquétipo do pai, regido pelo princípio masculino do *logos*.

Esta é uma fase posterior àquela em que a menina se apoiou na própria mãe, identificando-se com ela. Vivida plenamente, a primeira fase leva à seguinte. A terra pode, então, receber a fecundação. Ou seja, a menina, garantida em sua primeira identificação com a mãe, "deseja" ser terra como a sua mãe e gerar. O pai é escolhido para fazê-la elevar-se a este novo tipo de realização. Trazendo os comportamentos para o nível do significado que eles expressam, percebemos melhor como a (assim chamada) crise dos cinco anos representa uma expansão da consciência da mulher. Tornada mais consciente do seu ser pelo intercâmbio com o pai, ela adquire os valores do arquétipo masculino, completando-se e compensando a unilateralidade da sua identidade fenotípica.

Na menina por volta dos cinco anos esses valores do princípio masculino são concretamente revertidos em novas atitudes diante do seu corpo e do mundo. Com respeito ao corpo, a higiene e a alimentação começam a ficar autônomas. Ela quer e já sabe como limpar-se, banhar-se, vestir-se, sem a ajuda da sua mãe. É natural que queira escolher a sua roupa e se revolte quando a mãe tenta impor-lhe ainda alguma escolha. Na alimentação — produto primário da sua relação com a mãe — também a menina quererá escolher *o que vai pôr para dentro do seu corpo*. Esta decisão, antes sob o poder materno, é agora reivindicada pela menina, tornada mais forte pela introjeção dos valores paternos.

A energia masculina transforma-se por oposição, diz Buytendijk[19,20], enquanto a feminina, por inclusão. Compreende, assim, este autor, que os momentos tipicamente "femininos" sejam mais interiorizados do que os "masculinos". *A mulher tende a ser ativa para o interior, enquanto o homem o é para o exterior,* afirma Yone Galeotti (relato pessoal), *transcendendo a complexa oposição entre atividade e passividade.* Esta difícil questão mostra o quanto é profunda a tarefa feminina de integrar em sua psique os dinamismos femininos e masculinos.

Na meninice já há uma tensão existencial entre o masculino e o feminino na mulher. Ao aceitar a sua condição feminina, ao nível em que isto pode ser realizado aos cinco anos mais ou menos, a menina cresce psicologicamente. Isto significa, na dinâmica do inconsciente, que a energia do arquétipo paterno foi mobilizada e vai propor mudanças atitudinais. O efeito mais chocante dessa transformação talvez possa ser visto na agressividade. A menina se envolve em disputas físicas com meninos e meninas da mesma idade e tem interesse pelos jogos de competição, onde leva mesmo certa vantagem sobre os meninos, devido à leve diferença que o seu desenvolvimento psicológico pode trazer. Os traços da menina briguenta estão presentes, por exemplo, na personagem da Mônica, criada pelo desenhista Maurício de Souza. Em inúmeras outras estórias e personagens infantis também aparece esta característica, atraindo o interesse, principalmente das meninas.

Cláudia foi uma criança que veio ao meu consultório enviada pelo seu ortodontista, com queixa de bruxismo. O ranger de dentes era tão intenso que ela precisava usar um aparelho protetor, à noite, para evitar o excesso de desgaste dos seus dentes. Cláudia, como a chamei, tinha quase cinco anos quando comecei a trabalhar com ela, associando a ludoterapia com os toques para mobilizar as suas tensões corporais. A sua identificação com a Mônica era tão importante, que sempre trazia uma boneca dessa personagem para as sessões. A grande tensão da região oral, associada à retenção da agressividade, revelavam o quanto a sua libido estava fixada nessa parte. Correspondendo internamente a uma problemática de integração da figura materna, este bloqueio foi, aos poucos, se desmanchando. Cláudia revia todos os seus hábitos de higiene, reorganizou a defecação e a alimentação e o prazer experimentado nesses atos. Revelou em atitudes de oposição à mãe o quanto desejava sair sozinha com os seus coleguinhas. Em uma destas ocasiões, brincava nas escadas do prédio e foi vista tendo jogos sexuais. Apesar da repressão materna que se seguiu a isto, Cláudia evoluiu sensivelmente. Adquirira a autonomia sobre o corpo, fizera com ele o que lhe dava prazer e experimentara o encontro com o masculino fora de si mesma.[1]

O corpo é, primeiramente, propriedade da mãe. Somente aos poucos, muito lentamente, uma menina vai tornando-o coisa sua. O mesmo processo acontece com os meninos, mas os valores sexuais tornam estas experiências muito diferentes. Identificada fenotipicamente com a sua mãe, a menina precisará de esforço consideravelmente maior para diferenciar-se psicologicamente do modelo materno. A presença do homem é, sem dúvida, necessária para realizar este passo. Por muitas vezes, o processo tem sido descrito como sendo de fundo negativo, baseado em um "complexo de castração". Freud e a psicanálise falharam em anunciar as bases da psicologia feminina, porque a olharam do ponto de vista unilateral masculino. Deutsch[28] foi mais feliz, opondo-se parcialmente ao pensamento freudiano. As suas elaborações acerca do papel do corpo da mulher na sua caracterização psicológica mostram o quanto o envolvimento primário com a mãe é importante.

A mãe é o primeiro objeto investido de libido. Através do contato com as suas mãos e com o seu corpo, a criança toma consciência dos ossos, músculos e pele, sempre em uníssono com as qualidades afetivas desta interação. Impossível assimilar o mundo masculino sem passar pelas principais experiências com os valores do arquétipo materno. Ou, então, o encontro conflituoso com a energia masculina interna, o *animus*, faz regredir a libido, revitalizando as etapas passadas ainda não devidamente elaboradas. Era assim que acontecia com Cláudia. O contato natural com o seu corpo pôde trazê-la novamente ao fluxo normal de desenvolvimento. Ela deixou de ranger os dentes e adaptou-se à nova fase. As brigas, a teimosia arrogante e autoritária da "Mônica" refletem a experiência do primeiro encontro com o lado masculino da psique da mulher. Pode-se ver já, desde aí, um certo *prolapso de animus*. Isto é, não podendo ser integrado, pois faltam as bases, o novo recurso trazido ao equacionamento da personalidade parte o esquema preestabelecido, força a uma dissolução, surgem as somatizações e as regressões em nível de fantasias persecutórias, medos absurdos etc.

Com grande freqüência podemos perceber que as dificuldades de integração do princípio masculino na mulher prendem-se ao fato

---

1. Este caso foi apresentado no II Congresso Interamericano de Psicologia Clínica, São Paulo, 1976.

de ela ter desenvolvido precariamente a sua identidade feminina. Este era o motivo inconsciente, por exemplo, na necessidade compulsiva que levava uma paciente a comer mais, sempre que ficava nervosa. De nível universitário, com mais de 30 anos, comia compulsivamente substâncias ácidas, tendo, depois, as piores conseqüências.

No plano simbólico, a acidez estava nas atitudes principais dessa mulher. Ela era ácida consigo mesma. Suas palavras corroíam aquilo que sentia por si e pelos outros. A acidez crônica encerrava, entretanto, um certo prazer, posto que ela procurava o tipo de comida que lhe fazia mal. Essa ambigüidade inerente ao seu comportamento refletia a dissociação interna. Ela não cuidava, não protegia a si mesma e agredia o seu próprio corpo. Como havia introjetado uma figura materna negativa, os conteúdos correspondentes à função oral e digestiva corroíam, comiam por dentro as mucosas das suas vísceras. A feminilidade da mãe desta mulher era inadequada para ela em diversos aspectos. Tornava-a dura, tensa, briguenta. No fundo, porém, sempre quis ser doce. A doçura simboliza o novo feminino, capaz de brotar da transformação de sua atitude.

3

O SIMBOLISMO DO VASO

Assim podemos prosseguir, compreendendo agora o papel do corpo na evolução e no processo individual de aquisição do conhecimento. Talvez o instinto mais comumente atribuído à mulher e que a caracteriza na espécie humana seja o instinto maternal. Há um arquétipo correspondente, o qual podemos analisar — o arquétipo da Mãe. Este arquétipo, básico na organização da psique feminina, está presente desde as mais tenras comunicações da criança com a sua mãe. Ele é mesmo ativado por tais experiências infantis, e não só na criança como ainda em sua mãe. A relação que a filha terá com o seu próprio corpo dependerá, em muitos aspectos fundamentais, das experiências vividas sob a mobilização deste arquétipo.

Jung admitiu este ponto em diversos momentos. Foi esquemático a esse respeito e indicou certas previsões clínicas quando a relação com a "Grande Mãe" é vivida negativa ou inadequadamente. A defesa contra a Mãe é um comportamento típico do complexo maternal negativo. Assim, as resistências da mulher ficarão aumentadas contra as atividades familiares, sociais de tipo convencionais. O seu corpo também sofre as conseqüências de uma disposição negativa à imagem da "Mãe como útero". Transtornos de menstruação, dificuldades de conceber, certo receio ou até pânico frente à gravidez, dificuldades neste período são formas de expressar a inadequação da mulher frente a este arquétipo. A "Mãe como matéria" representa, também, uma ameaça. Então, uma mulher com esse tipo de inadequação frente ao arquétipo será impaciente com os objetos, inábil no manejo de ferramentas por causa da sua impaciência e apresentará certa vulgaridade nos hábitos em geral.

O inverso destas resistências à Mãe, representa a maior identificação com o arquétipo. Isso paralisaria completamente a personalidade da filha, passando a viver como a sombra da sua mãe. Neste nível, a própria sexualidade se encontra bloqueada, pois o papel de esposa ou amante exige certa diferenciação já e uma assimilação do princípio masculino.

Cada arquétipo se distingue pelas suas características próprias, e neste elas compõem os aspectos essenciais da "Mãe". A imagem da Grande Mãe aparece na consciência com certos atributos, cujo destaque confere à figura evocada o seu caráter positivo ou negativo. Este arquétipo não é prerrogativa da psique feminina, mas se expressa nesta com certas peculiaridades, provocando reações bastante intensas pela facilidade com que uma mulher se identifica com esse tipo de imagem arquetípica.

Os três aspectos essenciais da Mãe são a sua bondade, que protege e sustenta, a sua capacidade emocional e a sua obscuridade. O primeiro aspecto se resume na virtude da bondade que é generosa, alimenta e dá vida, cuida e protege. É por isso a qualidade que, no seu estado positivo, é melhor reconhecida e aceita nesse arquétipo, tendo mesmo marcado a imagem universal da mãe em sua analogia com a generosidade da terra, que dá alimentos e também sustenta todos os seus filhos. Este aspecto carrega consigo o risco de causar uma hipertrofia das tendências maternais, com o conseqüente desequilíbrio das demais funções femininas, como companheira, esposa profissional, amiga, amante e filha, entre outros. A emocionalidade maternal é fruto da ligação da mãe com a fonte de vida que há nela mesma. Leva a reagir segundo essa força, pondo-se em comunicação empática* com os que dela precisam. Os sentimentos superiores também estão representados nessa dimensão do arquétipo pelo anseio de ajudar, pelo amor e pela caridade fraterna. Em vez disso, ainda faz parte da imagem da Grande Mãe uma emocionalidade orgiástica instintiva, pelo contato com os impulsos sexuais sem discriminação moral ou ética, mas, por isto mesmo, bem próximo da natureza. Paixão seria o termo adequado para resumir essa qualidade da Grande Mãe, segundo a qual foram criadas certas representa-

---

* Empática: deriva-se de *pathos*, de origem grega, que significa paixão. Também se derivam as palavras "empatia" e "simpático", ambas referindo-se ao movimento de atração em que as pessoas são envolvidas por dinamismos inconscientes.

ções mitológicas vistas como malévolas e vingativas, mas também como deusas do amor sexual e da fecundidade.

O terceiro traço essencial da Grande Mãe revela o contato mais profundo com os mundos infra-humanos, que seria experienciado através dos conteúdos mobilizados nesse arquétipo. Podemos entender que a capacidade empática entre as pessoas, sendo quase uma forma de comunicação visceral, não necessita de intelecto para realizar-se, sendo mais uma obra do instinto do que da razão. Assim a imagem da Mãe sob o terceiro aspecto é descrita pelo seu lado mais obscuro, denso, mas também profundo e riquíssimo de ensinamentos. Desde longo tempo os homens tem atribuído à mulher, em seu papel de mãe, certos atributos misteriosos, movidos de medo e respeito pelo seu dom, para os primitivos verdadeiramente mágico, de dar vida a um ser humano. O poder de entrar em contato com os mundos infra-humanos e deles retirar a vida e a luz foi assim concedido à imagem internalizada da Mãe, na psique dos povos. Por outro lado, tal aspecto também sinaliza para a dificuldade de uma mulher tornar-se consciente das suas forças instintivas e resgatá-las da condição em que costumam prevalecer, pela tendência inerente ao dinamismo do arquétipo. Esta terceira qualidade pode também prover a pessoa de facilidade no contato com os mistérios da vida, através de dons divinatórios. Em nossos dias, há uma faixa da psique do homem e da mulher modernos que costuma reagir à mobilização deste arquétipo com o despertar do interesse pelas idéias ocultistas, trazendo o anseio de uma compreensão metafísica da vida. Abre-se, com freqüência, em pessoas bem desenvolvidas mentalmente, uma certa busca do simbolismo oculto dos fatos e das ocorrências humanas, levando assim ao mais profundo e ao mais elevado. Em certo sentido, a ligação de uma pessoa com esta faixa do arquétipo da Grande Mãe desperta a consciência para novas percepções, que transcendem aquela realidade sensorial, costumeiramente experimentada.

Ao buscar a própria valorização excessivamente através da atividade verbalizada e mental, a mulher se opõe às expressões intuitivas do seu inconsciente e se aliena das percepções do seu corpo. Este desequilíbrio não chega a assumir proporções destrutivas, como regra. Ao contrário, pode servir de estímulo para a descoberta das suas outras fontes de recursos adaptativos, levar ao autoconhecimento, ao desenvolvimento, enfim. Em certos casos, porém, o desconforto e a angústia gerados pelo isolamento da consciência acerca dos processos inconsciente produzem sintomas dolorosos e sofrimentos graves. Ocorre, então, que uma jovem mulher chegue a conscientizar-se da própria desarmonia precisamente através destes sofrimentos e, não raro, a incapacidade de ter filhos será dentre aqueles que mais são capazes de mobilizá-la e inquietá-la.

Como meio de cura, as percepções recolhidas por intermédio da auto-observação treinada e do desenvolvimento instintivo oferecem à pessoa uma nova realidade. Acredita-se poder estar em contato com os universos novos do campo consciente e inconsciente, através de artifícios engenhosos como o uso de drogas e o malabarismo de ginásticas exóticas; entretanto, a expansão da psique acontece através de experiências bastante simples. Temos visto essas experiências serem realizadas por inúmeras pessoas e o seu fruto produzir efeitos importantes para a autocompreensão. Assim, as ligações de uma pessoa com as faixas arquetípicas pode se dar através do sono e dos sonhos, como também através das experiências de relaxação. A relaxação como método de autoconhecimento foi usada sob diversas circunstâncias, e não serei extensa na discussão das técnicas atualmente em uso. No entanto, importa enfatizar a circunstância especial em que Jung empregou a relaxação, obtendo através dela o desenvolvimento da função transcendental. O resultado mais sensível dessa maneira de atuar é a criação de uma ponte que, ligando os processos conscientes aos processos inconscientes, estabelece a base para o sentido de uma individualidade própria adaptada ao extremo mas, também, ao interno. Atinge-se, pelo diálogo assim realizado, aquela condição de existência mencionada por tantas teorias psicológicas, assim como por incontáveis textos religiosos e filosóficos antigos: — *o ser-em-unidade*. A função das duas instâncias possibilita em nível prático o melhor intercâmbio entre as duas formas de pensamento, o verbal — característico da mente consciente e o não-verbal ou simbólico — típico da mente inconsciente.

Diversos processos corporais prestam-se mais à expressão não-verbal e simbólica por sua natureza sutil, abstrata ou, também, pelo nível de diferenciação que possuem. Quando uma mulher aborda a si mesma sob o ângulo dos seus sentimentos, percebe que o raciocínio puramente intelectual não é mais adequado para lidar com esses conteúdos. Precisará, então, usar a sua função secundária ou a inferior, para elaborar as múltiplas imagens inconscientes.

Certa vez, depois de ter passado por uma experiência de relaxação com a Calatonia (Sándor[157]) uma paciente relatou-me que via a si mesma como *"um vaso depositário de esperma"*. Era terrível para esta mulher sentir-se assim, um objeto passivamente colocado à disposição do poder masculino. Ela estava indignada e o seu relato vinha cheio de desprezo e raiva pela sua condição. Esta moça havia captado uma imagem muito próxima do problema central de sua identidade feminina. Ser um vaso depositário do sêmen masculino diminui uma mulher culta, de formação universitária, que avalia a si própria em termos bem mais elevados sob outros ângulos. Não ser, afinal, mais do que *um vaso* é tão depreciativo que, evidentemente, dispõe negativamente contra o fruto desse sêmen.

Ora, acontece que a natureza realmente dotou a mulher com *um vaso!* O conjunto dos órgãos constituídos pela vagina, útero e trompas é um vaso perfeito, um autêntico recipiente, predestinado a recolher a substância fecundante e a fazê-la amadurecer, em união com a própria substância feminina. Observando com atenção a anatomia feminina, pode-se notar que toda a bacia pélvica da mulher é um vaso, a sua forma difere marcadamente da bacia masculina,

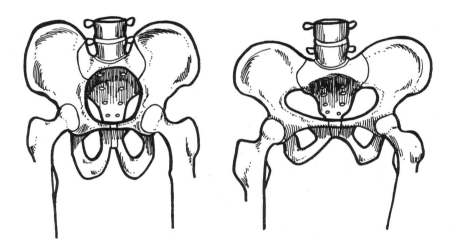

Desenho das bacias pélvicas feminina (à direita) e masculina (à esquerda), onde se pode ver a conformação diferente dos ossos.

fator que produz várias particularidades na cinesiologia feminina. Não fosse este fato natural eu poderia concordar com a paciente e solidarizar-me com a sua mágoa por ser apenas um vaso depositário de esperma. O que há, porém, de antinatural nisso tudo é a peculiar redução que se operou mentalmente sobre o símbolo, destituindo-o do seu valor humano geral e colocando-o em nível inferior, pequeno, limitado.

Pois a imagem da mulher como vaso é o simbolismo central do feminino. Está presente nas representações dos povos pré-históricos, gravadas nas cavernas, assim como em civilizações avançadas como a egípcia e a grega, e em nossos dias também.

Por razões naturais, a mulher é representada como o vaso por excelência. A mulher como corpo-vaso é a expressão natural da experiência humana do feminino, pois é *nela* que penetra o membro masculino e é *dentro dela* que se mantém a criança antes do nascimento. Neumann[1] afirma a este respeito que somente quando houvermos considerado em toda a sua amplitude as funções femininas básicas — dar a vida, nutrir, esquentar e proteger — poderemos compreender porque o feminino ocupa uma posição tão central no simbolismo humano e, desde o mais longínquo começo, recebe o caráter de "grandiosidade". O feminino possui uma superioridade luminosa, isto é, há luminosidade nos conteúdos arquetípicos que colocar a sua energia à disposição do ser humano infante. Diferentemente do animal, uma criança, ao nascer, é totalmente desprovida de condições de auto-subsistência. A única função biológica à sua disposição é a respiratória, mas sem alimento e proteção nenhuma criança sobreviveria. Tal realidade, obviamente, alertou os povos primitivos para o poder da mãe, conferindo-lhe magia e autoridade.

Na fase matriarcal, quando o feminino preponderou sobre o masculino, o inconsciente também predomina sobre o ego e a consciência. O contato com o mundo efetivou-se, principalmente através das funções irracionais — a percepção e a intuição —, trazendo às pessoas aquelas imagens sintéticas e altamente carregadas de energia libidinal que eram as mais convenientes e, adaptativamente, mais eficazes. Assim podemos entender que o corpo feminino servisse de metáfora para o mundo como tal, já que todos os seres parecem estar contidos nesse grande vaso incomensurável, que é o Universo; assim como os homens, ficavam inicialmente no seio materno.

Um exemplo interessante desta ligação entre a mulher, o corpo, o vaso e o mundo está na representação dos signos zodiacais, apresentada em escritos medievais. Nela, os signos são associados aos órgãos do corpo, para mostrar a relação entre o homem, a mais perfeita criatura, e o mundo; o micro e o macrocosmos interconectados de maneiras sutis e inconscientes. Observando-se a forma elíptica que circunda

---

1. Erich Neumann escreveu uma obra sensível e fartamente documentada sobre o arquétipo da Grande Mãe. (Princenton Univ. Press. 1955.)

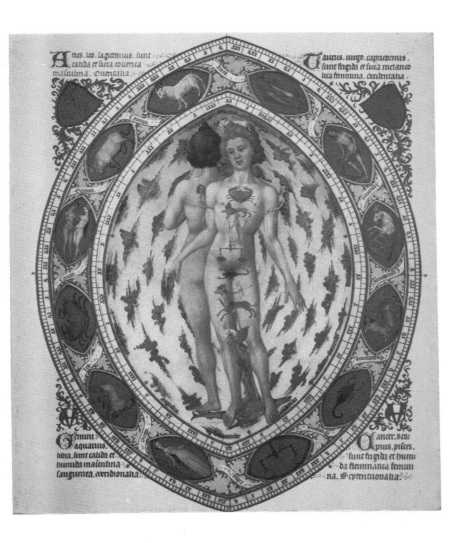

O homem zodiacal ou o "Espelho Celeste", representação do céu, tal como pode ser visto pelo ser humano situado na Terra. Na concepção antiga, as diversas constelações estão coligadas aos órgãos do corpo humano, para simbolizar a idéia alquímica de que "tudo está em relação com tudo". De outro modo, também se diz que "o microcosmo (indivíduo) está em relação com o macrocosmo (universo)". A forma ovalada que circunda a figura é, provavelmente, uma imagem de que o Universo nasce da Mãe do Mundo (gravura francesa do séc. XV).

a figura central, nota-se certa semelhança com a abertura vaginal. Neste sentido, o homem cósmico pode ser visto como estando contido no feminino transcendente, quase como se nascesse da "Mãe do Mundo", que engendrou e tirou de si a raça humana.

A Grande Roda ou Roda da Vida é um outro símbolo correspondente à mesma idéia, segundo a qual todos os seres vivos e não vivos percorrem um trajeto, passando por múltiplas transformações. Os signos zodiacais sintetizam alguns dos aspectos das influências cósmicas que podem ser assimilados pela mente humana, mediante um esforço orientado e consciente. O simbolismo da Roda, porém, refere-se ao conjunto dos princípios feminino e masculino conjugados, pois para dar movimento ao mundo é preciso que homem e mulher sejam um só, estejam unidos e harmonizados.

Em termos da personalidade humana, o simbolismo da Roda da Vida demonstraria o valor que a integração interior de cada pessoa tem para contribuir ao movimento universal. Ela sugere, metaforicamente, a necessidade uma união interior da mulher, com o vaso, ao princípio masculino, como espírito fecundante, para que seja posta em movimento a magnífica roda viva que tudo transmuta e transforma. Os hindus observam o mesmo conceito quando acreditam que Shiva e Shakti estão permanentemente em amplexo amoroso, sustentando o mundo com o seu amor. Essa imagem religiosa de tão rara beleza mostra a profundidade e o alcance da sexualidade vivida em sua plena consciência. Para os hindus, a união amorosa de cada homem e mulher contribui igualmente para manter viva a energia do mundo.

A imagem do corpo feminino como vaso, receptáculo ou continente, liga-o também à terra. A terra é aquela que engendra e faz brotar as plantas, as árvores, as flores, nutre os animais e os seres humanos. Os seus produtos podem ser vistos como dádiva da mãe natureza para alimentar os seus filhos. É ela também que os abriga e consome, quando mortos.

Antes que a civilização humana se desenvolvesse, a terra era uma deusa; não encarada como um elemento material, mas como um espírito, uma criatura viva, uma fêmea — pois ela recebe o poder do sol, é animada por ele e, assim, tornada fértil. O corpo da terra, como o corpo do ser humano, é corruptível e sujeito a mudanças, mas o seu espírito é imutável. Esta visão antiga sobreviveu do Pré-Histórico até a Idade Média, quando foi assim expressa pelo alquimista Basilius Valentinus (citado por Michel — 1975, p. 4): *"A terra não é um corpo morto, mas é habitada por um espírito que lhe dá a sua vida* e a sua alma. *Todas as coisas criadas, incluindo os minerais, retiram a sua força do espírito da terra. O espírito é vida, é nutrido pelas estrelas e dá alimento a todas as criaturas vivas que ele protege em seu útero".*

O ser humano em estado natural goza a abundância da terra virgem, considera qualquer ação com o propósito de violá-la ou modificá-la um sacrilégio, tanto quanto uma leviandade. Uma ação supérflua, pois ela não lhe dá, graciosamente, todos os seus frutos? Encontramos entre os índios belas citações desse respeito ao espírito da terra, percebido por eles como uma das manifestações da própria Mãe Universal. Assim, Mohalla, um índio norte-americano, profeta, se expressou a respeito:

"Meus homens jovens nunca deverão trabalhar. O homem que trabalha não pode sonhar, e a sabedoria vem para nós em sonhos. Vocês me pedem para arar a terra. Deveria eu tomar uma faca e cortar os peitos de minha mãe? Então, quando eu morresse ela não me tomaria em seu seio para dar-me descanso. Deveria eu cavar sob a sua pele, buscar os seus ossos? Mas assim, quando eu morrer não poderia entrar em seu corpo para renascer novamente. Vocês me pedem para cortar o capim e fazer palha e vendê-lo e ficar rico como o homem branco. Mas como eu poderia ousar cortar os cabelos da minha mãe?" (Michel, 1975, p. 4).

Este sentimento, tão intenso, não prevaleceu, entretanto. A história das civilizações é, antes de tudo, uma heróica epopéia para dominar a terra. A presença do respeito pela terra em suas manifestações permanece, porém, nos movimentos ecológicos, que redobram de intensidade em muitos países. Os homens parecem estar começando a perceber que somos todos como crianças, e seremos aniquilados junto com a mãe Terra, caso não a tratemos com amor. Recupera-se, por este movimento de conscientização, alguns dos valores mais arcaicos da humanidade, quando o culto ao espírito da terra centralizava a maioria das religiões primitivas. Especialmente os nômades, os peregrinos, os viajantes, os itinerantes, os saltimbancos, os ciganos, os errantes de todas as épocas a consideravam sua mãe, e eles, as suas crianças, partes da sua santidade.

"No começo era o caos", conta o poeta Hesíodo em sua obra *Teogonia*, 116. Havia o espaço aberto, a pura extensão ilimitada, o abismo sem fundo. De repente, surgiu a primeira realidade sólida: Gaia, a Terra. Ela deu um sentido ao caos, limitando-o, instalou o chão, o palco da maravilha e da miséria da vida. Os primeiros artistas de

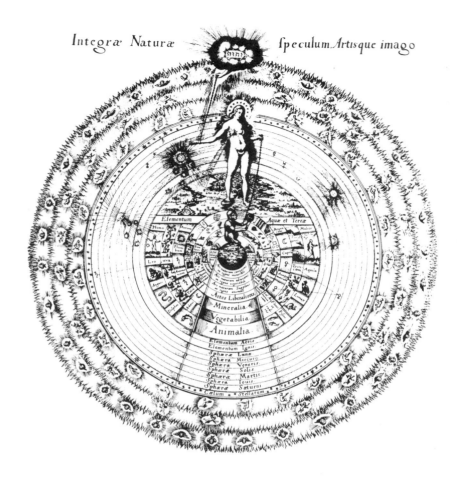

A *Anima Mundi* — alma do mundo — é concebida por Robert Fludd (1574-1637) como uma figura feminina que gira as esferas das estrelas e dispõe as influências planetárias sobre os níveis mais elementares, assim mediando as energias superiores e nutrindo todas as criaturas. "Ela não é Deus, mas o ministro próximo a Deus, governando os mundos subcelestiais". Assim, a energia do princípio feminino é apresentada em um plano espiritualmente elevado em consonância com as tradições antigas.

que se têm notícia imaginaram Gaia, a mãe Terra, como uma mulher de formas pronunciadas e seios enormes, índice da sua grandiosa fertilidade. Ela era festejada como símbolo universal da fecundidade e como profetisa, era também capaz de curar todas as doenças. O culto a Gaia evoluiu para outras figuras, como Deméter, a deusa da fertilidade, venerada pelos primeiros agricultores. Assim, para eles, não havia sacrilégio em arar a terra, mas seu ato estava imbuído de um significado religioso: eles repetiam o ato de amor primordial, através do qual os céus fecundaram a terra, dando origem a todos os seres vivos.

No simbolismo religioso dos tempos primitivos, o poder energizador do espírito da terra se manifesta de muitas formas diferentes, decorrentes da relação entre esse espírito receptivo, "feminino", e o seu pólo oposto, o "masculino" poder do sol. As imagens conhecidas mais arcaicas são representações esquemáticas e misteriosas da terra como uma mulher grávida. Estes objetos foram achados geralmente em locais de culto subterrâneos, ou em cavernas, e simbolizam a condição da deusa terra após a sua união com o deus celeste. É característico do espírito da terra e em acordo com a sua *natureza* feminina a tendência a retirar-se, a reservar-se dentro dos escuros recessos subterrâneos. Inversamente, a tendência predominante da polaridade masculina é ativar e expandir. Assim, os antigos compreendiam e relacionavam o mundo natural e o sagrado, ligando-os através dos símbolos e dos mitos.

O ESPAÇO SIMBÓLICO

Koch[102] elaborou o Teste da Árvore como estímulo para as projeções inconscientes da vitalidade natural e da expansão da energia psíquica. Era um estudioso dos simbolismos arcaicos e aproveitou as elaborações do mestre pintor expressionista alemão do século XVII Matthias Grünewald. Este, grande ocultista, projetava em suas telas vários conceitos esotéricos, oferecendo as suas imagens para o público daquela época, muitas vezes chocando-o pelo inusitado das expressões e das cores.

Vê-se no diagrama uma representação esquemática das forças que interatuam para manter e propagar a vida sobre a terra. Utilizando os quatro elementos formadores do mundo da cosmologia grega (terra, água, fogo e ar), Koch apresenta *vários conteúdos psicológicos* que lhe são, costumeiramente, associados. Tais elementos se apresentam ao nível da psique individual, mas também são elementos culturais valiosos, como atestam os livros sagrados e os mitos. A dimensão pessoal está representada dentro do quadrado e a coletiva, fora.

195

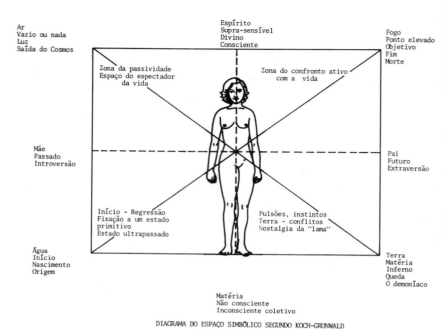

DIAGRAMA DO ESPAÇO SIMBÓLICO SEGUNDO KOCH-GRUNWALD

Tomei o diagrama de Koch-Grünewald, colocando nele uma figura feminina central. Deve-se considerá-lo como nos testes gráficos, sendo a sua direita paralela à direita de quem a vê. Nesta posição, ela recebe os vetores de força que chegam de todos os quadrantes. Note-se como as regiões do corpo são relacionadas com os valores conjugados nos espaços inferior, superior, esquerdo e direito. E, também, com as retas que ultrapassam o espaço vital pessoal, coligando cada indivíduo com as direções cósmicas. Todas estas influências conjugam-se no ponto Hara (expressão oriental) ou Centro de Gravidade (Cinesiologia ocidental), que é situado poucos centímetros abaixo do umbigo. Local de concentração da energia no ser humano, o Hara corresponde aproximadamente à posição onde se encontra o ventre feminino.

Os pés, raízes do corpo, estão na base do equilíbrio físico. Analogicamente também estão *na base* da personalidade, pois o desenvolvimento psicológico necessita de um sólido apoio na realidade. Água e terra representam o mundo que se vê *abaixo*. Freqüentemente as águas aparecem nos sonhos como metáfora para os dinamismos inconscientes. Assim, o curso lento ou turbulento, as águas profundas ou rasas, a potência das ondas, tudo serve para que o inconsciente represente o movimento interior da psique. A terra é, no mais das vezes, imóvel. Simboliza então o apoio direito à solidez no mundo material, que também possui conotações religiosas e morais. Considere-se que a evolução filogenética do ser humano partiu dos animais que viviam em meio aquático e, ainda agora, passamos nove meses embalados no líquido amniótico, dentro do útero. Somos, então, gerados *dentro* da terra (útero como caverna, local dentro do corpo da mãe terra) e embalados nas suas águas. Por isto, geralmente as pessoas projetam os conteúdos ligados às origens, aos instintos e aos aspectos mais inconsciente na parte inferior do próprio corpo.

Na base da coluna está o plexo sacral onde segundo a ioga, habita a serpente da energia vital, Kundalini. Esta serpente de fogo em determinadas circunstâncias se levanta e, percorrendo a coluna até o teto da cabeça, ilumina e faz vibrar os diversos centros de energia colocados sobre ela. Os iogues reconhecem sete centros principais, que chamam *chakras,* os quais correspondem aos centros nervosos e glandulares mais importantes na regulação da vida. O processo de *iluminação* buscado pelos homens e mulheres despertos para esta sabedoria consiste na procura dos meios para elevar esta formidável energia vital, retirando-a do inconsciente até o consciente, com isto tornando-se capazes de lançar *outra ponte,* desta vez coligando os mundos humano e divino, a matéria com o espírito.

Tal coligação, entretanto, não deve ser vista como ocorrendo apenas verticalmente. Na realidade, o esforço para integrar a própria condição fisiopsíquica percorre todos os conteúdos de maneira circular, assemelhando-se mais a um processo em espiral do que a uma linha reta. Assim, importa a cada pessoa ter os pés no chão, firmeza nas pernas e leveza no peito, sentindo o livre pulsar do coração, com idéias abertas em sua mente. De maneira dinâmica, a gente pode dizer que é necessário ter a cabeça nos pés e o coração nas mãos. Ou seja, estar consciente dos apoios escolhidos, libertando os sentimentos e dando expressão às próprias idéias.

A dinâmica de inter-relacionamento leva ao encontro dos elementos coletivos da psique, e neste processo de abertura para o inconsciente arquetípico, a energia circula pelos quadrantes do espaço vital, orientada pelo dinamismo emergente sem que se perca do próprio eixo. Os alquimistas referiram-se ao movimento de *circum-*

ambulatio da energia psíquica e às tensões dele decorrentes, capazes de transmutar os metais em ouro. Tomando a profunda simbologia contida nos textos alquímicos, Jung mostrou a sua analogia com o processo psíquico da individuação, constituída pelo intercâmbio dialético entre as diversas forças que impulsionam o ser humano.

Conhecer os seus direcionamentos e acompanhá-los sem excessos nem fixações corresponde a um ideal da maturidade psicológica em harmonia com a fonte da vida.

---

1. *Circum-ambulatio*, expressão latina (*circum*: ao redor de; *ambulatio*: que anda de ponto a ponto, sem permanência) é empregada nos textos junguianos para descrever o movimento que caracteriza a espiral evolutiva da energia psíquica.

PARTE V
A UNIÃO INTERIOR

Tara. Simboliza a mais elevada forma de transformação espiritual através da feminilidade, no Oriente. Ela tem muitas faces, muitas naturezas, manifestações no mundo das formas e ilusões, mas também confere o nirvana e a verdadeira iluminação. Por causa da sua função como medianeira entre o mundo dos envolvimentos (samsara) e a iluminação, ela é chamada "aquela que conduz ao sucesso" (ou "Tara"). A sua imagem como iluminação da sabedoria mostra-a leve e arredondada, com roupas esvoaçantes que não escondem os contornos femininos. Tem uma flor de lótus no ombro, na qual repousa um livro e as mãos formam um mudra (gesto simbólico) em círculo significando a contemplação interior da verdadeira doutrina.

1
O ENCONTRO COM O ANIMUS

Como poderia crescer uma árvore sem enfiar as suas raízes na terra? Olhando uma árvore frondosa vemos claramente que ela cresceu para o ar, rumou para o céu. Quanto maior o seu alcance, mais profundamente enraizada. Dessa maneira estão se desenvolvendo os vegetais. Jung compara-os à vida espiritual do ser humano, assinalando o seu desprendimento dadivoso, a par da solidez profunda de raízes que sabem integrar a energia da terra e, transformando-a, elevar-se aos céus.

Não poderíamos ter a mais pálida idéia do cosmos sem observar os seus efeitos sobre a superfície da terra, sem estudar as radiações, as chuvas, a atmosfera. Nisso os primeiros agricultores, desprovidos de instrumentos, captaram sensivelmente as épocas de colheita e de plantio, o trabalho com o solo sendo-lhes a chave do controle sobre a realidade experimentada em seus corpos. Esta era da humanidade consagrava a terra como mãe dos homens, reverenciando as deusas da fertilidade, e a lua como divindade máxima. A lua simbolizava o princípio feminino que se transforma ciclicamente, alterando correspondentemente a fecundidade do solo, tal como a mulher.

Harding[69,70] descreve como nas civilizações antigas da Suméria, da Babilônia e do Egito as deusas lunares eram senhoras das colheitas, da fecundidade das mulheres e recebiam sacrifícios para enviar as suas graças aos seres humanos. Estas divindades perderam o seu valor para as deidades solares, que vieram substituir o interesse da agricultura pelo desenvolvimento das tecnologias e da arte de guerrear e, finalmente, pela ciência positivista.

O princípio feminino entrou em declínio com o avançar da civilização, sendo substituído pelo modo de ver e ser masculino. O homem é regido pelo *logos*, que significa o impulso de ordenar, sistematizar e controlar a natureza. Ora, a natureza precisava ser domesticada dentro de si e fora também. Assim sendo, tanto a mãe terra foi dominada e explorada, gerando riquezas e assegurando a sobrevivência da espécie, quanto a mulher também. A mulher é o pólo natural da atividade instintiva, ligada à terra, sua co-irmã no ato de gerar e nutrir. Inapelavelmente dominada, regida por leis de propriedade como se fosse mesmo um bem material, a mulher viveu vários milênios uma etapa surpreendentemente humilhante. Essas observações dizem respeito no modo de ser coletivo, salvando-se as originalidades de pessoas, tanto homens como mulheres, que em épocas remotas já superavam tais limites culturais.

Assistimos ao apogeu dos mitos heróicos em que o tema fundamental era a luta contra um dragão, ou outro ser monstruoso, o qual devia ser dominado para salvar a comunidade à qual pertencia o herói. Vimos assim os mitos de Édipo, de Teseu e o minotauro, de Hércules em suas doze façanhas e outros. Os grandes animais representam as camadas mais instintivas da psique, aquela porção que precisava ser dominada para que ocorresse a liberação da sua energia em novas formas de atividade do espírito humano. Dominando a natureza em si, o ser humano liberou-se das tenazes do monstro animal que o prende à terra. Pôde, então, elevar-se, sonhar com as alturas, tentar chegar ao sol, como Ícaro. Um outro mito, o de Édipo está ainda relacionado ao homem e à mulher contemporâneos, e é revivenciado em cada um de nós no seu trágico desespero. Qual a verdade? É aquela que me é dita pelos olhos sensíveis à luz e à beleza externa, que atrai um filho à sua mãe, dirige um homem aos seus primitivos redutos? Ou a outra, buscada por Édipo depois da sua renúncia ao exterior? Édipo cegou os próprios olhos ao perceber o horror da sua condição. Podemos ver nesse mito o horror do homem atado, incestuosamente, à sua matriz — a terra. O domínio que levou Édipo à vitória efetivou-se decifrando o enigma da esfinge. As esfinges eram símbolos da grande Mãe, ou seja, da terra ancestral, correspondendo ao passado remoto no aspecto hereditário que determina o presente. Édipo significa, literalmente, pé inflado. E se temos consideração pelos sinais antigos, veremos logo que os pés simbolizaram sempre a alma humana em seu aspecto mais telúrico. É por isso que na abordagem do corpo em Psicologia a ligação dos pés com a terra é sempre um momento importante, para dar base a um trabalho terapêutico integrado. O pé inchado do herói grego figura a sua fraqueza de alma, a ausência do elo sólido e libertador com a terra. Em busca inconsciente de uma união regeneradora, Édipo mata um homem que se lhe atravessa no caminho. Era arrogante, vaidoso, não permitia a ninguém ultrapassar-lhe os passos. Compensava com esta atitude arrogante a noção de inferioridade que o corpo desequilibrado lhe trazia. Adulto ainda, apoiava-se em uma muleta, como um velho. Esta condição lhe valeu o próprio sucesso na resposta ao enigma da esfinge. *"Qual o animal que pela manhã anda com quatro pés, ao meio dia com dois e ao entardecer com três?"* A resposta correta foi "o homem".

A mulher sairá da sua condição cristalizada atual quando transformar a própria energia, elevando-se em um plano de realizações mais espiritualizadas. Então, concomitantemente, os homens conseguirão entrar em harmonia com as suas raízes terrenas e casarão com a mulher interior, capaz de gerar frutos de paz.

Se a mulher desconhece a dinâmica das próprias motivações inconscientes, ela se reduz ao ser coletivo — puro instinto —, que faz de si um objeto a ser apropriado, possuído, mas nunca amado. Por outro lado, essa condição geral está diretamente envolvida com as conseqüências reais da vida diária. Quando uma mulher pretende fundar para si mesma uma nova matriz, um novo ponto de apoio, mais sólido e consciente, deve enraizar-se na terra. A sua terra é o seu corpo. Substituir os hábitos velhos por outros novos implica, praticamente, modificar as posturas, rever os gestos, resgatar as emoções, enfim, tomar consciência de si através do corpo.

Quando as condições internas correspondem ao motivo básico do ser feminino, colaboram com ele, a mulher encontra os arquétipos da sua individualidade e expande-se em atos criativos. As relações com o princípio de *Eros* podem ser também negativas. Nestes casos, a mulher reduz a sua realização, desliga-se do material inconsciente e passa a viver a parte mais externa — e coletiva — da sua personalidade. Identificada com a *persona*, que é o conjunto dos seus papéis de mãe, esposa ou profissional, essa mulher é igual a todas as outras. É um ser coletivo. O reduzido alcance das suas atividades mostra que operou um corte nas tendências mais evolucionárias do seu próprio eu.

É possível que em anos passados, por exemplo há 2000 anos, a aquisição consciente do papel de mãe fosse uma nova tarefa. Ser mãe consciente é, ainda hoje, uma aquisição difícil para algumas mulheres. Mas há um esforço considerável agora em direção à conquista de criatividade em outros campos, além do ambiente familiar. Acomodar equilibradamente todas as possíveis realizações do eu feminino ficou mais difícil do que nunca. As possibilidades de auto-realização aumentaram e o risco de perder-se, também. Já não há sinais claros nos caminhos, muitas vezes obscuros, e o desespero confunde até as mais preparadas. Em síntese, as atitudes do homem e da mulher neste final da era de Peixes reverenciam o intelecto, convencidos de que basta uma nova ordem econômica e política para dar um jeito no mundo. A maioria das pessoas acredita que as atuais dificuldades seriam resolvidas caso usássemos a inteligência simplesmente, e o princípio da razão viesse (afinal!) a governar.

Mas esta ordem está em transformação. Os sinais da falência da excessiva deificação do Sol estão surgindo na arte, na ciência e nos costumes. O perigo é que não estamos suficientemente esclarecidos sobre o outro lado, o aspecto lunar da psique e, sem tê-lo desenvolvido conscientemente nestes últimos séculos de positivismo, andamos à beira do primitivismo. Uma rápida olhada nos jornais, ou nas produções de vídeo e TV basta para mostrar que chegamos perto da barbárie. Os atos terroristas explodem corpos inocentes para reivindicar princípios abstratos de liberdade e de paz.

Há o perigo de que a destrutividade dos elementos sombrios, alijados da consciência humana, se volte contra o próprio fruto do progresso. Não sabemos o que pode acontecer, nem nos compete vaticinar sobre o futuro. O intento destas páginas restringe-se ao enfoque da relevância que a questão do corpo alcança em nossos dias. Poucas vezes podemos avaliá-la com suficiente calma, encarando de frente os seus aspectos simbólicos, tanto os positivos, quanto os negativos.

O corpo simboliza a força *yin*, obscura e instintiva que foi muito pouco assimilada pela religião cristã tradicional e pelo Estado. Naturalmente, a sua potência cresceu, no inconsciente, exigindo compensação. A *enantiodromia* determina que assim ocorra; logo, temos de recuperá-la, conscientemente. A mulher está no vértice dessa tarefa pelas condições com as quais a natureza, a revestiu. Por isso, aquilo que a mulher faz com o seu corpo, com os seus filhos, com o homem, com todos importa bastante à ciência psicológica e à sociedade.

A grande chave do desenvolvimento da natureza feminina diz respeito menos às condições exteriores da vida de uma mulher do que às suas condições interiores. Isto quer dizer que importa pouco se a mulher está casada ou solteira, se é universitária ou analfabeta, rica ou pobre. Sabe-se que tudo depende da sua disponibilidade em acolher e integrar o seu próprio interior ou *animus*. Entretanto, para que uma mulher o realize, precisa passar pela aceitação do próprio corpo.

O corpo feminino não pode mais ser considerado como uma coisa. É importante que a mulher mesma o perceba como uma *situação*, através da qual ela é e está existindo neste mundo. A consciência deste ponto é relevante porque sem isto não pode haver a recuperação dos conteúdos projetados. Uma mulher investe sua libido nas figuras masculinas, projeta-se e, assim, ganha a identidade via homem. Considerando-se algo em si mesma, ela diferencia-se dos outros e sua libido é investida no próprio desenvolvimento. A contribuição social de uma mulher inteira em si mesma terá valor humano real, seja ela uma faxineira ou uma cientista.

Em diversos momentos Jung se pronunciou sobre o alcance social da união interna com o princípio masculino. Suas afirmações detalharam uma verdade profunda: a presença de um estrato espiritual no inconsciente da mulher, uma potência natural da psique feminina. Desde tempos antigos esta energia tem influenciado a humanidade. As mulheres que a empregaram foram sacerdotisas, feiticeiras, pitonisas, guerreiras, artistas ou mães espirituais. Mais recentemente, funcionaram como religiosas, fundaram congregações, seitas místicas, desenvolveram métodos pedagógicos, aplicaram-se na educação e nos hospitais, como enfermeiras e médicas de grande valor. Elas se destacaram no mundo atuando segundo o princípio de Eros, no campo do cuidado e da nutrição psicológica e espiritual dos homens. Hoje as profissões abertas à mulher diversificaram enormemente as suas possibilidades de atuação. No campo espiritual, elas são mães-de-santo, "cavalos" dos orixás, sacerdotisas ou, também, prostitutas, psicoterapeutas, filósofas, senadoras, prefeitas, primeiras-ministras...

A energia do *animus* leva a mulher a procurar o universal, a visão do conjunto das instituições sociais e comunitárias. Mas, a maneira particular como está agindo comporta inúmeras variações, pode ser elevada e dignificante, ou desastrosa e maligna. O espírito masculino, seu inspirador e guia, é, então, correspondentemente, uma figura elevada, um sábio, um guru, ou um ser negativo, sombrio, destrutivo.

As figuras inconscientes do *animus* mudam conforme a mulher aceite a sua condição corporal e a desenvolva. Os ladrões, os trombadinhas estão acossando os sonhos de muitas das minhas pacientes, no início da terapia. Elas se agitam por causa de uma sombra que entra ameaçadoramente em seus quartos, ou que as segue na rua. Fogem, correndo desesperadas. Poucas vezes o conteúdo sexual destes encontros fica visível para elas. Mas, também o sentido da perseguição é amplo, excede o aspecto social. Este homem interno persegue a mulher como um ladrão barato, e procura roubar-lhe algo precioso. Nisto se percebe também uma forma tipicamente feminina de funcionar como presa, como caça ou vítima. Diante do seu homem interno que não foi ainda reconhecido e assimilado, o ego feminino só pode fugir como quem corre de um verdadeiro ladrão. A mulher teme ser roubada, violentada, subjugada.

Realmente, o domínio do *animus* faria da mulher um homenzinho primitivo, capaz das opiniões mais variadas sobre tudo e todos, irritável e autoritária. Vemos que as mulheres estão facilmente se adiantando como chefes, líderes e não raro elas chegam a tais posições adotando a postura de domadoras. É complicado para a mulher receber a energia do seu homem interior sem confundir-se com ele. Por outro lado, as comuns experiências emocionais negativas, como o assalto e a violência sexual, além do abuso da sua parte do homem, despertam nela um medo atroz do encontro com o masculino. No entanto, desejam o encontro com um homem sensível e carinhoso, capaz de sintonizar com as próprias necessidades do desenvolvimento.

Muitas fantasias sobre um amante ideal são geradas para superar este conflito. Elas representam uma forma de atualização do mito da união ideal entre o homem e a mulher, e podem ser vistas em atuações coletivas, também como na tendência para idealizar a figura do professor.

Para a mulher com formação universitária, que desenvolveu o seu princípio masculino através do cultivo da lógica e da palavra escrita ou falada, a figura do professor é um modelo que facilmente atrai as projeções do seu *animus*. Ele é percebido como sendo capaz de receber a libido feminina e de compreendê-la, visto que é o detentor do conhecimento que ela almeja possuir também. Por outro lado, a universitária toma facilmente o papel do *anima* do professor, representando aquela mulher que tem espírito, além de instinto. É a esposa ou amante ideal, visto que conversa sobre os mais diversos assuntos e está, muitas vezes, subordinada ao seu companheiro na hierarquia universitária. Quando a associação entre uma quantidade boa de conhecimentos e uma dose adequada de subordinação feminina é encontrada, o relacionamento pode durar muito. O conflito pode, porém, surgir inesperadamente se a mulher pretender ser algo diferente do homem, ser ela própria. Com isto, a libido projetada na figura mas-

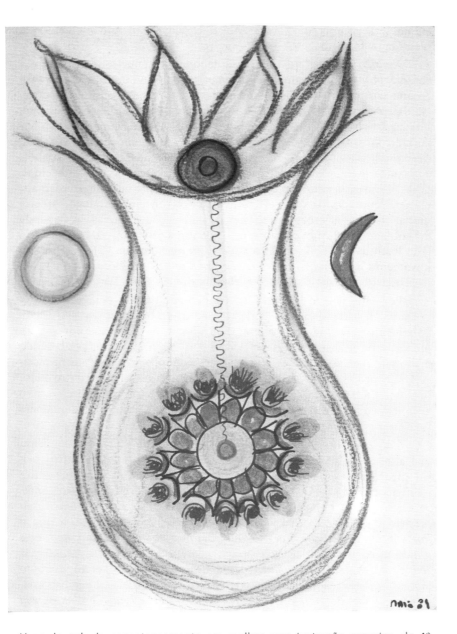

Vaso desenhado espontaneamente por mulher com instrução superior, de 40 anos, revelando uma interessante conjugação dos dinamismos masculino e feminino na psique da autora.

culina será recuperada para as novas formas de desenvolvimento da identidade feminina.

Assim, Harding nos aponta que quando uma mulher busca a consciência, enfrenta uma dupla ameaça. A primeira é a descoberta de que as suas experiências emocionais não correspondem à idéia construída sobre si mesma e aos conceitos que ela tem sobre a sua personalidade. O conflito então aparece, e ela se vê pressionada a atender ao lado instintivo da sua natureza. É neste momento que os assaltos, os raptos, as violências físicas e psicológicas aparecem nos sonhos, cometidos pelo *animus*, visto como agente das energias desconhecidas. Se a mulher enfrenta o medo e não reprime o instinto uma vez mais, ela terá que admitir que se tem avaliado erroneamente; logo, precisa mudar as suas atitudes e transformar as relações afetivas. A segunda dificuldade reside no perigo que a identificação total com o próprio lado instintivo faça da mulher *nada mais que instinto*. Ela se tornaria novamente *nada mais que natureza*, uma fêmea paridora — um objetivo que qualquer universitária abominaria.

Por tudo isto, o grau de intectualidade atingido pela jovem universitária é defendido com unhas e dentes, às expensas do seu desenvolvimento geral, não raras vezes. Entretanto, os caminhos novos para uma atitude que integre as polaridades da alma feminina estão sendo percorridos pelas gerações atuais. Estes caminhos se balizam na aceitação do próprio corpo como uma condição essencial. Por outro lado, também no aprofundamento da consciência de si, que abre para o encontro com o verdadeiro companheiro interior e para relacionamentos interpessoais verdadeiramente psicológicos.

É interessante a observação de Harding acerca desse dinamismo que abre ao homem interno e torna a mulher capaz de encontros psicologicamente verdadeiros com os homens fora de si. Ela diz que a mulher que integrou a sua energia instintiva pode retirar as suas máscaras frente ao homem *"porque ela vive em tal relação com o seu próprio instinto que é capaz de mobilizar-se e de acolher o que o homem tem de melhor. Ela aceita a libido do homem e cuida dela, mas nunca tenta possuí-la ou explorá-la. (Porém) atingir uma tal atitude requer da mulher o reconhecimenta de que ela não possui a libido masculino, mas esta é, como sempre foi, emprestada a ela em confiança e, quando o tempo chegar, deve ser devolvida a ele. O seu próprio ganho (nesta troca) vem, não através do poder sobre a libido do homem, mas através da entrega de si mesmo ao mais profundo significado da vida e da verdade que está presente nas experiências emocionais".*

É importante comentar ainda que o desapego e a generosidade contidos na nova posição que Harding propõe são atitudes antigas. Tais atitudes correspondem literalmente ao simbolismo do vaso e, compondo o mistério da condição feminina, estabelecem o alcance de sua participação na sociedade humana.

A atitude das *hetairas*, cultas e livres, marcou uma disposição altiva da mulher grega, na democracia de Péricles. Palavra que significa companheira, hetaira designou a mulher independente, parceira do homem em discussões filosóficas, capaz de expressar-se com espontaneidade, tanto afetiva quanto intelectualmente.

Em outras proporções, as sacerdotisas de Istar, na Babilônia, e de Isis no Egito, eram mulheres iniciadas nas ciências da época e cujo corpo não pertencia a ninguém. Ou melhor, era da deusa. Assim, o amor com um homem não ameaçava a sua integridade, nem poderia aprisioná-las, pois elas eram consagradas ao serviço da deusa. Concediam, entretanto, os seus favores a quem lhes aprouvesse, ou segundo uma indicação sagrada, servindo à transformação das energias espirituais em si mesmas. Eram mulheres que viviam em relação com o sagrado e tomavam a sua corporalidade como uma manifestação do divino.*

Não raro, as sacerdotisas hindus e egípcias eram também dançarinas e cultivavam outras formas de expressão artística, como o canto, a música e a poesia. A sensualidade não estava eliminada do culto religioso, como hoje. É só observarmos as figuras dos deuses hindus para perceber como o erotismo fazia parte integrante das suas atividades religiosas. Eles eram sensíveis para as projeções do mais alto sobre o mais ínfimo.

---

* Como as deusas encarnavam o culto ao princípio feminino nos seus aspectos mais telúricos e associados à função geradora, as danças da época exaltaram a sensualidade dos movimentos dos quadris, do ventre e, também, dos braços e seios. As dançarinas foram mais carnudas do que em nossos dias e empenhavam-se em expressar com graça a sensualidade movimentos de certos animais, particularmente os da cobra. Vem, possivelmente, desta época a divulgação da "dança do Leste", popularmente conhecida como *dança do ventre*, que hoje está fazendo, rapidamente inúmeras adeptas.

Neste sentido vale a pena assinalar o trabalho realizado em São Paulo, por *Madaleine Kitschian (Shahrazad)* a qual ensina não apenas os exercícios básicos para a pelve e a coluna que são característicos da dança do Leste, como também pesquisa e divulga o simbolismo dessa prática antiqüíssima.

Objetos da ceramista Shoko Suzuki, São Paulo. O formato cônico e o fato de que estes objetos foram concebidos como um grupo, indica que possivelmente eles representem a elaboração peculiar do elemento masculino na atividade criadora da artista. O *animus* pode se representar como um conjunto de figuras masculinas e neste dinamismo abre a mulher para o contato com as idéias gerais e para as atuações de alcance coletivo.

Sabemos que hoje a ordem puritana imposta pelos ingleses baniu a dança dos rituais hindus e expulsou as dançarinas dos templos. Estes fatos datam de poucas dezenas de anos atrás e este é um ponto que vale a pena considerar. Ainda hoje, em uma Londres cosmopolita, as mulheres hindus, jamaicanas e africanas causam um certo espanto em suas colegas inglesas. Aliás, as pessoas originárias da América Central, da África e da Índia são chamadas *black* na Inglaterra dos nossos dias, estando contidos nesse epíteto muitos conteúdos sombrios da mentalidade vitoriana e protestante, que reage com um arrepio à incontrolável invasão do ex-império, pelos bárbaros de ultramar. A história se repete. Aos "saris" leves e esvoaçantes das mulheres hindus, às roupas de cores vibrantes e aos enfeites das africanas, a tradição feminina inglesa ainda tenta responder com o conservadorismo de uma Lady de Ferro, além das suas rainhas e princesas com ares maternais. Mas, os costumes estão mudando rapidamente.

Esta é a movimentação da libido que podemos observar em andamento. Mas, há outras tradições. Uma coisa nossa, brasileira, que já foi muito mais atuante porém ainda está viva, é a crença amazônica sobre os poderes do boto.

2
O MITO DO BOTO

O boto é um mamífero das águas doces dos grandes rios da Amazônia. Parente do golfinho chinês e indiano, este peixe permanece ainda hoje cercado de lendas e de crendices que o tornam um dos animais mais populares daquela região.

O mito do boto aparece nas crônicas lusas e brasileiras há pelo menos dois séculos. Consta que este mito se espalha até os países vizinhos sendo forte a sua presença nos "casos" narrados pelo caboclos. Embora com algumas variações, o mito possui um conteúdo sempre repetido que é a entrega sexual da cabocla a um ser mágico. Este ser é visto como uma transformação do boto em rapaz sedutor que arrebata a jovem com carinhos e doces palavras. Leva-a para as praias mornas dos rios, onde se entregam à natureza. Torna-se natural explicar através desse mito o aparecimento de um bebê inesperado.

Eu mesma cheguei a escutar inúmeros "casos", quando nas visitas que fiz a Santarém. Tem-se a impressão de que a crendice porém já foi maior. Entretanto, recentemente divulgou-se nos jornais a notícia de que o etnólogo e explorador Jacques Cousteau teria encontrado, no limite com a Venezuela, um caboclo que afirmou ser filho de boto. Este pesquisador também declarou ser o boto-namorador o mito mais difundido em toda a Amazônia.

Atualmente, por causa da construção das hidrelétricas e do desmatamento, muitas espécies de animais estão ameaçadas de extinção. Felizmente não o boto, o qual ainda goza de alguma proteção porque os caboclos respeitam os seus poderes mágicos. Mas por quanto tempo?

Se as moças das famílias ribeirinhas continuam acreditando na possibilidade de serem seduzidas ou atacadas sexualmente por botos, imagine-se como devem ficar horrorizadas diante do comportamento das mulheres que participam das equipes científicas. Pois as biólogas, veterinárias, assistentes sociais e geógrafas, possivelmente incrédulas sobre o mito, tratam o boto como um peixe qualquer e até mesmo tomam banho, negligentemente, nas águas perigosas.

O impacto trazido pela tecnologia e pelo desconhecimento dos costumes pode ser funesto para aquela população. Especialmente porque há o risco de extinguir-se o valor psicológico contido nesse mito. Através dele estão preservados vários costumes importantes e uma idéia central da psique feminina. Enquanto o mito do boto-namorador estiver vivo, preserva-se a liberdade de amar sem compromisso formal, de ter encontros com os desconhecidos itinerantes das cidadezinhas à beira do rio, uma prática antiqüíssima da humanidade.

Pode-se ver neste mito uma criação tipicamente feminina, pois através dele a mulher encontra respaldo para viver o lado instintivo da sua natureza, maneira relativamente bem aceita pelo grupo social. O conteúdo mais profundo é, certamente, a poderosa projeção do *animus*, como arquétipo, em sua atuação de *phallus* potente e vitalizador. Para quem conhece a Amazônia, não espanta que a psique feminina possa fazer nascer dos imensos rios uma figura de *animus*. A presença das águas determina toda a vida da região, seja como corrente fluvial, ou pelas enchentes periódicas, chuvas torrenciais (ou "torós"), seja pelas enxurradas e mesmo pelas ondas gigantescas das "pororocas". A comunhão da mulher com a natureza é tão intensa que um estrato de sua psique pode facilmente projetar-se nas águas e esperar dali a vinda do amante sensual, tal como o *animus* nasce do inconsciente.

Câmara Cascudo[23] relata como certos cronistas encontraram no boto a personificação do Uauiará, que é o grande amante das mulheres caboclas e índias na mitologia tupi. Muitas nativas atribuem o seu primeiro filho ao contato com esse deus tupi, que ora as surpreende no banho, ora transforma-se em mortal para seduzi-las, ou as arrebata para baixo das águas. O boto, como Uauiará, representa o variante masculino da mãe-d'água ou iara, dona de igual poder de encantamento e sedução.

Não apenas o macho da espécie, mas a fêmea também alimenta o folclore amazônico. Diz-se que depois de servir sexualmente ao caboclo, o boto fêmea se apega a ele, protege o seu barco, ronda amorosamente a sua cabana ribeirinha e o protege dos perigos das águas. A semelhança entre os órgãos genitais dos humanos e dos botos facilita a experiência sexual e contribui para intensificar o simbolismo do mito. Além disto, coloca-o em dimensão diversa do mito da sereia, por exemplo, que encanta e seduz mas não copula com o homem. O caráter erótico e afetivo do mito do boto pertence ao temperamento do habitante natural da região, que usa as partes do animal para fazer amuletos. Assim o olho do boto é um amuleto de incrível eficácia amorosa.

Segundo a maioria das tradições, o boto protege sempre. Ampara as canoas em temporais, acompanha especialmente as embarcações onde viajam mulheres grávidas e leva-as para terra firme quando estão perdidas. Naturalmente, o caráter sensual do boto desperta a inveja e os ciúmes dos homens, especialmente daqueles que não estão ligados no culto à Mãe das Águas.

Há uma certa analogia entre as qualidades protetoras e sensuais do *boto tucuxi* e aquelas atribuídas ao delfim, consagrado à Atrodite, deusa nascida do mar, e protetora dos amantes, Por outro lado, há no Chile ainda hoje uma tradição que conta a história dos peixes que foram os seres humanos pré-diluvianos. Tais peixes, de tempos em tempos, saem dos rios e vêm procriar com as mulheres. Por outro lado, o delfim é também associado a Apolo, o deus da Beleza e que carrega o Sol em seu carro. Esta associação deu ao famoso santuário grego desse deus o nome de Delfos.

Assim, de modo amplo, o peixe está simbolizando o elemento Agua, dentro da qual vive. Ele transforma-se em homem, atinge o estado de manifestação dos poderes secretos, trazidos das profundezas do seu elemento. Por outro lado, o peixe também é símbolo da vida e da fecundidade, em vista da sua prodigiosa faculdade de reprodução e do número infinito dos seus ovos. Símbolo, naturalmente, que se estende no plano espiritual. Foi neste sentido que a palavra grega *Ichtus* (= peixe) serviu como ideograma de Cristo, o qual também foi representado como peixe e como pescador que cuida dos cristãos regenerados pelo mergulho nas águas do Batismo.

O inconsciente aparece muitas vezes como Água, que pela sua correnteza, cheias e vazantes cíclicas, lembra os movimentos autônomos da parte desconhecida da psique. Assim como aquilo que há sob as águas manifesta-se à superfície, também nós conhecemos os nossos conteúdos inconscientes quando surgem no consciente, seja como sonhos, fantasias espontâneas, imagens, impulso ou vibrações não diretamente evocadas. É típico do conteúdo inconsciente manifestar-se autonomamente, com o seu dinamismo próprio, trazendo por isto uma certa desorganização ou confrontação dos valores já reconhecidos pelo eu consciente.

Assim, o peixe-homem representa aquele dinamismo psíquico profundo que assume uma nova qualidade, manifestando-se em ações concretas e modificando a visão consciente. Todas as mulheres que entram em contato com tal dinamismo são confrontadas com o lado obscuro da sua energia telúrica. Este ente saído do mundo interior, que no mito está simbolizado pelas águas dos rios, mares, suplanta a sua vontade consciente, faz derreter os modelos e os convencionalismos pelo vigor potente do *phallos*.

Há na Índia o deus Khrisna que foi tido como uma dos encarnações de Vichnu. Além de todos os seus maravilhosos atributos, Khrisna era um homem a quem as mulheres não podiam resistir. Quando vinha à noite, tocando a sua flauta, as mulheres sentiam-se indefensavelmente atraídas por ele, mesmo as casadas e as respeitáveis. Depois de juntar-se às suas admiradoras, Khrisna se divertia com elas ao luar, num rio da floresta, dançava com elas e amava-as.

O ato de amor de Khrisna é interpretado pelos hindus como coisa mais significativa do que uma simples procura de prazer. As histórias das mulheres que abandonavam a família para segui-lo são consideradas como expressões poéticas da busca da alma pela união com a divindade. Assim como ocorria às mulheres tamanha inspiração, esperava-se dos seguidores de Khrisna que se desapegassem de todos os pesos mundanos para se dedicarem ao verdadeiro amor.

Ainda Harding aponta que houve época, entre os babilônios, que uma mulher deveria ir pelo menos uma vez ao templo de Astarte e lá oferecer-se à escolha dos viajantes, sem nada receber. Os emolumentos desse gênero de prostituição sagrada eram dados ao templo. O ganho das mulheres era outro, de natureza psicológica. Elas estavam submissas à deusa do amor e aquilo nada tinha a ver com o seu atual marido ou família. Este comportamento era encarado como parte do processo de iniciação comum, pelo qual a mulher acolhia qualquer viajante que a escolhesse, sabendo que jamais o veria de novo. Não era um homem escolhido por ela, deveria ser um estranho. Para a mulher, o significado da experiência vinha da sua submissão ao instinto, pois ela não separava o sagrado do profano, o céu da terra. Isto fazia com que o seu corpo fosse aceito integralmente, assim como os seus instintos. A par do que, pela mentalidade concreta daquela época, deveria realizar-se no plano físico, aquilo que se pretendia acontecesse no plano mais espiritual.

Houve referências à fecundação por deuses e entes mágicos em muitos mitos. E neles a mulher sempre esteve acolhendo a energia elevada do princípio masculino, e disto resultaram benesses para a população. Lembramos apenas alguns que, pela proximidade cultural, podem facilitar a sua compreensão.

Entre os gregos, Zeus, o deus máximo do Olimpo, foi um dos mais entusiasmados "doadores de sêmen". Em fulminantes investidas fecundou virgens e casadas, humanas e deusas, tendo com elas muitos filhos famosos. Estes se tornaram outros tantos deuses, protetores das florestas (como Diana) ou da luz solar (Apolo), heróis civilizadores (Hércules, Perseu), criadores das artes (Baco, as Musas) e muitos mais.

Foi, porém, em sua filha Atena, nascida por partenogênese, sem o conluio da mulher externa, que Zeus alcançou a máxima figuração da sua *anima*. Pois Atena brotou da cabeça de Zeus, nasceu da sua própria inseminação interna, fruto do *hierogamos* do deus.

E, assim, Atena representa uma idealização da mulher sábia, figura de inspiração para os homens de maior elevação espiritual, que vêem nela uma imagem da própria *anima*, ou seja, da sua "mulher interior".

Em contraste com o simbolismo central do mundo feminino, os mistérios do arquétipo paterno têm o caráter de um ataque de surpresa. O princípio masculino surge para uma mulher, geralmente, através da súbita erupção de um valor ou de um fator decisivo. Conseqüentemente, o símbolo dos mistérios masculinos é o relâmpago, luz e energia em movimento rápido e descendente. Assim, o elemento masculino, sutil e espiritual, pode fecundar o elemento feminino, mais denso e terreno. Porém, isto requer da mulher que ela seja verdadeiramente mulher, estando em uma atitude receptiva.

Dizem os índios brasileiros que os espíritos falam aos pajés, mas encarnam nas mulheres da tribo. Mostram, assim, um reconhecimento do valor espiritual da mulher, que concede a sua natureza como vaso para as transformações de energia necessárias ao grupo a que pertencem. São as mulheres que dão acesso ao mundo material porque só elas contêm as condições para gestar, dar luz, nutrir e proteger os pequenos.

3
SÍNTESE

Temos visto que o esforço da mulher para elevar-se a conduziu às universidades, onde se congregam os acervos da cultura humana tradicional. A entrada em cheio das gerações femininas nas universidades vai trazer uma mutação significativa nestes mesmos acervos. Para isto, requer-se da mulher que ela esteja sintonizada com os seus pontos de apoio internos. Se estes falharem, ela poderá ficar encantada pelo seu *animus*, projetado na cultura e na instituição que cristalizou o *logos* universal.

A tendência da instituição universitária é masculina em essência e em forma, por isto superenfatiza o racional e só consagra o lógico e o comprovado. Como estamos em rápida transformação de valores culturais, científicos, morais e artísticos neste final de século, as universidades parecem ultrapassadas. Mais do que em anos precedentes, elas devem ser encaradas com relativismo, especialmente pelas mulheres. As experiências interiores que decorrem da convivência geralmente ficam sendo mais importantes para as estudantes do que o conhecimento científico adquirido. Entretanto, nós não devemos esquecer que a busca desse tipo de conhecimento instituído é um movimento com raízes psicológicas profundas, a par das razões de ordem econômica.

A mulher que vai à universidade está em busca de seu parceiro interno, quer ela perceba isto ou não. Infelizmente, como esta é uma verdade menos aparente, algumas jovens acabam encontrando o parceiro externo e desistem de continuar a sua carreira profissional ou se formam para ficar em casa. Existem mesmos certos cursos que a gíria consagrou como "cursos de espera-marido".

Se a mulher porém, deseja tornar-se uma personalidade independente, em vez da simples contrapartida do homem, ela terá que dar à luz as suas próprias qualidades masculinas. Esta situação, entretanto, provoca um conflito, que ela supera pela integração das qualidades masculinas com o lado emocional e com a sua vida instintiva.

Atualmente, a mulher está capaz de decidir-se pela união da família com a profissão. Mas esta etapa é uma aquisição cultural recente e comporta ainda inúmeros pontos sensíveis. Somente através do enraizamento em seu próprio inconsciente a mulher atinge a harmonia de que necessita para viver plenamente as suas potencialidades. O seu corpo e as relações que constitui com ele estão na origem das atitudes que lhe dão autoconfiança, autonomia e serenidade. Deste encontro interior começa a fluir um autêntico processo de individuação, pelo qual ela transforma as condições em que nasceu e foi educada. Conseqüentemente, aqueles aspectos que antes apareceram como limitações podem ser reelaborados e tornarem-se as pedras do novo alicerce de sua personalidade.

Quando a mulher não se conhece e nega as próprias condições internas, ela fica eternamente adormecida à espera do beijo do príncipe encantado. Facilmente projeta os seus conteúdos inconscientes nos intercâmbios com os homens e também com as outras mulheres. Na verdade, uma mulher assim está submetida ao fascínio do *animus*, encantada por ele, mas sem ter jamais à disposição a força e a coragem para agir por conta própria, assumindo o risco de lutar pelos seus objetivos. Tais qualidades psicológicas esta mulher vê apenas no seu homem, por isto é tão comum sentir-se ao mesmo tempo submissa e raivosa com ele. De fato, ela tem raiva da própria passividade, mas desconhece como quebrar a ilusão de que é incapaz, pequena e frágil.

As jovens que se lançam às universidades estão sujeitas a muitas tensões físicas e psicológicas pela mesma força deste impulso de crescimento. Porém constituem um grupo de vanguarda, pioneiras imprescindíveis para que os tabus do mercado de trabalho sejam exorcizados, os véus do conhecimento sejam abertos e limpe-se o horizonte das próximas gerações. O objetivo de superar, dentro de si mesma, a divisão das ofertas, está se tornando cada dia mais consciente. Então as pessoas mais unidas consigo mesmas poderão criar relacionamentos novos e fecundos no ambiente familiar, no trabalho e na sociedade como um todo.

4
ROTEIRO PARA AUTO-AVALIAÇÃO DA IMAGEM CORPORAL

INSTRUÇÕES

AO TERAPEUTA

1. Este Roteiro foi organizado com base em trabalhos teóricos e de pesquisa realizados por diferentes autores* cujos detalhamentos encontram-se nos capítulos relacionados aos temas das questões. A sua forma atual é derivada da pesquisa realizada com 120 jovens do sexo feminino, estudantes da Universidade de São Paulo, entre os anos de 1982 e 1984. Dos resultados obtidos, elaborou-se este Roteiro, com a finalidade de permitir uma auto-avaliação dos principais aspectos da representação psicológica do corpo feminino.

2. Notar que as questões propostas são, potencialmente, mobilizadoras dos conteúdos inconscientes habitualmente associados às disfunções somáticas. Considerando tal estimulação, observe a atitude da pessoa com respeito aos temas abordados, sua eventual rejeição às questões propostas, comentários verbais, expressões não-verbais, respostas neurovegetativas, ou outras formas de reações espontâneas.

3. Recomenda-se que este Roteiro seja respondido em duas sessões. A apresentação do Roteiro em duas partes mostra a maneira que parece mais adequada para dividi-lo, sem causar cansaço.

---

* Referências fundamentais acerca do Roteiro: 11, 15, 18, 29, 36, 43, 46, 50, 54, 67, 69, 70, 81, 82, 83, 84, 85, 87, 91, 116, 125, 146, 158, 159, 162,

4. A *organização das questões* que são propostas no Roteiro intencionalmente *visa facilitar uma auto-observação*. Parte de aspectos do próprio corpo, das autopercepções, para ir, fluentemente, aos relacionamentos interpessoais. Além disso, a forma das questões foi testada de modo a facilitar a auto-aplicação. Por isso, é conveniente deixar que a própria pessoa responda sozinha, sem interferir, nem comentar. Posteriormente, os comentários necessários podem ser feitos com as aberturas que forem convenientes, incluindo-se ampliações e interpretações do material trazido.

Finalmente, dadas algumas características dos assuntos propostos, recomenda-se que o terapeuta certifique-se, antecipadamente, se a pessoa que vai responder compreende claramente as instruções que estão presentes no interior do Roteiro.

5. Sobre o trabalho clínico com as respostas do Roteiro:

A auto-avaliação da imagem corporal pode ser interessante como *introdução ao trabalho terapêutico*, pois realiza um levantamento de pontos sensíveis à dinâmica inconsciente, e permite observar quais são as atitudes adotadas pela pessoa ao lidar com as próprias somatizações.

O seu emprego em associação com outros métodos psicodiagnósticos contribui para esclarecer o alcance dos conflitos inconscientes, a sua extensão nas diferentes somáticas, nos ritmos biológicos e na auto-expressão.

Entre os testes que podem ser utilizados para obter uma avaliação da imagem corporal destaca-se o Desenho de Figura Humana (Machover[123]). Nos casos em que o Desenho da figura Humana seja de interesse, este deve ser aplicado antes do Roteiro, para que não ocorra uma indução dos conteúdos mobilizados sobre o teste. Entretanto, outras combinações entre o Roteiro e o DFH, ou outros testes, podem ser experimentadas, a critério do objetivo a ser alcançado.

À PESSOA QUE VAI RESPONDER

Neste Roteiro são feitas perguntas que pedem a sua auto-avaliação das partes do corpo, das funções corporais e da sua aparência como um todo. A finalidade do Roteiro é trazer a oportunidade de tornar mais conhecida a representação psicológica que você faz do seu corpo. Ou seja, aquilo que se denomina a sua imagem corporal.

Ela está intimamente associada às atitudes frente aos relacionamentos, ao seu tipo de trabalho e à vida em geral.

A maior parte dos conteúdos apresentados nas questões é discutidas nos capítulos deste livro, incluindo-se uma parte em que são mostrados e comentados os resultados de pesquisa realizada com moças estudantes universitárias. Entretanto, como cada ser humano é único e especial, você provavelmente terá algumas perguntas próprias que não serão respondidas nesta obra. Sugere-se que você converse com um profissional ou complemente as suas indagações com outras obras que tratam deste mesmo assunto. De qualquer modo, é sempre bom saber um pouco mais acerca de si mesma, ter perguntas que levem ao diagnóstico com os outros e ao estudo.

Na maioria dos itens do Roteiro, você deve marcar com um X a alternativa escolhida. Algumas vezes, é pedido que você responda com uma frase. Escreva então de maneira clara aquilo que vier espontaneamente ao seu espírito.

O Roteiro foi planejado para ser respondido em duas etapas. Recomenda-se, portanto, que não tente fazê-lo de uma só vez. Responda na seqüência adequada às questões da 1.ª parte e, no dia seguinte (ou, no máximo, dois dias depois), faça a 2.ª parte.

É importantíssimo não comentar as suas respostas com outras pessoas, enquanto estiver fazendo o Roteiro.

Mesmo as pessoas mais amigas podem ter reações, verbais ou não, que influenciarão as suas auto-observações. Fique tranqüilamente em contato consigo mesma. E, depois, recomende às amigas que façam o mesmo. *Bom trabalho!*

1. Qual a sua idade?
2. a) Você é brasileira?
   b) Diga qual a naturalidade dos seus seguintes parentes:
      - mãe: _____
      - avós maternos: _____
      - avós paternos: _____
3. Abaixo estão algumas afirmações e a respeito de cada uma delas gostaríamos de saber a sua opinião. Para responder assinale *concordo* ou *discordo*. Se estiver em dúvida, assinale o ponto de ?:

a) O corpo da mulher não foi feito para trabalhos pesados.
   ( ) concordo
   ( ) discordo
   ( ) ?

b) O que torna a vida da mulher mais difícil é a sua condição biológica.
   ( ) concordo
   ( ) discordo
   ( ) ?

c) A amamentação torna os seios flácidos.
   ( ) concordo
   ( ) discordo
   ( ) ?

d) O homem tem, por natureza, necessidades sexuais mais urgentes do que a mulher.
   ( ) concordo
   ( ) discordo
   ( ) ?

e) A inexperiência sexual da mulher é desastrosa para o casamento.
   ( ) concordo
   ( ) discordo
   ( ) ?

f) A masturbação é um ato natural.
   ( ) concordo
   ( ) discordo
   ( ) ?

4. a) Está satisfeita com a sua saúde em geral?
   ( ) não
   ( ) razoavelmente
   ( ) bastante

b) Faz algum tratamento médico atualmente?
   ( ) não
   ( ) sim
   Caso positivo, qual o tratamento?

c) Toma alguma medicação sob receita atualmente?
   ( ) não
   ( ) sim
   Qual? _____

d) Quanto à psicoterapia, você (assinale apenas uma alternativa):
   ( ) nunca fez
   ( ) já fez
   ( ) está fazendo
   ( ) gostaria de fazer

e) Você apresenta atualmente algum problema de saúde em uma destas áreas?

	Não	Sim	Qual?
• boca	( )	( )	
• dentes	( )	( )	
• olhos	( )	( )	
• nariz	( )	( )	
• ouvidos	( )	( )	
• cabelos	( )	( )	
• pele do rosto	( )	( )	
• pele do corpo	( )	( )	
• garganta	( )	( )	
• braços	( )	( )	
• mãos	( )	( )	
• tórax	( )	( )	
• costas	( )	( )	
• coração	( )	( )	
• pulmões	( )	( )	
• estômago	( )	( )	
• fígado	( )	( )	
• vesícula biliar	( )	( )	
• intestinos	( )	( )	
• rins	( )	( )	
• ovários	( )	( )	
• órgãos genitais	( )	( )	
• pernas	( )	( )	
• joelhos	( )	( )	
• tornozelos	( )	( )	
• outra área	( )	( )	

5. A respeito do ciclo menstrual você:
   a) Ficou menstruada pela primeira vez:
      ( ) entre 10 e 11 anos
      ( ) entre 11 e 12 anos
      ( ) com mais de 12 anos
   b) Como você se sentiu na sua primeira menstruação?

   _____

   _____

   c) As suas primeiras menstruações foram acompanhadas de dores, cólicas ou outro sintoma desagradável?
      ( ) não
      ( ) um pouco
      ( ) muito
   d) Atualmente observa a presença de:

	antes das regras	depois
• dores de cabeça	( )	( )
• dores no corpo	( )	( )
• tensão	( )	( )
• irritabilidade	( )	( )
• desejo sexual	( )	( )
• cansaço	( )	( )
• fraqueza	( )	( )

   e) Costuma modificar as suas atividades por causa das regras?
      ( ) não
      ( ) somente no 1.º dia
      ( ) em todos os dias
   f) O seu ciclo menstrual é:
      ( ) irregular
      ( ) quase sempre regular
      ( ) sempre regular
6. Com relação ao seu ritmo de sono:
   a) Levanta-se freqüentemente
      ( ) maldisposta
      ( ) bem-disposta

b) Atualmente você apresenta (pode assinalar mais de uma alternativa):
   ( ) sono agitado
   ( ) pesadelos
   ( ) sonambulismo
   ( ) ranger de dentes
   ( ) insônia no meio da noite
   ( ) dificuldade para adormecer
c) Lembra-se dos seus sonhos
   ( ) nunca
   ( ) raramente
   ( ) freqüentemente
d) Já utilizou de algum sonho (pode assinalar mais de uma alternativa):
   ( ) para solucionar um problema
   ( ) como inspiração artística ou literária
   ( ) para autoconhecimento
e) Normalmente, o que lhe chama atenção nos seus sonhos?

_____
_____
_____

7. a) Você usa bebidas alcoólicas? De que tipo?

_____
_____

b) Você fuma?
c) Está usando atualmente algum desses produtos:
   - anticoncepcionais
   - estimulantes
   - barbitúricos*
   - tranqüilizantes**
   - maconha
   - cocaína
   - heroína
   - morfina
   - LSD
   - remédios para emagrecer

Alguns nomes comerciais destes produtos:
* Luminal, Gardenal, Nembutal, Fenobarbital
** Valium, Diazepan, Mandrix, Miltow, Aldol

8. Apresentamos a seguir algumas reações que são freqüentemente encontradas entre as pessoas. Responda de acordo com aquilo que costuma acontecer com você (pode assinalar mais de uma alternativa):
( ) tem dores de cabeça freqüentemente
( ) sente dormência nos pés e/ou mãos
( ) cora com facilidade
( ) tem ataques de riso ou choro sem motivo aparente
( ) sente muitas vezes dores musculares
( ) tem reações alérgicas a picadas de insetos
( ) tem rinite alérgica ou espirra muito
( ) fica resfriada com freqüência
( ) as mãos e/ou pés estão habitualmente úmidos
( ) as mãos e/ou pés estão habitualmente frios
( ) transpira muito sem ter realizado esforço físico
( ) tem enxaqueca
( ) sente náusea ou enjôo de vez em quando
( ) habitualmente tem azia no estômago
( ) costuma comer mais quando fica nervosa
( ) apresenta necessidade de arrotar diariamente
( ) fica habitualmente com prisão de ventre
( ) tem diarréia com facilidade
( ) seu coração dispara sem motivo, batendo irregularmente
( ) costuma ver manchas pretas ao levantar rapidamente
( ) fica facilmente com tonturas
( ) sente falta de ar quando está nervosa
( ) tem às vezes a impressão de que há uma bola na garganta
( ) sente um aperto sufocando o peito
( ) tem tremedeira quando está nervosa
( ) suas mãos costumam tremer levemente
( ) sente-se de vez em quando angustiada
( ) nota que está habitualmente tensa
( ) rói as unhas
( ) gagueja quando está nervosa
( ) tem alguma área de insensibilidade na pele

9. a) Atualmente está praticando esportes, faz ginástica ou outra forma de exercício físico?
( ) não
( ) sim

b) Qual a forma de atividade corporal que está praticando?

c) Você está fazendo novas amizades através dessa atividade?

d) O que acha da frase *mens sana in corpore sano*?

e) Você pratica (ou já praticou recentemente):
   ( ) fotografia
   ( ) desenho ou pintura
   ( ) escultura ou cerâmica
   ( ) teatro ou cinema
   ( ) dança
   ( ) música

f) Qual a importância que tem para você a(s) atividade(s) mencionada(s) na questão anterior?

10. Quanto à sua aparência, você se acha:
   a) atraente?
      ( ) não
      ( ) levemente atraente
      ( ) muito atraente
   b) bonita?
      ( ) não
      ( ) levemente bonita
      ( ) muito bonita
   c) quanto ao seu peso?
      ( ) magra
      ( ) tendendo para o normal
      ( ) normal
      ( ) tendendo para gorda
      ( ) gorda
   d) quanto à cor de sua pele?
      ( ) branca
      ( ) levemente morena
      ( ) morena
      ( ) mulata
      ( ) negra

e) freqüenta o salão de beleza?
   ( ) nunca
   ( ) semanalmente ou quinzenalmente
   ( ) outro
f) muda a cor de seus cabelos?
   ( ) nunca
   ( ) às vezes
   ( ) regularmente

Nas questões abaixo você pode assinalar mais de uma alternativa:

g) costuma usar pintura? Onde?
   _____

h) quais destes produtos de beleza se incluem no seu uso diário?
   ( ) cremes hidratantes ou nutritivos
   ( ) creme rejuvenescedor
   ( ) loções para a pele do rosto
   ( ) xampu e/ou cremes para os cabelos
   ( ) cosméticos
i) você gosta de usar:
   ( ) brincos
   ( ) anéis
   ( ) correntes
   ( ) colares
   ( ) enfeites de roupa
   ( ) lenços coloridos
j) há alguma jóia ou enfeite, exceto aliança, que você usa sem tirar em nenhuma situação?
   ( ) não
   ( ) sim
   Qual? _____
l) você faria atualmente uma cirurgia plástica para melhorar sua aparência?
   ( ) não
   ( ) sim
   ( ) ?
m) em caso afirmativo, qual a área do corpo que você gostaria de modificar e por que?
   _____

11. Satisfação com as proporções do corpo:

a) Satisfação com as proporções atuais:

— A seguir você encontrará uma relação de diversas áreas do seu corpo. Considere o quanto está ou não satisfeita com o *tamanho* destas áreas. Responda fazendo um círculo ao redor do número que representar o seu grau de satisfação com a área mencionada.
Escolha segundo a escala abaixo:

Insatisfação			Satisfação	
1	2	3	4	5
muito	pouco	nem um nem outro	pouco	muito

— altura	1	2	3	4	5
— peso	1	2	3	4	5
— cabeça	1	2	3	4	5
— boca	1	2	3	4	5
— comprimento no nariz	1	2	3	4	5
— comprimento do pescoço	1	2	3	4	5
— largura dos ombros	1	2	3	4	5
— braços	1	2	3	4	5
— mãos	1	2	3	4	5
— busto	1	2	3	4	5
— cintura	1	2	3	4	5
— quadris	1	2	3	4	5
— coxas	1	2	3	4	5
— barriga da perna	1	2	3	4	5
— tornozelos	1	2	3	4	5
— pés	1	2	3	4	5

b) Proporções idealizadas:

— Como desejaria que fosse o tamanho ideal dessas áreas? Marque com um X na coluna que corresponde à sua escolha:

O TAMANHO IDEAL REVERIA SER

	menor que o atual	igual ao atual	maior que o atual
• altura	( )	( )	( )
• peso	( )	( )	( )
• cabeça	( )	( )	( )
• boca	( )	( )	( )
• comprimento do nariz	( )	( )	( )
• comprimento do pescoço	( )	( )	( )
• largura dos ombros	( )	( )	( )
• braços	( )	( )	( )
• mãos	( )	( )	( )
• busto	( )	( )	( )
• cintura	( )	( )	( )
• quadris	( )	( )	( )
• coxas	( )	( )	( )
• barriga da perna	( )	( )	( )
• tornozelos	( )	( )	( )
• pés	( )	( )	( )

12. Desenhe as suas QUEIXAS

   — Freqüentemente, as pessoas se queixam de dores que reaparecem nas mesmas regiões do corpo. Mostre, nas figuras adiante, onde você costuma ter dores ou outros sintomas desagradáveis, caso os tenha.
   — Faça isto sombreando a área correspondente do desenho.

   Nas linhas seguintes, dê o nome das áreas sombreadas e escreva o que você costuma sentir em cada uma delas.

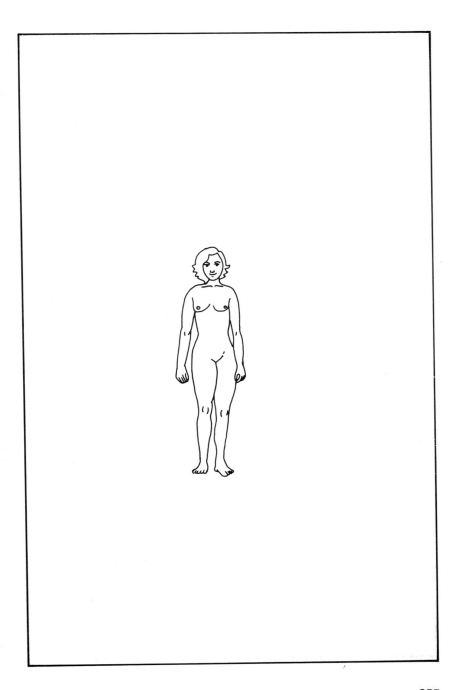

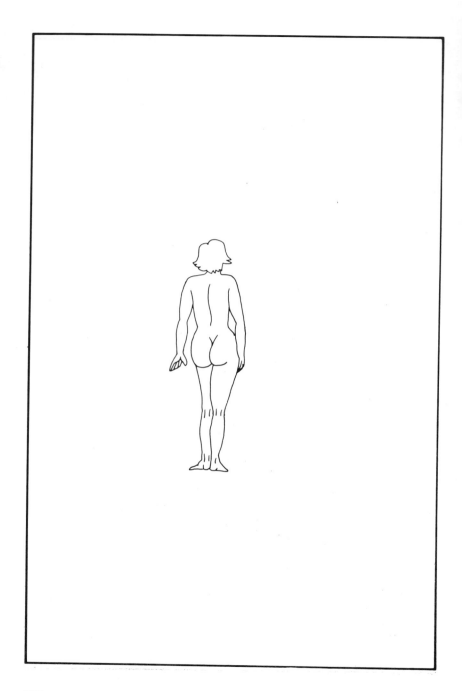

Nesta parte (ou órgão)	costumo sentir:
1. _____	1. _____
2. _____	2. _____
3. _____	3. _____
4. _____	4. _____
5. _____	5. _____

13. Desenhe as suas insatisfações

— Uma parte das questões respondidas até aqui pode ser agora resumida. Sem voltar atrás em suas respostas, comece esta *segunda parte* do Roteiro avaliando as áreas do seu corpo das quais você *não gosta* ou gosta menos do que as outras.

— Primeiramente, faça um sombreado nas áreas dos desenhos que correspondem às partes do seu corpo que você menos aprecia. Depois, escreva qual o motivo pelo qual você gosta menos ou não gosta de tais partes.

Desta parte do corpo (cite)	não gosto porque:
1. _____	1. _____
2. _____	2. _____
3. _____	3. _____
4. _____	4. _____
5. _____	5. _____

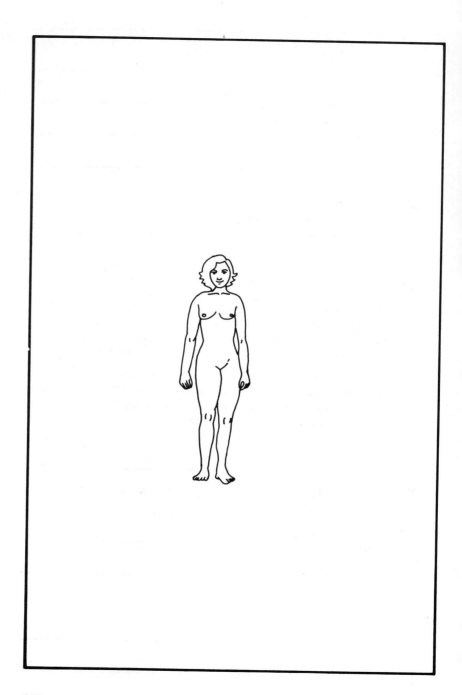

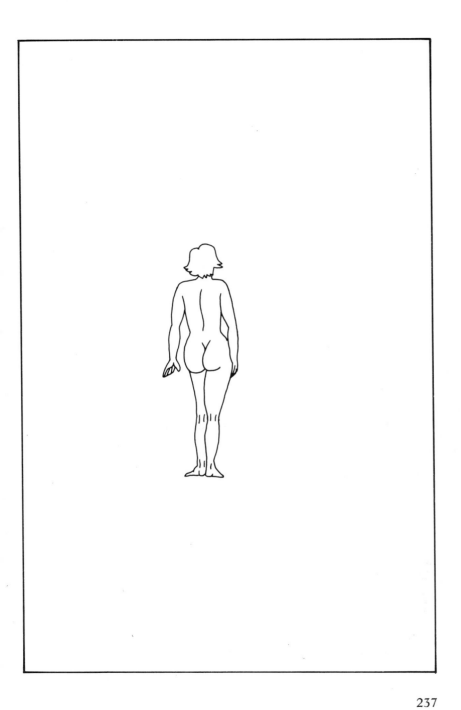

14. Complete as frases abaixo:
   a) Normalmente, o que as outras pessoas costumam reparar na sua aparência?
      — homens: _____
      — mulheres: _____
   b) Quando noto que estou sendo observada por uma pessoa desconhecida, geralmente me sinto:
      — se for homem:

      — se for mulher:

   c) Não gosto que me vejam quando eu estou

   d) Você pensa que o olhar pode transmitir a emoção?
      ( ) algumas vezes, acho que sim
      ( ) nunca notei isto
      ( ) quase sempre, sim
      ( ) sempre, mesmo que as pessoas não o percebam
   e) Geralmente, você prefere evitar o olhar das pessoas com quem está conversando?
      ( ) não
      ( ) sim
   f) Complete as frases abaixo:
      • Sinto prazer em olhar para uma outra pessoa quando ela

      • Fico nervosa ou inquieta ao olhar para uma outra pessoa quando ela

   g) Quando você está emocionada, freqüentemente:
      ( ) tem vontade de chorar, mas não consegue
      ( ) costuma chorar quase sempre
      ( ) não tem vontade de chorar
      ( ) se estiver em público, não chora

15. a) Você é casada ou convive com um companheiro?
      ( ) não
      ( ) sim
      Há quanto tempo?

b) Você tem atualmente namorado ou noivo?
   ( ) não
   ( ) sim
c) O seu primeiro namoro começou aos ———— anos.
d) A sua experiência sexual começou com a idade de ————.
e) A primeira relação sexual teve como parceiro aquele que era o seu ————————————————————————.
f) Atualmente você (pode assinalar mais de uma alternativa):
   ( ) não mantém relações sexuais
   ( ) mantém relações sexuais regularmente com uma mesma pessoa
   ( ) tem relações eventualmente, sem estar compromissada.
g) Você considera que o relacionamento homossexual é (assinale apenas uma alternativa):
   ( ) aceitável
   ( ) normal
   ( ) desajustado
   ( ) doentio
   ( ) outro: qual? ————————————————
h) Esta sua opinião aplica-se:
   ( ) às mulheres em geral
   ( ) aos homens em geral
   ( ) aos homens e mulheres em geral
i) Com relação ao orgasmo, você tem percebido que:
   ( ) até hoje não teve orgasmo realmente
   ( ) acontece, mas só raramente
   ( ) é muito difícil de ser alcançado
   ( ) normalmente você consegue o orgasmo
   ( ) tem orgasmo quando se masturba
   ( ) geralmente não depende dos seus sentimentos
   ( ) é preciso que o parceiro seja experiente
   ( ) é difícil que aconteça junto com o do parceiro
   ( ) o orgasmo do seu parceiro é diferente do seu
   ( ) a sua satisfação depende mais de você mesma
   ( ) o orgasmo pode variar de intensidade
   ( ) gostaria de soltar-se mais livremente
   ( ) você gostaria de ter experiência com outros homens
   ( ) não costuma pensar em questões como estas

j) Descreva o que tem sido mais significativo para você nas suas relações afetivas e sexuais:

_____
_____
_____
_____
_____

16. Os itens seguintes são sobre a maternidade. Responda caso você já tenha ficado grávida alguma vez.
   a) Você tem filhos?
      ( ) não
      ( ) um
      ( ) dois
      ( ) mais de dois
   b) Já fez aborto?
      ( ) não
      ( ) sim. Quantos?
   c) O período de gestação levado a termo foi:
      ( ) muito tranqüilo
      ( ) tranqüilo
      ( ) difícil
      ( ) muito difícil
      ( ) não aconteceu ainda
   d) Na sua primeira gravidez você:
      ( ) sentiu-se mais atraente ou bonita
      ( ) teve problemas com o pai de seu filho
      ( ) teve problemas graves de saúde
      ( ) tentou aborto
      ( ) sentiu-se desprotegida
      ( ) sentiu que realizava um desejo seu
      ( ) manteve relações sexuais regularmente
      ( ) teve problemas com os seus pais
      ( ) teve problemas nos estudos
      ( ) você gostou de estar esperando um filho
      ( ) sentiu-se amada pelo pai de seu filho
      ( ) teve um parto normal
      ( ) teve um parto difícil
      ( ) fez cesariana

e) Você amamentou o seu filho?
   ( ) não
   ( ) sim — Por quanto tempo?

f) Conte em poucas palavras como é a sua experiência de cuidar da família e ao mesmo tempo estar trabalhando e/ou estudando. Se não tem filhos ou se abortou, conte como se sente a este respeito.

_____
_____
_____
_____
_____

_____

17. a) Você pratica alguma religião?
    ( ) não
    ( ) sim. Qual?
   b) Você participa de algum grupo com tendência espiritualista?
    ( ) não
    ( ) sim. Qual?
   c) Como você percebe a tendência espiritual do ser humano?

_____

BIBLIOGRAFIA

1. Aboulker, P.; Chertok, L.; Sapir, M. — *La Relaxation. Aspects Theóriques et Pratiques*, L'Expansion Scientifique Française, Paris, 1964.
2. Aguirre, A. M. de B. — *O Corpo Transformador: trabalho corporal em psicologia clínica*, Dissertação de Mestrado, São Paulo, Instituto de Psicologia, Universidade de São Paulo, 1986, 150 p.
3. Alexander, F. & French, T. M. et alii. — *Studies in Psychosomatic Medicine*, The Ronald Press Company, New York, 1948.
4. Alexander, G. — *Eutonia: um caminho para a percepção corporal*, (Trad. J. L. Fuentes). Martins Fontes, São Paulo, 1983.
5. Anzieu, O. & Kaes, R.: *La Relaxation. Son Approche Psychanalytique*, Paris, Dunod, 1975.
6. Apter, A.; Sharir, I.; Tyano, S. & Wijesenbeek, H. — Movement Therapy with Psychotic Adolescents, *British Journal of Medical Psychology*. 51, 155-159, 1978.
7. Asso, D. — Level of Arousal in the Premenstrual Phase, *British Journal of Social and Clinical Psychology*. 17(1): 47-55, 1978.
8. Azemar, G. — La Manualité: Origine, Rôle et Destinée de la Main, *Thérapie Psychomotrice* 21: 5-85, 1974.
9. Barrès, P. — "Image du Corps" et Psychanalyse, *Thérapie Psychomotrice* 23: 3-25, 1974.
10. Barroso, C. — *Mulher, Sociedade e Estado no Brasil*, Brasiliense e UNICEF, São Paulo, 1982.
11. Barroso, C.; Mello, G.; Campos, M. & Gouveia, A. — Percepção de controle e inovação de papéis sexuais. *Cadernos de Pesquisa*, 25: 53-96, 1978.
12. Beauvoir, S. — *Le Deuxième Sexe*, Gallimard, Paris, 1949.
13. Bedard, M. & Brisson, G. — La Frontière de L'Image du Corp Chez L'Étudiante en Éducation Physique. *Cannadian Journal Applied Sports Sciences*. 6(3): 33-38, 1981.
14. Benoist, A. — Ces Femmes Que L'On Torture, *Jeune Afrique*. 950: 54-56, 1979.

15. Bonilha, L. C. de — *Comparações entre elementos de projeção gráfica e de auto-avaliações*, Tese de Doutoramento, PUC, São Paulo, 1974.
16. Brieghel-Muller, G. — *Eutonie et Relaxation*, Relachaux et Niestlé, Neuchâtel, 1972.
17. Brock, A. — Uma Pesquisa da Unesco sobre a condição da mulher em cinco países. *Correio da Unesco*. 3(10): 39-12, 1975.
18. Bruschini, C. & Mazin, R. — Reconhecimento de informações e atitudes no grupo de participantes, in *Sexo e Juventude*, Brasiliense, São Paulo, 1983.
19. Buytendijk, F. J. J. — *La Femme*, Desclée de Brouwer, Bélgica, 1954.
20. ———— — *Attitudes et Mouvements*, Desclée de Brouwer, Bélgica, 1957.
21. Bykov, K. M. — *Textbook of Physiology*, 3.ª Ed., Moscou (sem indicação de data).
22. Caillois, R. & Grunebaum, G. E. von. — *O Sonho e as Sociedades Humanas*, Francisco Alves, Rio de Janeiro, 1978.
23. Cascudo, L. da C. — *Dicionário do Folclore Brasileiro*. 3.ª Ed., Instituto Nacional do Livro, Brasília, 1972.
24. Chasseguet-Smirgel, J. — *A Sexualidade Feminina*, Vozes, Petrópolis, 1975.
25. Chevalier, J. & Gheerbrant, A. — *Dicionnaire de Symboles*, Ed. Leghers, 4.º vol., Paris, 1974.
26. Chodorow, J. — To move and be moved. *Quadrant*, 17(2): 39-48, 1984.
27. Darwin, C. — *A Origem do Homem e a Seleção Sexual*. (Trad. A. Cancian e E. Fonseca), Hemus, São Paulo, 1974.
28. Deutsch, H. — *La Psicologia de La Mujer*. 2.ª parte. Editorial Losuda, S.A., Buenos Aires, 1951.
29. Dieckmann, H. — A Recatexe Libidinosa do Corpo na Visão Psicossomática. (Trad. por Pethö Sándor para fins didáticos), *Analytische Psychologie*, 12: 269-285, 1981.
30. Diel, P. — *Le Symbolisme Dans la Mythologie Grecque*, Payot, Paris, 1966.
31. Dill, D. B.; Adolph, E. F.; Wilber, C. G. (Editors) — *Handbook of Physiology*, section 4: Adaptation to the Environment, Waverly Press, Baltimore, 1964.
32. Dinnerstein, D. — *The Mermaid and the Minotaur*, Harpher Colophon, New York, 1977.
33. Dino, G. — As Mulheres da Nova Turquia na Literatura, *O Correio da UNESCO*, 10(1): 13-17, 1982.
34. Djebar, A. — A Mulher Islâmica Moderna Segundo uma Escritora Argentina. *O Correio da UNESCO*, 3(10): 23-24, 1975.
35. Dychtwald, K. — *Bodymind*. (Edição brasileira: *Corpomente*. Summus Editorial, São Paulo, 1984.)
36. Farherenberg, J. — *Psychophysiologische Personlichk eits Forschung*. Gottingen, 1967.
37. Feldenkrais, M. — *Consciência pelo movimento*. Summus, São Paulo, 1978.
38. Field, J.; Magoun, H. W.; Hall, V. E. (Editors) — *Handbook of Physiology*, section 1, Neurophysiology, vol. II, Waverly Press, Baltimore, 1960.
39. Fischer, R. A. — A Cartography of the Ecstatic and Meditative States, *Science*, 174: 897-904, 1971.

40. Fischer, R. A. & Yates, F. — *Tabelas Estatísticas,* EDUSP e Polígono, São Paulo, 1971.
41. Fischer, S. — Sex differences in body perception, *Psychological Monograph.* 78: 1-22, 1964.
42. Fischer, S. & Cleveland, S. — *Body Image and Personality,* Dover Publications, New York, 1968.
43. Fischer, S. & Cleveland, S. — *Personalidad, Perception del Cuerpo y Limites de la Imagem Corporal,* in: Wapner, S. & Werner, H., El Percepto del Cuerpo, Paidós, Buenos Aires, 1969.
44. Fischer, S. — Aniseikonic perception by women of their own breasts, *Percept Motor Skills.* 36: 1021-1022, 1973.
45. Fischer, S. & Cleveland, S. — The role of body image in psychosomatic sympton choice. *Psychological Monograph,* 60: 2-15, 1975.
46. Fischer, S. & Greenberg, R. — Masculinity-Feminility in response to Somatic Disconfort. *Sex Roles,* 5:4, 483-493, 1979.
47. Fischer, S. Richter, J. — Selective effects of the menstrual experience upon aniseikonic body perception. *Psychosomatic Medicine, 31:* 365-371, 1969.
48. Fordham, M. — *New Developments in Analytical Psychology.* Routledge and Kegan Paul, Londres, 1957.
49. Franks, V. & Burtle, V. (Ed.) — *Women in Therapy,* Brunner/Mazel Publ., New York, 1974.
50. Freud, S. — *Fragment of an Analysis of a Case of Histeria.* Coll. Papers, vol. III, Hogarth Press, Londres, 1925.
51. ——— — *On Narcissism: an Introduction.* Coll. Papers, vol. IV, Hogarth Press, Londres, 1925.
52. Freud, S. — *Female Sexualiy,* Coll. Papers, vol. V, Hogarth Press, Londres, 1950.
53. Gaiarsa, J. A. — O Corpo e a Terra, *Revista de Psicologia Normal e Patológica,* 7: 211, 1961.
54. ——— — *Respiração e Angústia, Informática,* São Paulo, 1971.
55. ——— — *A Estátua e a Bailarina,* Brasiliense, São Paulo, 1976.
56. Galbraith, J. K. — Liberação da Mulher, Revista *Hoje*: 17-25, 1982.
57. Gantheret, F. — *Fondéments Théoriques de la Kinesiphysithérapie de la Maladie Mentale,* in: Sivadon, P. & Gantheret, F.: La Réeducation corporelle des fonctions mentales. Les Éditions Sociales Française, Paris, 1965.
58. Garner, D. M. et alii. — Body Image Disturbances in anorexia nervosa and obesity. *Psychosomatic Medicine,* 38: 5, 1976.
59. Goldstein, A. — Endorphins, *Sciences,* 18: 14-19, 1978.
60. Gonçalves, N. L. — A Mulher no direito do trabalho, *Ciência e Cultura,* 33:1, São Paulo, 1981.
61. Gouveia, A. J. — *Professores de Amanhã,* São Paulo, Pioneira, 1970.
62. Gray, S. H. — Social aspects of body image: perception of normalcy of weight and affect of college undergraduates. *Perceptual and Motor Skills,* 45: 1035-1040, 1977.
63. Greenberg, R. P. & Fisher, S. — A muscle awareness model for changes in Rorschach human movement responses. *Journal of Personality assessment,* 37(6): 512-518, 1973.

64. Greenberg, R. P.; Fisher, S. & Shapiro, J. — Sex role development and response to medication by psychiatric patients. *Psychological Reports,* 33(2): 675-677, 1973.
65. Greenberg, R. P. & Fisher, S. — Freud's penis-baby equation: Exploratory tests of a controversial theory. *British Joúrnal of Medical Psychology,* 53: 333-342, 1980.
66. Greene, A. — Giving the body its due. *Quadrant,* 17(2): 9-13, 1984.
67. Groddeck, G. — *La Maladie, L'Art et le Symbole,* Paris, Gallimard, 1969.
68. ———— — *Le Livre du ça,* Ed. Gallimard, Paris, 1963.
69. Harding, M. E. — *The Way of All Women,* Harper Colophon Books, New York, 1975.
70. ———— — *Woman's Mysteries Ancient and Modern,* Harper Colophon Books, New York, 1976.
71. Rosseini, A. A.; Mehryar, A. H.; Razavieh, A. — Extraversion, neuroticism and psychoticism as measured by Eysenck's inventories in Iran, *The Journal of Genetic Psychology,* 122: 197-205, 1973.
72. Hall, K. R. L. & Stride, E. — The Varying response to pain in psychiatric disorders: A study in abnormal psychology, *British Journal of Medical Psychology,* 27: 48-60, 1954.
73. Hutchinson, B. — *Mobilidade e Trabalho,* Inep, Rio de Janeiro, 1960.
74. Hess, W. R. — Uber die wechselbeziehungen swischenpsychischen und vegetativen funktionen schweiz. *Archives Neurology,* 16: 285, 1925.
75. Huws, G. — The conscientization of women: a rite of self-initiation with the flavour of a religious conversion process, *Women's Studies International Forum,* 5(5): 401-410, 1982.
76. Inukai, M. — Quando as japonesas empunham a colher da revolta. *O Correio da UNESCO,* 3(10): 13-15, 1975.
77. Jacob, S. W.; Francone, C. A.; Lossow, W. J. — *Anatomia e Fisiologia Humana,* (trad. C. M. Sequeira), Rio de Janeiro, 1980.
78. Jacobi, J. — *Problemas de La Mujer,* Studium, Madrid, 1972.
79. Johnson, L. C. — Body cathexis as a factor in somatic complaints. *Journal of Consulting Psychology,* 20(2): 145-149, 1956.
80. Johnson, H. H. & Solso, R. L. — *Uma introdução ao planejamento experimental em psicologia: estudo de casos.* (Trad. Gorayeb e M. Marturano) EPU, São Paulo, 1975.
81. Jourard, S. M. & Sécord, P. F. — The appraisal of body cathexis: body cathesis and the self. *Journal of Consulting Psychology,* 17(5): 343-347, 1953.
82. ———— — Body size and body cathexis. *Journal of Consulting Psychology,* 18(3): 184, 1954.
83. ———— — Body cathexis and personality, *British Journal Psychology,* 46(2): 130-138, 1955.
84. ———— — Boby cathexis and the ideal female figure, *Journal of Abnormal Social Psychology,* 50(2): 243-246, 1955.
85. Jourard, S. M. — An exploratory study of body-accessibility, *British Journal of Clinical Psychology,* 5: 221-231, 1966.
86. Jourard, S. — *Healthy Personality.* McMillan Publ. Co., New York, 1974.
87. Jung, C. G. — *The Collected Works,* Routledge & Kogan Paul, London, vols. 5, 8, 9, 14, 16, 17 e 18, 1953-1979.

88. ———— — *Símbolos de Transformação*, Editorial Paidós, Buenos Aires, 1962.
89. ———— — *Psicologia e Religião*. (Trad. Guimarães). Zahar. Rio de Janeiro, 1965.
90. ———— — *Analytical Psychology: its Theory and Practice*. Handom House, New York, 1968.
91. ———— — *El Hombre y sus Símbolos*, Aguilar, Madrid, 1969.
92. ———— — *Os Arquétipos e o Inconsciente Colectivo*, Buenos Aires, Paipós, 1970.
93. ———— — *Memórias, Sonhos e Reflexões*. (Trad. F. da Silva). Nova Fronteira, Rio de Janeiro, 1975.
94. ———— — *Energética Psíquica y Essencia del Sueño*, Paidós, Buenos Aires, 1976.
95. Jung, C. G. — *The Visions Seminars*, (2 vol.), Spring Publications, Zurique, 1976.
96. Jung, E. — *Animus and Anima*. (Trad. Sandor, para fins didáticos), Spring Publications, New York, 1957.
97. Jung, C. G. & Wilhelm, R. — *El secreto de la Flor de Oro*, Paidós, Buenos Aires, 1977.
98. Kane, J. — Personality profiles of physical educations students compared with others, in: *Proceedings 1st Intern. Cong. Sports Psychology*, Ed. T. Antonelli, Roma, pp. 772-775, 1965.
99. Karmel, R. L. — Body image at late pregnancy and some comments on the early mother-child relationship Proceedings *XVI Congresso Interamericano de Psicologia*, Miami Beach, 1976.
100. Khomeiny, A. — *Principes Politiques, Philosophiques, Sociaux et Religieux*, Ed. Libres-Mallier, Paris, (sem data).
101. Kline, P. — Extraversion, neuroticism and academic performance among Ghanaian University students. *The Journal of Genetic Psycology, 122*: 92-93, 1973.
102. Koch, C. — *Le Test De L'Arbre*. (Trad. E. Marmy), Ed. Vitte, Paris, 1958.
103. Kocowski, T. — Resistence to stress as a personality factor. *Polish Psychological Bulletin, 1*: 26-30, 1970.
104. Koide, R. — Body image differences between normal and schizophrenic female adults. *International Review Applied Psychology, 34*: 335-347, 1985.
105. Lacan, J. — *Écrits*, Ed. Du Seuil, Paris, 1966.
106. Laing, D. — *The Divided Self*, Londres, Tavistock Publ., 1969.
107. Langer, M. — *Maternidade y Sexo*, Paidós, Buenos Aires, 1964.
108. Lane, S. — Semantic differential scale for portuguese speakers in Brazil, *International Journal of Psychology, 8*: 147-152, 1973.
109. Lewin, H. — Diversificação na demanda ao ensino superior: o comportamento feminino diante da carreira universitária. Rio de Janeiro, Fundação Cesgranrio (sem data).
110. ———— — Educação e Força de Trabalho Feminino no Brasil, *Cadernos de Pesquisa, 32*: 45-59, 1980.
111. Lii, S. Y. & Wong, S. Y. — A cross-cultural study on sex-role stereotypes and social desirability, *Sex Roles, 8*: 5, Nova Iorque, 1982.
112. Lowen, A. — *The Betrayal of Body*, New York, McMillan Publ., 1973. (Edição brasileira: *O Corpo Traído*. Summus Editorial, São Paulo, 1979.)

113. Lowen, A. & Lowen, L. — *The Way to Vibrant Health*, Nova Iorque, Harper Colophon Books, 1977. (Edição brasileira: *Exercícios de Bioenergética*, Ágora, São Paulo, 1985).
114. Lourenção Van Kolck, O. — Sobre a técnica do desenho da figura humana na exploração da personalidade, *Bol. Fac. Filos. Ciênc. Univ. S. Paulo*, Psicol. Educ., 293, 1966.
115. ———— — *Interpretação Psicológica de Desenhos*. São Paulo, Ed. Pioneira, 1968.
116. ———— — Uma diferencial semântica para masculinidade-feminilidade, *Revista de Psicologia Normal e Patológica*, 3 e 4: 326-345, 1969.
117. Lourenção Von Kolck, O. & Van Kolck, T. — O Desenho da figura humana no diagnóstico do homossexualismo, *Boletim de Psicologia*, 23: 27-51, 1971.
118. Lourenção Von Kolck, O. — Avaliação da masculinidade-feminilidade em crianças, *Boletim de Psicologia*, 24: 105-122, 1972a.
119. ———— — O homossexualismo através dos testes psicológicos em geral, *Boletim de Psicologia*, 24: 69-104, 1972b.
120. ———— — Sinais de ansiedade e de distúrbios emocionais no desenho da figura: tentativa de validação, *Boletim de Psicologia*, 25: 43, 1973.
121. ———— — *Técnicas de Exame Psicológico e Suas Aplicações no Brasil*, 2 vol. Petrópolis, Ed. Vozes, 1981.
122. Luce, G. G. — *Body Time*, Bantam Books, New York, 1973.
123. Machover, K. — *Personality Projection in the Drawing of the Human Figure*, Springfield, Charles C. Thomas Publ., 1949.
124. Mead, M. — *Coming of age in Samoa*, Menton Book, New York, 1949.
125. Mccrea, C.; Summerfield, A. & Rosen, B. — Body image: a selective review of existing measurements techniques, *British Journal of Medical Psychology*, 55: 225-233, 1982.
126. Mednick, M. — Psychology of woman: research issues and trends. *Annals of New York Academy of Sciences*, 309: 77-92, 1978.
127. Merleau-Ponty, M. — *Fenomenologia da Percepção*. (Trad. R. Di Piero), Freitas Bastos, São Paulo, 1971.
128. Miller, J. B. — *Toward a New Psychology of Women*, Pelican Books, Londres, 1978.
129. ———— — *Psychoanalysis and Women*, Peguin Books, New York, 1973.
130. Michel, J. — *The Earth Spirit*, Avon, New York, 1975.
131. Montagna, W. — *Advances in Biology of Skin*, vol. 2, Pergamon Press, 1960.
132. Moraes, R. de & Andrade, E. de — Características psicológicas de universitários, *Revista PUC de São Paulo*, 44: 81-147, 1974.
133. Muraro, R. M. — *Sexualidade da Mulher Brasileira*, Vozes, Petrópolis, 1983.
134. Murphy, Y. & Murphy, R. — *Women of the Forest*, Columbia University Press, New York, 1974.
135. Netter, F. H. — *Nervous System*. vol. 1, The Ciba Collection of Medical Illustrations, New York, 1957.
136. O'Connel, A. L. & Gardner, E. B. — *Understanding the Scientific Basis of Human Movement*. The Williams & Wilkins Co., Baltimore, 1972.
137. Orbach, J.; Traub, A. C. & Olson, R. — Psychophysical studies of body-image, *Archives of General Psychiatry*, 14: 41-47, 1966.

138. Penna, L. — Observações sobre um caso de psicoterapia infantil com relaxamento. *Anais do II Congresso Interamericano de Psicologia Clínica*, São Paulo, 1976.
139. ———— —Efeitos da relaxação sobre a projeção gráfica de sujeitos em psicoterapia. *Ciência e Cultura*, 31(7): 739, 1979.
140. ———— — *Calatonia: a sensibilidade, os pés e a imagem do próprio corpo em psicoterapia*, Dissertação de Mestrado, Inst. Psicol. Univ. São Paulo, mimeo., 110 p., 1979.
141. ———— — Calatonia, *Arquivos Brasileiros de Psicologia*, 34: 3, 1982.
142. Penna, L. & Duprat, R. — The appraisal of the female body image. *Ciência e Cultura*, 34(7): 890-891, 1982.
143. Penna, L. — Os pés em relação com a terra, *Cadernos PUC: 15*, Cortes Ed., São Paulo, 1983.
144. Penna, L. & Tosta, R. M. — A sensibilidade e o movimento na Formação da atitude clínica, *Ciência e Cultura*, 36(7): 959, 1984.
145. Penna, L. — O método calatônico em psicoterapia, *Ciência e Cultura*, 37(12): 2007-2010, 1985.
146. Penna L. — *O Corpo na Individuação Feminina*, Tese de Doutoramento, Instituto de Psicologia da Universidade de São Paulo; mimeo. 230 p., 1986.
147. Perera, S. B. — *Caminho para Iniciação Feminina*. (Trad. Elman) Paulinas, São Paulo, 1985.
148. Pratt, A. — Aunt Jennifer's Tigers: notes toward a preliterary history of women's archetypes, *Feminist Studies*, vol. 4, n.º 1, 1978.
149. Rasch, P. & Burke, R. — *Kinesiologia y Anatomia Aplicada*, 3.ª ed., Ateneo S.A., Barcelona, 1973.
150. Reich, W. — *Character Analysis*, Orgon Institue Press, New York, 1945.
151. Riess, B. F. — A new psychoanalytic approach to the psychology of women, *International Mental Health Research News letter*, XIV:4, New York, 1971.
152. Rosaldo, M. Z. & Lamphere, L. — *A Mulher, A Cultura e A Sociedade*, Paz e Terra, Rio de Janeiro, 1979.
153. Ruble, D. N. & Boggiano — Men's and Women's evaluations of menstrual — related excuses, *Sex Roles, 8*: 6, 1982.
154. Sampaio, D. S. et alii — Psicologia da intersexualidade humana, *Ciência e Cultura*, 33: 7, 1981.
155. Sandor, P. — Calatonia, *Boletim de Psicologia*, 21: 92-99, 1969.
156. ———— — Imagens e relaxamento, *Boletim de Psicologia*, 21: 101-110, 1969.
157. ———— — *Técnicas de Relaxamento*, Vetor, São Paulo, 1974.
158. Santos, M. P. — *Características de personalidade de Estudantes de Cursos de Psicologia e de Educação Física de uma Universidade Oficial da Cidade de São Paulo*, Faculdade de Psicologia Pontifícia Universidade Católica de São Paulo, 1982, 120 p.
159. Schilder, P. — *The Image and Appearance of the Human Body*, Trulener & Co., 1935.
160. Selye, H. — *The Story of the Adaptation Syndrome*, Acta, Inc. Montreal, 1952.
161. Selvin, K. F. & Wingrone, R. — Similarities and differences among three generations of women in attitudes toward the female role in contemporary society, *Sex Roles*, 9(5): 609-623, 1983.

162. Shontz, F. C. — *Perceptual and Cognitive Aspects of Body Experience*. Academic Press, New York, 1969.
163. Sidman, M. — *Tatics of Scientific Research*, Basic Book Inc. Publ., New York, 1960.
164. Siegel, S. — *Nonparametric Statistics for the Behavioral Sciences*, McGraw-Hill Book Company, Tokyo, 1956.
165. Simon, J. — Creativity and altered states of consciousness, *American Journal Psychology*, 37: 3, 1977.
166. Sinzer, J. E. & Lamb, P. F. — Social Concern, body size, and birth order, *The Journal of Social Psychology*, 68: 143-151, 1966.
167. Spelman, E. V. — Woman as body: Ancient and contemporary views. *Feminist Studies*, vol. 8, n.º 1, 1982.
168. Sperry, R. W. — An objective approach to subjective experience. *Psychological Review*, 77(6): 585-590, 1970.
169. ——— — Bridging science and values: a unifying view of mind and Brain. *American Journal Psychology*, 34: 237-244, 1977.
170. Steel, R. & Torrie, J. H. — *Principles and Procedures of Statistics*. McGraw-Hill Book Co., New York, 1960.
171. Sussmann, O. — *Acupuntura — Teoria y Practica*, Ed. Kier, Buenos Aires, 1976.
172. Tait, C. D. Jr. & Ascner, R. C. — Inside of the body test, *Psychosomatic Medicine*, 17(2), 1955.
173. Tosi, L. — A mulher brasileira, a universidade e a pesquisa científica, *Ciência e Cultura*, 33: 167-177, 1981.
174. Toynbee, A. — *A Humanidade e a Mãe Terra*, Zahar, Rio de Janeiro, 1978.
175. Traub, A. & Orbach, J. — Psychophysical studies of body-image. *Archives of General Psychiatry*, 11: 53-66, 1964.
176. Uddenberg, N. & Hakanson, M. — Aniseikonic body perception in pregnancy, *Journal of Psychological Medicine*, 16: 179-184, 1972.
177. Urberg, K. A. — The development of the concepts of masculinity and femininity in young children, *Sex Roles*, 8(6) 659-668, 1982.
178. Von Franz, M. L. — *Alquimia*. (Trad. A. Cabral), Cultrix, São Paulo, 1985.
179. Wahba, L. L. *Consciência de si através da vivência corporal*. Dissertação de Mestrado, São Paulo, Faculdade de Psicologia, Pontifícia Universidade Católica de São Paulo, 298 p., 1982.
180. Wapner, S. & Werner, H. — *El Percepto Del Cuerpo*. Paidós, Buenos Aires, 1969.
181. Whaley, D. L. & Surrat, S. L. — *O Espírito Científico* — Um programa de seminários centrados nos alunos. (Trad. Mattos), EPU, São Paulo, 1976.
182. Wittreich, W. J. & Radcliffe, K. B. — The influence of simulated mutilation upon the perception of the human figure, *Journal Abnormal and Social Psychology*, 51(3): 493-495, 1955.
183. Wolberg, L. R. — *The Technique of Psychotherapy*, 2 v. Grune and Stratton, New York, 1967.
184. Wolman, B. B. — *International Encyclopedy of Psychiatry Psychotherapy, Psychoanalysis and Neurology*, Aesculápio, New York, 1977, 5v.
185. ——— — Clinical psychology and the philosophy of science, in: Wolman, B. B.: *Handbook of Clinical Psychology*, McGraw-Hill Book, New York, 1965.

186. Woodman, M. — Psyche / Soma Awareness, *Quadrant*, 17(2): 25, 1984.
187. Wolff, T. — *Sobre o Processo de Individuação na Mulher*, (trad. por P. Sandor para fins didáticos), Ed. Daimon, Bonn, 1959.
188. Woolf, V. — *Orlando*, (trad. C. Meireles), Nova Fronteira, Rio de Janeiro, 1978.
189. Zeldow, P. B. & Greenberg, R. P. — Attitudes toward woman and orientation to seeking professional psychological help, *Journal of Clinical Psychology*, 35(2): 473-476, 1979.
190. Zeldow, P. B. & Greenberg, R. P. — Who goes where: sex role differences in psychological and medical help seeking, *Journal of Personality Assessment*, 44(4): 433-435, 1980.
191. Ziziemsky, D. (ed.) — *Métodos de Investigacion en Psicologia y Psicopatologia*, Nueva Vision, Buenos Aires, 1971.

FONTES DAS ILUSTRAÇÕES

1. Deformação dos pés na China. (*In Soins et Techniques du Corps en Chine, au Japon et en Inde*, de Pierre Huard e Ming Wong. Berg Éditeurs, Paris, 1971.) [Edição brasileira: *Cuidados e Técnicas do Corpo na China, no Japão e na Índia*. Summus Editorial.]
2. Eva, de Michelângelo. (Capela Sistina, Roma.)
3. Jovens taitianas com flores de manga, de Paul Gauguin. (Metropolitan Museum of Modern Art, Nova York.)
4. Bacias pélvicas, desenho de Sérgio Antônio Penna de Moraes.
5. O Homem Zodiacal. (W. Kenton: *Astrology*, Londres, Avon, 1974.)
6. Anima Mundi. (J. Godwin, *Robert Fludd*, Londres, Thames & Hudson, 1979.)
7. Tara, E. Neumann. (*The Great Mother*, New Jersey, Princeton University Press, 1963.)
8. Vaso (desenho de Maria Amélia Pereira).
9. Objetos, ceramista Shozo Suzuki. (Catálogo de exposição, São Paulo, 1984.)

As figuras femininas, abrindo as partes do livro, são reproduções do catálogo da exposição de Oxana Narozniak, Museu de Arte de São Paulo, 1982.

Agradeço, com alegria, a todos com quem trabalhei para a realização deste livro. Foram muitos, entre as estudantes que responderam à pesquisa e os amigos interessados em colaborar.

Agradeço aos meus filhos e aos meus pais pelo carinho e, ainda, às pessoas que me cederam livros e informações relevantes.

Menciono, com especial recordação, a presença inspiradora e estimulante de Yone Galeotti nos vários anos em que desfrutei de sua companhia.

Em cada momento decisivo, contei com o suporte de Pethö Sándor, orientando nos aspectos teóricos e práticos.

Apoio técnico e orientação também recebi da Dra. Odette Lourenção Van Kolck, assim como das professoras Dra. Lúcia C. B. Keller, Jadwiga Mielzynska e Myriam Berzochi.

Devo a Janize, Jane Eyre e Lucimar o trabalho de pôr em ordem o material da pesquisa e de datilografar os originais.

NOVAS BUSCAS EM PSICOTERAPIA
VOLUMES PUBLICADOS

1. *Tornar-se presente — Experimentos de crescimento em Gestalt-terapia* — John O. Stevens.
2. *Gestalt-terapia explicada* — Frederick S. Perls.
3. *Isto é Gestalt* — John O. Stevens (org.).
4. *O corpo em terapia — a abordagem bioenergética* — Alexander Lowen.
5. *Consciência pelo movimento* — Moshe Feldenkrais.
6. *Não apresse o rio (Ele corre sozinho)* — Barry Stevens.
7. *Escarafunchando Fritz — dentro e fora da lata de lixo* — Frederick S. Perls.
8. *Caso Nora — consciência corporal como fator terapêutico* — Moshe Feldenkrais.
9. *Na noite passada eu sonhei...* — Medard Boss.
10. *Expansão e recolhimento — a essência do t'ai chi* — Al Chung-liang Huang.
11. *O corpo traído* — Alexander Lowen.
12. *Descobrindo crianças — a abordagem gestáltica com crianças e adolescentes* — Violet Oaklander.
13. *O labirinto humano — causas do bloqueio da energia sexual* — Elsworth F. Baker.
14. *O psicodrama — aplicações da técnica psicodramática* — Dalmiro M. Bustos e colaboradores.
15. *Bioenergética* — Alexander Lowen.
16. *Os sonhos e o desenvolvimento da personalidade* — Ernest Lawrence Rossi.
17. *Sapos em príncipes — programação neurolingüística* — Richard Bandler e John Grinder.
18. *As psicoterapias hoje — algumas abordagens* — Ieda Porchat (org.)
19. *O corpo em depressão — as bases biológicas da fé e da realidade* — Alexander Lowen.
20. *Fundamentos do psicodrama* — J. L. Moreno.
21. *Atravessando — passagens em psicoterapia* — Richard Bandler e John Grinder.
22. *Gestalt e grupos — uma perspectiva sistêmica* — Therese A. Tellegen.
23. *A formação profissional do psicoterapeuta* — Elenir Rosa Golin Cardoso.
24. *Gestalt-terapia: refazendo um caminho* — Jorge Ponciano Ribeiro.
25. *Jung* — Elie J. Humbert.

26. *Ser terapeuta* — depoimentos — Ieda Porchat e Paulo Barros (orgs.)
27. *Resignificando* — programação neurolingüística e a transformação do significado — Richard Bandler e John Grinder.
28. *Ida Rolf fala sobre Rolfing e a realidade física* — Rosemary Feitis (org.)
29. *Terapia familiar breve* — Steve de Shazer.
30. *Corpo virtual* — reflexões sobre a clínica psicoterápica — Carlos R. Briganti.
31. *Terapia familiar e de casal* — introdução às abordagens sistêmica e psicanalítica — Vera L. Lamanno Calil.
32. *Usando sua mente* — as coisas que você não sabe que não sabe — Richard Bandler.
33. *Wilhelm Reich e a orgonomia* — Ola Raknes.
34. *Tocar* — o significado humano da pele — Ashley Montagu.
35. *Vida e movimento* — Moshe Feldenkrais.
36. *O corpo revela* — um guia para a leitura corporal — Ron Kurtz e Hector Prestera.
37. *Corpo sofrido e mal-amado* — as experiências da mulher com o próprio corpo — Lucy Penna.
38. *Sol da Terra* — o uso do barro em psicoterapia — Álvaro de Pinheiro Gouvêa.
39. *O corpo onírico* — o papel do corpo no revelar do si-mesmo — Arnold Mindell.
40. *A terapia mais breve possível* — avanços em práticas psicanalíticas — Sophia Rozzanna Caracushansky.
41. *Trabalhando com o corpo onírico* — Arnold Mindell.
42. *Terapia de vida passada* — Livio Tulio Pincherle (org.).
43. *O caminho do rio* — a ciência do processo do corpo onírico — Arnold Mindell.
44. *Terapia não-convencional* — as técnicas psiquiátricas de Milton H. Erickson — Jay Haley.
45. *O fio das palavras* — um estudo de psicoterapia existencial — Luiz A.G. Cancello.
46. *O corpo onírico nos relacionamentos* — Arnold Mindell.
47. *Padrões de distresse* — agressões emocionais e forma humana — Stanley Keleman.
48. *Imagens do self* — o processo terapêutico na caixa-de-areia — Estelle L. Weinrib.
49. *Um e um são três* — o casal se auto-revela — Philippe Caillé
50. *Narciso, a bruxa, o terapeuta elefante e outras histórias psi* — Paulo Barros
51. *O dilema da psicologia* — o olhar de um psicólogo sobre sua complicada profissão — Lawrence LeShan
52. *Trabalho corporal intuitivo* — uma abordagem Reichiana — Loil Neidhoefer
53. *Cem anos de psicoterapia...* — e o mundo está cada vez pior — James Hillman e Michael Ventura.
54. *Saúde e plenitude: um caminho para o ser* — Roberto Crema.
55. *Arteterapia para famílias* — abordagens integrativas — Shirley Riley e Cathy A. Malchiodi.
56. *Luto* — estudos sobre a perda na vida adulta — Colin Murray Parkes.
57. *O despertar do tigre* — curando o trauma — Peter A. Levine com Ann Frederick.
58. *Dor* — um estudo multidisciplinar — Maria Margarida M. J. de Carvalho (org.).
59. *Terapia familiar em transformação* — Mony Elkaïm (org.).
60. *Luto materno e psicoterapia breve* — Neli Klix Freitas.
61. *A busca da elegância em psicoterapia* — uma abordagem gestáltica com casais, famílias e sistemas íntimos — Joseph C. Zinker.

IMPRESSO NA
sumago gráfica editorial ltda
rua itauna, 789   vila maria
02111-031   são paulo   sp
telefax 11 **6955 5636**
sumago@terra.com.br